NAPOLEON HILL

QUEM VENDE ENRIQUECE

(HOW TO SELL YOUR WAY THROUGH LIFE)

EDITORA FUNDAMENTO

2011, Editora Fundamento Educacional Ltda.
Reimpresso em 2013.

Editor e edição de texto: Editora Fundamento
Arte da capa: Scrok.Com
Editoração eletrônica: Ctrl S Comunicação (Kelly Sumeck)
CTP e impressão: SVP - Gráfica Pallotti
Tradução: Capelo Traduções e Versões Ltda. (Neuza Capelo)

Dados Internacionais de Catalogação na Publicação (CIP)
(Câmara Brasileira do Livro, SP, Brasil)

Hill, Napoleon
Quem vende enriquece / Napoleon Hill; [versão brasileira da editora] - 1. ed. - São Paulo, SP: Editora Fundamento Educacional, 2011.

Título original: How to sell your way through life

1. Autoajuda 2. Felicidade 3. Motivação 4. Mudança de vida
5. Sucesso I. Título.

11-02170 CDD-158.1

Índice para catálogo sistemático:

1. Atitude e sucesso: Psicologia aplicada 158.1

Fundação Biblioteca Nacional

Depósito legal na Biblioteca Nacional, conforme Decreto nº 1.825, de dezembro de 1907.

Impresso no Brasil

Telefone: (41) 3015 9700
E-mail: info@editorafundamento.com.br
Site: www.editorafundamento.com.br

Este livro foi impresso em papel pólen soft 80 g/m^2 e a capa em papel-cartão 250 g/m^2.

Sumário

Prefácio

Tal como milhões de pessoas, sou um grande admirador do eterno clássico de Napoleon Hill *Quem pensa enriquece*, publicado pela primeira vez em 1937, que se destaca como o livro de autoajuda mais lido durante o século 20.

Menos conhecido é o modo como Hill ganhava a vida antes de escrever *Quem pensa enriquece.* Em *Quem vende enriquece*, ele relata os muitos anos que passou aperfeiçoando suas habilidades de vendedor e treinador de equipes de vendas. *Quem vende enriquece* foi escrito em meio à Grande Depressão. Para isso, Hill lançou mão de contatos, entrevistas e da cooperação dos indivíduos mais bem-sucedidos de seu país, inclusive Andrew Carnegie, Henry Ford, Thomas Edison, entre outros.

As informações contidas em *Quem vende enriquece* são tão relevantes na economia atual como foram em épocas semelhantes a esta que estamos vivendo. Hill poderia referir-se aos dias de hoje, quando disse: "A redução dos negócios não destrói o mercado para a imaginação; simplesmente aumenta a necessidade de inventar. O mundo precisa de gente que use a imaginação."

Da psicologia da negociação e da venda a uma análise de métodos comprovados, do pensamento positivo e da importantíssima Regra de Ouro, *Quem vende enriquece* é um excelente curso sobre a arte de vender.

Dedique algum tempo à leitura destas páginas e vai entender por que Napoleon Hill se mantém como um dos mais conceituados estudiosos da filosofia dos negócios.

– Ken Blanchard, coautor de *The one minute manager* e *The one minute entrepreneur.*

Uma das coisas boas deste livro é que ele funciona

Livros com teorias sobre "o que fazer para alcançar o sucesso" são bastante comuns. Mas é raro encontrarmos um autor capaz de demonstrar cabalmente que suas ideias vão funcionar e que ele, pessoalmente, aplica-as com sucesso.

Assim, não por ostentação, mas para demonstrar que a filosofia encontrada neste livro é prática, possível e comprovada, afirmamos o seguinte: você vai sentir a presença do autor em cada página. As lições não foram escritas, simplesmente, mas vividas e registradas.

Empregando a filosofia e os métodos ensinados neste livro, o autor progrediu na vida com tanto sucesso que passou a morar em um dos locais mais conhecidos e interessantes de todo o sul dos Estados Unidos: um castelo na Flórida, com vista espetacular para o belo Lago Dora e para a moderna cidade de Mount Dora, no "Triângulo de Ouro".

Ele foi o primeiro ocupante de um castelo no qual, segundo se comenta, o construtor teria gasto mais de 100 mil dólares. Ao ocupar o imóvel, Hill tinha o projeto de transformá-lo na "casa-modelo americana" e adotar 15 crianças, que seriam educadas de acordo com seus princípios, de modo que também pudessem alcançar o sucesso.

Os sinais visíveis de opulência demonstram de maneira definitiva que o autor não somente prescreve o remédio para o sucesso, mas também mostra que a medicação tem efeito sobre ele mesmo. Em uma carta pessoal, não destinada à publicação e endereçada a seus editores, Hill escreveu:

"De uma coisa vocês podem estar certos. Eu e a senhora Hill vencemos a luta pela vida e recebemos em felicidade contínua e completa o pagamento que nos é devido. Descobrimos na própria vida o que nos traz satisfação genuína e paz de espírito. Estou surpreso por não ter descoberto antes nossa riqueza.

Se eu pudesse produzir as palavras adequadas para descrever a fortuna que eu e a senhora Hill acumulamos, pela aplicação da filosofia que tento ensinar, acredito que vocês não conseguiriam imprimir livros com rapidez suficiente para atender à demanda."

É com esse espírito que lhe entregamos *Quem vende enriquece.*

Os editores

O GRANDE THOMAS EDISON FALHOU 10 MIL VEZES, ANTES DE FAZER A LÂMPADA ELÉTRICA INCANDESCENTE FUNCIONAR. SE VOCÊ FRACASSAR UMA OU DUAS VEZES, NÃO PERCA O ÂNIMO NEM DESISTA. ATÉ ACERTAR.

Um desafio à vida

O espírito do autor deste livro em relação à vida

Vida, você não pode me dominar, porque me recuso a levar suas ordens a sério.

Quando você tenta me ferir, eu acho graça, e o riso não conhece a dor.

Eu tomo para mim as suas alegrias, onde as encontro. As suas tristezas não me desencorajam nem assustam, pois trago o riso na alma.

Quando alcanço o que quero, fico feliz. A derrota temporária não me abate, porém. Simplesmente adapto uma melodia às palavras de derrota, transformando-as em uma canção sobre o riso.

As suas lágrimas não são para mim. Prefiro rir em vez de sofrer por aflição, mágoa, angústia ou desapontamento.

Vida, não negue, você é uma trapaceira volúvel!

Você introduziu no meu coração a emoção do amor, para usá-la como um tormento contra minha alma. Mas aprendi a usar o riso para evitar as suas armadilhas.

Você procura despertar em mim a cobiça pelo ouro. Mas eu a enganei: tomei o caminho que leva ao conhecimento.

Você me induz a formar belas amizades para, em seguida, converter meus amigos em inimigos e endurecer meu coração. Mas eu evito os seus caprichos; desprezo as suas tentativas e escolho a meu gosto novos amigos.

Você faz as pessoas me enganarem nos negócios, para que eu me torne rude e irritável. Mas eu venço mais uma vez. Possuo apenas um bem precioso – algo que ninguém pode roubar: O PODER DE SER EU MESMO E DE CRIAR MEUS PENSAMENTOS, além da capacidade de rir dos sofrimentos que você impõe.

Você me ameaça com a morte. Mas a morte não é pior do que um sono longo e tranquilo, que representa a mais doce das experiências humanas – afora o riso.

Você acende no meu peito a chama da esperança, para, em seguida, apagá-la com água. Mas eu faço melhor: reacendo o fogo e rio de você, outra vez.

Você coloca no meu caminho inimigos perigosos, que tentam atacar minha reputação e destruir minha autoconfiança. Mas falha de novo, porque conto a todos o que aconteceu, conquistando assim novos amigos, que eu jamais teria conhecido, não fosse a sua maldade.

Por vinte e cinco anos, você me obrigou a superar todas as formas imagináveis de fracasso. Mas transformei a sabedoria adquirida em uma filosofia de sucesso que presta serviços úteis e leva a inúmeras pessoas a alegria do riso. Esses novos amigos me pagam de boa vontade juros compostos sobre cada segundo de fracasso que você me impôs.

AS ADVERSIDADES PODEM DESPERTAR EM NÓS VIRTUDES COMO PACIÊNCIA, DETERMINAÇÃO E CRIATIVIDADE.

Você me trouxe a este mundo de pobreza. Mas isso acabou se revelando uma bênção, porque assim aprendi a ter paciência, determinação, criatividade, prudência e humildade, além de muitas outras qualidades úteis que os indolentes jamais conhecerão.

No que me diz respeito, vida, você perdeu. Não me assusta nem tem como me afastar do riso.

Este livro não pretende demonstrar heroísmo ou inteligência. Seu único objetivo é transmitir informações práticas sobre a psicologia da negociação – informações confiáveis, já que resultam das experiências vividas por centenas de indivíduos bem-sucedidos que, partindo do zero, alcançaram no mundo posições invejáveis. Por isso, o livro deve ser adotado como manual por todos aqueles que, tendo terminado um curso de formação, desejarem alcançar o sucesso. Se eu pudesse entregar um exemplar a cada família onde existe alguém concluindo o ensino médio ou um curso de Administração, poderia contribuir definitivamente para a realização de centenas de milhares de jovens que hoje tateiam no escuro, à procura do caminho da autodeterminação.

O autor

> QUEM QUISER INICIAR UMA CARREIRA BEM-SUCEDIDA SÓ PRECISA DE UM CAPITAL: MENTE SÃ, CORPO SÃO E O DESEJO GENUÍNO DE SERVIR MAXIMAMENTE AO MAIOR NÚMERO POSSÍVEL DE PESSOAS.

Primeiras palavras

Em 1904, um jovem saltou de um trem de carga em movimento em East Orange, no estado de Nova Jersey, e dirigiu-se apressadamente ao escritório de Thomas A. Edison. Quando perguntado, antes de ser admitido, sobre o motivo da visita, o rapaz respondeu atrevidamente: "Vou ser sócio dele!"

Tal ousadia conquistou a secretária. Uma hora mais tarde, ele já estava empregado e esfregava o chão da fábrica. Em cinco anos, era sócio do grande Edison. O nome do jovem era Edwin C. Barnes, conhecido nos Estados Unidos como distribuidor da máquina de ditado que recebeu o nome de "ditafone". Ele vive na Flórida, não muito longe do local onde moro. Faz vinte e cinco anos que o conheço. Nossa relação de amizade me garante o privilégio de afirmar que ele convenceu Edison por meio da psicologia de vendas, descrita na primeira parte deste livro.

Edwin Barnes acumulou uma fortuna muito além de suas necessidades e deve cada centavo à hora que passou conversando em particular com Edison. Durante aquele período, ele se expôs de maneira tão completa que conquistou a oportunidade de estabelecer uma parceria com um dos homens mais brilhantes que os Estados Unidos já produziram. Grosso modo, pode-se dizer que os sessenta minutos valeram os milhões de dólares que Edwin Barnes veio a ganhar.

Meu primeiro emprego foi como secretário do general Rufus A. Ayers, para quem fui trabalhar ainda na adolescência. Bem antes de completar 20 anos, assumi a gerência-geral de uma das minas de carvão do general Ayers. O salto, de secretário a gerente-geral, aconteceu em menos de uma hora, período esse em que me apresentei voluntariamente para uma tarefa confidencial, sem esperar nem pedir pagamento. A mudança alterou por completo o rumo da minha vida e levou-me diretamente à aliança com Andrew Carnegie, com efeitos significativos sobre mim mesmo e sobre milhares de outras pessoas.

Se você me perguntasse que benefício este livro pode lhe trazer e me pedisse uma prova de que sou autoridade no assunto, eu seria obrigado a afastar as cortinas que protegem minha vida particular para fornecer tal informação em palavras francas e sinceras.

Em 1909, a pedido de Andrew Carnegie e em colaboração com ele, comecei a estudar as causas do sucesso e do fracasso, organizando-as em uma filosofia da realização individual. Em trinta anos de pesquisa, precisei fazer contatos e entrevistas, além de solicitar a colaboração dos homens mais bem-sucedidos do país, inclusive Henry Ford, Thomas A. Edison, John Wanamaker, Luther Burbank, Woodrow Wilson e outros do mesmo quilate. Com base em suas ricas experiências, produzi a primeira filosofia prática da realização individual, descrita no livro *The Law of Success*, publicado em português sob o título de *A Lei do Triunfo.*

O uso que fiz dessa filosofia é a melhor evidência de seu fundamento e de sua praticidade. Os resultados positivos foram muitos, sendo o maior deles o fato de eu poder afirmar com absoluta certeza possuir tudo de que preciso ou que tenho condições de utilizar para ser feliz – inclusive, é claro, total ausência de preocupações com dinheiro.

Eu me casei com a mulher que escolhi, com quem encontrei harmonia e entendimento capazes de me proporcionar paz de espírito e inspiração para alcançar altitudes jamais imaginadas antes de conhecê-la.

Minha filosofia converteu-se no privilégio de viver como quero, em qualquer lugar. Assim, eu e a senhora Hill nos estabelecemos permanentemente em Lake Dora, na Flórida, onde temos sol em abundância. Escolhemos um castelo rodeado de árvores, com ar puro à vontade, longe o suficiente do resto do mundo para nos garantir privacidade e perto o bastante para nos manter em contato com os corações e as mentes dos vizinhos.

De uma a três horas por dia, fazemos nossa conferência particular da Mente Superior, na qual analisamos planos e preparamos algum tipo de serviço em favor daqueles não tão bem-sucedidos quanto nós.

Não temos medo de espécie alguma. Não temos preocupações. Não alimentamos incertezas a respeito do passado, do presente ou do futuro. Nossa saúde é perfeita, e espero que vivamos ainda por longo tempo, para produzir muitos outros livros. Temos a mente aberta para coisas e pessoas e fazemos questão de tirar alguma lição de todos os nossos contatos.

O principal hobby da senhora Hill são as crianças. Sem filhos biológicos, ela iniciou uma família adotiva que só estará completa quando pudermos alimentar, vestir, abrigar e educar 15 crianças sem lar, com idade entre 6 e 10 anos. Seremos responsáveis por elas até podermos devolvê-las ao mundo, inteiramente capazes de atravessar a vida de maneira bem-sucedida.

Meu principal hobby é a senhora Hill.

Passei quinze anos à procura, até encontrar minha mulher. Eu a conquistei conforme os princípios da arte de vender descritos neste livro. Essa é, acredito, a melhor prova da confiabilidade das regras que descrevi.

> EM TEMPOS DE INSTABILIDADE E GANÂNCIA, PARECE MILAGRE ENCONTRAR ALGUÉM QUE TENHA VENCIDO NA VIDA SEM PREJUDICAR OS OUTROS.

Ao ler este livro, você terá a mente, por algum tempo, conectada à mente de um homem inteiramente feliz, que pode afirmar: “A vida nada tem a oferecer que eu já não tenha.” Em tempos de instabilidade, quando a metade do mundo arma-se até os dentes, ameaçando a civilização com sua ganância e sede de poder, parece quase milagre encontrar uma pessoa que tenha vencido na vida em termos próprios, sem prejudicar os outros.

O modo como eu e a senhora Hill alcançamos a felicidade está aqui descrito de maneira completa e franca. O espírito da nossa filosofia pode ser encontrado no desafio que em 1929 lancei à vida e que foi reproduzido no início deste livro. Esse desafio foi escrito no dia seguinte àquele em que a Grande Depressão fez cessarem os meus ganhos e arrasou minha fortuna.

O ambiente da nossa casa na Flórida é ao mesmo tempo positivo e contagiante, pois foi estabelecido pela combinação das mentes de duas pessoas que fazem exatamente o que querem e encontraram a felicidade suprema por meio de seu trabalho. Esse clima é muito nítido, a ponto de afetar todos que entram em contato com ele, inclusive os empregados no serviço doméstico, os secretários, as crianças e as visitas. Quem chega à nossa casa observa isso imediatamente, e é comum ouvirmos as pessoas referirem-se a um efeito inspirador.

O mesmo ritmo de abundância e paz de espírito permeia as linhas deste livro. Cada palavra foi cuidadosamente examinada, pesada e avaliada por mim e pela senhora Hill, antes de os originais serem encaminhados ao editor. Ficaríamos muito surpresos, caso algum leitor deixasse de sentir a influência desse ritmo.

O livro tem quatro partes. A primeira descreve a psicologia da negociação, por meio da qual homens e mulheres bem-sucedidos avançam pela vida com o mínimo de atrito em seus relacionamentos. A segunda parte é inteiramente dedicada à psicologia da venda de serviços pessoais de qualquer natureza, com ênfase em fatos importantíssimos para jovens em início de carreira. A terceira consiste em uma análise abrangente dos métodos empregados pelo cidadão número 1 do país, Henry Ford, para elevar-se da pobreza à fama e à fortuna.

Os fatos que aparecem na quarta parte deste livro não foram relatados, simplesmente; foram vividos por homens e mulheres que fizeram dos Estados Unidos a maior nação industrial sobre a face da Terra. Durante trinta anos, recolhi os relatos diretamente dos personagens, em uma tarefa que me obrigou a sucessivas apresentações, possibilitando-me, ao mesmo tempo, o acesso ao rico acervo de experiências de gente como

Frank A. Vanderlip, John D. Rockefeller, doutor David Starr Jordan, Harvey S. Firestone, William Wrigley Jr., F. W. Woolworth, James J. Hill, Charles M. Schwab e muitos outros que acumularam fortunas fabulosas com a ajuda dos princípios de venda que descrevi.

Nunca é demais enfatizar a importância de estudar atentamente a história da escalada de Henry Ford, da pobreza à riqueza, contada na terceira parte deste livro, pois ali está o autêntico resumo dos princípios a serem utilizados por quem quiser o sucesso. O estudo pode ser bastante útil, desde que você se avalie de acordo com os 17 princípios da realização, com o cuidado de observar em que aspectos a sua aplicação de tais princípios difere da aplicação adotada por Ford.

A quarta parte dedica-se a analisar o princípio responsável por tudo que há de bom na civilização atual: o princípio que deve ser entendido e adotado por todos que queiram alcançar na vida uma posição vantajosa. Sem ele como base do discurso, ninguém consegue conservar o que ganhou. Talvez algum leitor queixe-se de a quarta parte parecer com um sermão sobre ética. Muito bem. E se for? Neste exato momento, não me ocorre nada mais necessário do que a melhoria dos nossos relacionamentos, tanto na vida social como nos negócios.

Todo eleitor deve se interessar pela quarta parte, pois lá é descrito com precisão o modo como Franklin D. Roosevelt fez, em seu primeiro mandato, um dos melhores trabalhos de convencimento da história dos Estados Unidos, afastando o pânico e mostrando ao povo o valor de seu país. É interessante observar que, no segundo mandato, por ter negligenciado a aplicação do mesmo princípio, o presidente perdeu a confiança do povo, tão considerado por ele anteriormente.

A quarta parte explica também as situações que acredito resultarem do relacionamento entre o presidente e o líder trabalhista John L. Lewis. Uma recessão extingue milhares de empregos. Qualquer princípio da conduta humana que seja capaz de resultados tão graves merece uma análise cuidadosa por parte daqueles que pretendem realizar-se na vida.

I

OS PRINCÍPIOS DA PSICOLOGIA PRÁTICA ADOTADOS NA NEGOCIAÇÃO BEM-SUCEDIDA

A capacidade de influenciar pessoas, sem irritá-las, é a arte mais proveitosa conhecida pela humanidade. Toda a primeira seção é dedicada a uma análise dos princípios aceitos pela psicologia, por meio dos quais as negociações podem ocorrer sem atrito. São princípios que nos permitem fazer amigos e influenciar pessoas, sem bajulação, organizados a partir de experiências de vida dos mais destacados líderes nas áreas de negócios, indústria, finanças e educação, nos Estados Unidos, durante os cinquenta anos anteriores à publicação deste livro. Nesta seção, encontra-se a moderna arte do convencimento em sua roupagem mais adequada e elegante.

> OS EMPREGADORES ESTÃO SEMPRE À PROCURA DE QUEM FAÇA MELHOR UM TRABALHO, SEJA ELE EMBALAR UMA MERCADORIA, ESCREVER UMA CARTA OU FECHAR UMA VENDA.

CAPÍTULO 1

INTRODUÇÃO

DEFINIÇÃO DE VENDA

O Grande Vendedor é um artista capaz de criar habilidosamente, com as palavras, verdadeiras pinturas, assim como Rembrandt combinava cores sobre a tela. É um artista que executa uma sinfonia composta de emoções humanas com a mesma maestria de Paderewski ao manejar as teclas do piano.

O Grande Vendedor é um estrategista e manipulador de mentes. Ele põe em ordem os pensamentos das pessoas tão habilmente quanto Foch dirigiu as tropas aliadas durante a Primeira Guerra Mundial.

O Grande Vendedor é um filósofo que interpreta causas pelos efeitos e efeitos pelas causas.

O Grande Vendedor é um analista de caracteres. Ele conhece as pessoas tão bem quanto Einstein conhecia alta matemática.

O Grande Vendedor é um leitor de mentes. Pela expressão, pelas palavras e pelos silêncios, ele consegue sentir e decifrar o que vai na mente do outro.

O Grande Vendedor é um arauto da fortuna. Ele prevê o futuro com base na observação do passado.

O Grande Vendedor é mestre dos outros PORQUE É MESTRE DE SI MESMO!

Os atributos da maestria na venda serão descritos, bem como os meios para a aquisição de tal qualidade. O objetivo deste livro é capacitar o leitor a transformar mediocridade em maestria na arte de vender.

A vida consiste em uma série de experiências e circunstâncias variáveis. Não existem duas experiências iguais, nem duas pessoas iguais. O panorama muda a cada dia. Por isso precisamos nos adaptar a pessoas que pensam e agem de maneiras diferentes das nossas. O sucesso depende, em grande parte, da qualidade das nossas negociações nesses contatos diários com outras pessoas, sem atrito ou oposição.

Esse tipo de negociação exige que compreendamos a arte do convencimento e da venda. Todos somos vendedores, seja qual for a nossa vocação. Mas nem todos somos mestres!

O político deve convencer para ser eleito. E, durante o mandato, precisa manter o eleitorado.

O candidato a um emprego tem de convencer para ser contratado. E deve usar o convencimento para manter o cargo obtido.

Se o cliente do banco procura um empréstimo, precisa convencer o banqueiro.

O sacerdote deve usar o sermão e a própria pessoa para convencer os fiéis. Se for um mau vendedor, logo vai ter que procurar outra "vocação".

> O GRANDE VENDEDOR É UM LEITOR DE MENTES. PELA EXPRESSÃO, PELAS PALAVRAS E PELOS SILÊNCIOS, CONSEGUE DECIFRAR O QUE SE PASSA NA MENTE DO OUTRO.

O advogado deve convencer o juiz e o júri dos méritos do caso de seu cliente, ainda que reconheça serem poucos.

Se um homem decide casar-se, precisa vender sua imagem para convencer a escolhida, embora a própria mulher possa – e frequentemente o faz – afastar alguns obstáculos para facilitar o relacionamento.

Todos concordam com isso.

Tal como o diarista, o funcionário que recebe um alto salário deve vender seu trabalho ao empregador, embora utilize formas de convencimento mais complicadas.

Esses são exemplos de convencimento na venda de intangíveis. Todo esforço empregado por uma pessoa para persuadir outra a cooperar é uma forma de venda. Esses esforços, porém, costumam ser fracos. Por isso as pessoas, em sua maioria, são más vendedoras.

Quando alguém alcança uma alta posição na vida é porque sabe convencer, seja essa qualidade adquirida ou inata. De nada valem instrução, treinamento, inteligência ou brilhantismo sem a capacidade de atrair esforços cooperativos, criando a oportunidade para si. Quando a oportunidade não aparece, é preciso criá-la. Talvez a oportunidade apareça para uma em 100 mil pessoas; as outras têm de tomar a iniciativa. Além do mais, a arte do convencimento em geral é tão necessária à criação quanto ao desenvolvimento da oportunidade.

Neste livro, o termo "venda" não se aplica somente à comercialização de bens e serviços. Você pode – e deve! – vender a sua personalidade. Na verdade, o principal objetivo deste trabalho é utilizar a psicologia e a estratégia de venda de bens e serviços, adotadas por grandes vendedores, para transmitir a homens e mulheres a arte de convencer.

Na juventude, Herbert Hoover, o 31º presidente dos Estados Unidos, sofreu a perda dos pais. Milhões de outros órfãos viveram e morreram sem a oportunidade de se tornarem conhecidos fora do local onde existiram. Que características especiais possuía o senhor Hoover, que lhe permitiram ajustar as velas na direção da Casa Branca e seguir os ventos da fortuna rumo a seu ambicioso objetivo? Ele descobriu como chegar ao sucesso empregando a arte do convencimento. É o que este livro ensina a fazer.

Jean Beltrand oferece cinco definições de "vender":

PRIMEIRA. Vender é a capacidade de divulgar fé, bens materiais ou propostas, a ponto de despertar em outras pessoas o desejo de receber um serviço, uma oportunidade, um bem ou lucro.

SEGUNDA. Vender é a capacidade que profissionais e homens públicos possuem de prestar serviço, assistência e cooperação, a ponto de despertar em outras pessoas o desejo de remunerá-los, reconhecê-los e respeitá-los.

TERCEIRA. Vender é a capacidade de trabalhar, executar tarefas e prestar serviços como empregado, a ponto de despertar no empregador o desejo de remunerar, promover e elogiar.

QUARTA. Vender é a capacidade de agir com gentileza, generosidade, boa vontade e consideração, a ponto de despertar nas outras pessoas respeito, amor e admiração.

QUINTA. Vender é a capacidade de escrever, desenhar, pintar, inventar, criar, compor ou realizar, a ponto de despertar nas outras pessoas a admiração dedicada a heróis, celebridades e pessoas extraordinárias.

Essas definições, muito amplas, cobrem facilmente uma grande variedade de setores da atividade humana. A vida é uma longa e ininterrupta cadeia de tentativas de venda.

O recém-nascido é um vendedor! Quando quer comida, grita e consegue. Quando sente dor, grita para chamar a atenção e consegue também!

As mulheres são as melhores vendedoras da face da Terra. Mais sutis, dramáticas e espertas, elas se colocam acima dos homens, que acreditam conquistá-las com propostas de casamento. Em geral, porém, quem conquista é a mulher, ao fazer-se bonita, atraente, sedutora.

Embora as definições de Jean Beltrand sejam abrangentes, eu acrescentaria uma:

"Vender é a arte de plantar na mente do outro um motivo que o induza a uma ação favorável."

A importância dessa definição vai ficar muito clara no decorrer da leitura.

O Grande Vendedor torna-se um mestre por causa de sua capacidade de induzir outras pessoas a agirem com base em motivos, sem resistência ou atrito.

Há pouca competição entre Grandes Vendedores, porque eles são poucos!

O Grande Vendedor sabe o que quer. Sabe planejar a conquista. E possui a iniciativa de transformar o plano em ação.

Existem duas formas de esforço de venda: quando o vendedor negocia com apenas uma pessoa e quando o vendedor negocia com um grupo de pessoas. Esta última é chamada de "venda em grupo" ou "apresentação pública".

A formação do Grande Vendedor só está completa quando ele obtém o mesmo sucesso, seja em convencer grupos, seja em influenciar pessoas. A capacidade de convencer um grupo é uma característica valiosíssima, que já representou para muita gente a "grande chance". Essa capacidade deve ser adquirida por meio de experiência, estudo e esforço próprios.

A seguir, veja alguns exemplos específicos.

William Jennings Bryan, advogado e político, passou do anonimato a uma posição de destaque nacional por meio do famoso discurso durante uma convenção do Partido Democrático, em que disse: "Não crucifiquem a humanidade em uma cruz de ouro."

Patrick Henry, líder revolucionário e famoso orador, foi imortalizado por um discurso, na época da Revolução Americana, quando proclamou: "Liberdade ou morte!" Por causa dessas palavras, porém, perdeu a vida.

Robert Ingersoll, advogado, político e orador requisitado, alterou os rumos da teologia, ao aplicar a numerosos grupos sua eloquente arte do convencimento.

O Grande Vendedor exerce sua influência, tanto por meio da palavra impressa como da palavra falada.

Elbert Hubbard, filósofo e escritor, acumulou uma pequena fortuna e inscreveu seu nome para sempre nas mentes dos que leram seus escritos.

Talvez Thomas Paine, político e intelectual, somente com a força de sua caneta, tenha inspirado mais do que qualquer outro a Revolução Americana.

Benjamin Franklin, jornalista, diplomata, cientista e inventor – entre outras atividades –, deixou seu nome na história e imprimiu sua boa marca na civilização, com o vigor da franqueza e da singularidade de suas palavras.

O discurso de Gettysburg, simples no tema, puro na composição e inspirador na ideia, imprimiu a marca de Abraham Lincoln, o primeiro presidente republicano dos Estados Unidos.

O espírito de Jesus Cristo segue influenciando centenas de milhões de pessoas, decorridos dois mil anos de sua morte, porque ele era um Grande Vendedor: criou sua apresentação de vendas em torno de um motivo universalmente aceitável.

César, Alexandre, Napoleão, o ex-cáiser Guilherme da Alemanha e centenas de outros com atitudes semelhantes foram também Grandes Vendedores, embora tenham criado apresentações de vendas que se revelaram destrutivas para os melhores desejos da civilização. Eles venderam e entregaram seus produtos – guerras, que foram pagas com dor, sangue e lágrimas.

O sucesso duradouro na venda sempre implica motivo sólido! Lembre-se disso, se você pretende tornar-se mestre no assunto. Não venda pedras, serpentes nem espadas!

O mundo atual representa uma excelente possibilidade para os Grandes Vendedores. Somente eles podem apagar as marcas deixadas nos corações pelas crises nos negócios. Novos líderes e um novo tipo de liderança são necessários em praticamente todos os setores da atividade humana. Este é um importante período de reconstrução, rico em oportunidades para os Grandes Vendedores que usarem a imaginação, construindo seus esforços de vendas em torno de motivos proveitosos para as pessoas em geral, e aplicarem no trabalho toda a sua energia.

LEMBRE-SE DISTO QUANDO ESCOLHER UM MOTIVO PARA GUIAR SEUS ESFORÇOS DE VENDAS: VOCÊ DEVE SERVIR ÀS PESSOAS.

Os privilégios de classes estão acabando! Em seu lugar, surgem os privilégios "da massa". Lembre-se disto, também, quando escolher um motivo para guiar seus esforços de vendas: você deve servir às pessoas.

Na Grande Depressão, os Estados Unidos viram-se na encruzilhada do progresso, à espera de uma liderança efetiva. Milhões de pessoas ficaram paralisadas pelo medo e pela indecisão. Estava ali uma oportunidade ímpar a ser aproveitada por homens e mulheres preparados para o novo tipo de liderança, fortalecida pela coragem, dedicada ao serviço.

A venda baseada em forte pressão ficou no passado. A agressividade precisa dar lugar à generosidade em todos os setores da vida, inclusive nas vendas.

No futuro, para ser bem-sucedido em qualquer setor, o líder deverá adotar como base de sua liderança a Regra de Ouro: "Não faças aos outros o que não queres que te façam."

No futuro, a questão mais importante será: "Quanto posso oferecer de serviço ao outro?" Não haverá espaço para: "Quanto posso pegar sem ir para a cadeia?"

Um importante renascimento econômico corre o mundo!

Quem não enxerga isso está mental e moralmente cego. A velha ordem de coisas na indústria e no comércio desapareceu e uma nova ordem vem rapidamente tomando seu lugar. Verdadeiramente sábio é o indivíduo que percebe tal mudança e adapta-se a ela com harmonia – sem forçar!

Entramos em uma era em que veremos a reencarnação dos espíritos de Thomas Jefferson, Benjamin Franklin, George Washington e Abraham Lincoln na política, e dos espíritos de Marshall Field, dono de grande cadeia de varejo iniciada em Chicago, e de John Wanamaker, pioneiro das lojas de departamentos, nos setores industrial, comercial e financeiro.

As pessoas rebelaram-se contra a opressão imposta pela ganância e pela avareza. Essa rebeldia não é passageira: vai permanecer até reparar o mal; vai transformar-se em uma força organizada. A América não mais assistirá ao triste espetáculo de milhões de pessoas morrendo à míngua em meio à abundância e ao luxo.

Estamos em um ponto importante, que nos livra da terrível exploração do ser humano. Não vamos abrir mão dos nossos direitos. Não seremos forçados a seguir antigos caminhos.

Essa declaração relativa ao presente e ao futuro pode ser útil aos que aspiram à liderança, seja no campo de vendas ou em qualquer outro. Quem possui imaginação não espera que o tempo comprove suas ideias; antecipa-se às transformações e adapta-se às novas circunstâncias.

As grandes mudanças ocasionadas pela instabilidade econômica, que afetaram todos os setores da atividade humana, acentuam a necessidade da busca de princípios fundamentais que nos levem de volta ao caminho do progresso ordenado. Como algum tipo de convencimento sempre é preciso, para que as pessoas se recuperem, desenvolvendo relações sociais e profissionais satisfatórias, é importante prestar atenção a esses princípios fundamentais, com sugestões para sua aplicação prática. Este livro propõe-se a ensinar tais princípios.

O indivíduo que domina esses princípios básicos do convencimento consegue alcançar o sucesso, superando obstáculos e oposição, aproveitando e redirecionando forças adversas. Não importa quem você é ou quanto sabe; para vencer, precisa vender! Vender seus serviços, seus conhecimentos. Vender você, sua personalidade.

Ao estudar os princípios fundamentais, não esqueça que as limitações são criadas pela sua mente. E se a mente pode criar, também pode afastar essas limitações.

Este livro destina-se a homens e mulheres que não se deixam levar pelo acaso nem conter por limitações psicológicas.

CAPÍTULO 2

O SUCESSO EXIGE PROMOÇÃO INTELIGENTE

Pode ser que as pessoas cheguem em romaria à sua porta, se você criar uma ratoeira melhor que a do vizinho, ainda que more longe, no meio do mato. Mas saiba também que a corrida à sua empresa só vai acontecer se você fornecer o endereço e fizer uma boa promoção.

Jack Dempsey não passava de um bom, mas desconhecido, boxeador profissional. Só se destacou vencendo o campeonato mundial de boxe e alcançando a marca de 1 milhão de dólares depois que seu empresário, Jack Kearns, passou a promovê-lo. Os punhos e braços de Jack Dempsey desferiam os golpes, mas o cérebro de Jack Kearns os orientava, para que alcançassem uma gorda conta bancária. A promoção foi tão bem-feita que, mesmo muito depois de transferir os louros de campeão a um sucessor, Dempsey continuou a receber dividendos, pela simples utilização de seu nome.

Thomas A. Edison, com menos de três meses de escolaridade, tornou-se o maior inventor do mundo, pois possuía a rara qualidade de saber promover-se. No setor onde Edison alcançou o sucesso, não menos de outros 10 mil inventores – muitos tão capazes quanto ele – nunca foram nem serão mencionados.

Arthur Brisbane era um jornalista mediano, nem melhor nem pior que milhares de outros na profissão, até que seu nome passou a aparecer na primeira página dos jornais de propriedade de William Randolph Hearst, o magnata da imprensa americana. Brisbane, então, transformou-se no colunista mais importante dos Estados Unidos. Posso citar uma centena de jornalistas capazes de produzir matérias de qualidade superior a tudo que Brisbane escreveu. Por falta de promoção, porém, nunca foram reconhecidos.

> MESMO TENDO FREQUENTADO A ESCOLA POR MENOS DE TRÊS MESES, THOMAS EDISON TORNOU-SE O MAIOR INVENTOR DO MUNDO GRAÇAS À RARA QUALIDADE DE SABER PROMOVER-SE.

Durante a Primeira Guerra Mundial, tive a atenção despertada por um homem chamado Arthur Nash. Esse alfaiate de Cincinnati repassava aos empregados uma parte de seus lucros, como um meio de salvar sua empresa da falência. Estive em Cincinnati, onde entrevistei Nash, e fui o primeiro a escrever sobre ele. Em minha história, chamei-o de Nash "Regra de Ouro". Jornais e revistas publicaram o que escrevi, o que lhe rendeu publicidade gratuita por mais de cinco anos. Quando ele morreu, 12 anos mais tarde, era um homem rico, e sua empresa incluía-se entre as mais bem-sucedidas do setor.

Kate Smith, como todos que a ouviram podem testemunhar, foi sempre uma "mocinha bonita", a cantar no rádio com voz agradável. Mas Kate contou com Ted Collins, vice-presidente da Columbia Records. Assim, passou a receber semanalmente uma quantia inacreditável, sem mencionar os ganhos adicionais, vindos de filmes e outras atividades.

O ventríloquo Edgar Bergen e seu boneco Charley McCarthy andavam pela Broadway para cima e para baixo, comendo qualquer coisa aqui e ali, até conseguirem um contrato para aparecer no programa de Rudy Vallee. A promoção abriu-lhes as portas para o estrelato, colocando-os entre os mais famosos personagens do rádio. Bergen já era bom antes, mas por falta de promoção vivia "temporariamente desocupado".

Ely Culbertson era um competente jogador de bridge, mas nada de extraordinário. No entanto, a partir do momento em que sua mulher o pegou pela mão e passou a promovê-lo, ele virou notícia em jornais de todo o país. Além disso, Culbertson enriqueceu como especialista no jogo. Ele provavelmente não passou a conhecer melhor o bridge, mas o pagamento melhorou!

Quando Ziegfeld descobriu Will Rogers, este era um ilustre desconhecido que participava de shows, fazendo truques com o laço (quando conseguia um contrato). Por meio de uma promoção bem-feita, Ziegfeld elevou Rogers ao estrelato praticamente da noite para o dia. E ainda preparou o caminho para que ele participasse de filmes e tivesse outras oportunidades, ganhando milhões de dólares. Antes do encontro com Ziegfeld, Rogers satisfazia-se em exibir-se em troca de comida. O mesmo divulgador cuidou de Eddie Cantor, conhecido como Banjo Eyes. Diz-se que o ator chegou a receber 10 mil dólares por semana só para ler textos escritos por outros! Nada mau, hein? Ziegfeld promoveu também a miúda atriz Fanny Brice. Nenhum deles teria acumulado fortunas tão vultosas, não fosse pela promoção.

Quando eu organizava a filosofia da Lei do Triunfo, Andrew Carnegie mandou-me ao encontro de Henry Ford: "Você tem de conhecer esse homem. Um dia, ele vai dominar a indústria automobilística dos Estados Unidos." Era o ano de 1908. Ao vê-lo, tive a impressão de que, apesar de esperto, Andrew Carnegie havia se enganado a respeito de Ford. Mas trinta anos se passaram. Ano a ano, eu o vi avançar, chegando ao topo do setor. Por trás de seu estupendo sucesso, porém, observei uma promoção sistemática, efetiva e altamente organizada. Somente uma pessoa esteve mais ligada à promoção de Ford do que o senador James Couzens: o divulgador W. J. Cameron, que cuidou para que os interesses de Ford aparecessem positivamente aos olhos do público. Desde que Ford ingressou no setor, vi mais de cem outros fabricantes de automóveis surgirem e caírem como cogumelos, pela falta de cuidado em se cercarem de experts em promoção.

Quando falo em "experts em promoção", não me refiro a publicitários. Promoção é uma coisa; publicidade é outra completamente diferente. Promover é a arte de manter opiniões favoráveis sobre uma pessoa.

Ivy Lee, considerado por muitos o verdadeiro criador das relações públicas, foi um dos maiores divulgadores de seu tempo, ao retirar do nome de John Davidson Rockefeller a conotação negativa, substituindo-a por uma opinião favorável de parte do grande público. Ivy Lee raramente utilizava a publicidade paga; preferia espaços gratuitos e outras formas mais eficientes de promoção, mantendo diante das pessoas uma imagem positiva de seus clientes. Certa vez, quando publicava a revista *Golden Rule Magazine*, escrevi um curto editorial elogiando o trabalho de John D. Rockefeller Jr., que humanitariamente tinha ido ao Colorado para conseguir um acordo no caso da famosa greve do carvão, em 1919. Mal secou a tinta do artigo impresso, recebi um telegrama de Ivy Lee, por meio do qual ele me convidava para ir a Nova York. Quando nos encontramos, ele foi direto ao ponto: ofereceu-me 10 mil dólares por ano para que eu escrevesse editoriais semelhantes sobre seus clientes. Bons divulgadores recebem muito dinheiro por sua habilidade e pelo bom senso de reconhecer e aproveitar as forças necessárias aos interesses dos clientes. Recusei a oferta de Ivy Lee, mas muitas vezes lamentei por isso. Hoje sei que alguns anos de convivência com aquele gênio seriam ainda mais valiosos do que o meu salário.

Durante a negociação, fiquei sabendo que as mundialmente conhecidas pregações de Billy Sunday faziam parte de uma promoção bem organizada, sob a orientação de Ivy Lee! Sunday percorria os Estados Unidos, lutando contra o diabo e recolhendo milhões de dólares. Se o pregador tiver causado algum dano ao diabo, agradeça a Ivy Lee. Em minha opinião, Billy Sunday fez o cristianismo retroceder mil anos. Uma coisa é certa, porém: os eventos religiosos do tipo protagonizado por ele – chamados por muitos de orgias emocionais – acabaram. Morreram quando morreu Ivy Lee.

Rodolfo Valentino dançava na Broadway em troca de poucos dólares até que um diretor de cinema descobriu-o e apresentou-o a um divulgador inteligente. Foi então que Valentino tornou-se o grande amante das telas. As mulheres enlouqueceram! Com o surgimento dos filmes sonoros, astros de filmes mudos tiveram de ser substituídos da noite para o dia, pois a maior parte deles não se saía bem nas falas. Os grandes amantes do cinema mudo só eram famosos por causa de uma promoção bem-feita. Os filmes sonoros provaram isso!

Quando voltou da África, logo depois de deixar a Casa Branca, em 1909, Theodore Roosevelt apareceu pela primeira vez para o público no Madison Square Garden. Antes, porém, preparou o evento cuidadosamente: contratou mil pessoas e espalhou-as pela plateia para aplaudi-lo quando subisse ao palanque. Por mais de quinze minutos, os "admiradores" pagos fizeram o local ressoar com seu entusiasmo. O público seguiu o exemplo, aplaudindo por mais quinze minutos. Os jornalistas presentes ficaram impressionadíssimos com a tremenda ovação ao herói do país e estamparam seu nome em letras garrafais em todas as manchetes. Esplêndido! Teddy entendeu e aproveitou com inteligência a promoção pessoal. Essa foi a principal razão de sua fama de grande estadista.

Ninguém precisa ser expert em propaganda ou em estratégias de promoção pessoal para comprovar como tais forças foram utilizadas por Mussolini, Hitler e Stalin, no intuito de manterem sua reputação aos olhos do mundo. O fato de se promoverem constantemente demonstra que conheciam a necessidade de agradar os compatriotas e impressionar os estrangeiros.

Por muitos anos, atuei como meu agente para negócios e divulgação e vi muitos do ramo me ultrapassarem. Hoje sei que a tentativa de ser o próprio divulgador é tão tola quanto o hábito de cortar o próprio cabelo: o resultado não é dos melhores. Podemos também advogar em causa própria, mas isso geralmente nos conduz a dificuldades. Essas são atitudes pouco inteligentes.

Até a fama de uma rua pode depender de uma boa promoção, que valorize seus imóveis. A Fifth Avenue ("Quinta Avenida", em tradução literal), em Nova York, ficou conhecida mundialmente como a rua chique de Manhattan, gerando aluguéis altíssimos para seus proprietários. A Fifth Avenue Association ("Associação da Quinta Avenida", em tradução literal) mantém essa fama por meio de uma promoção cuidadosamente administrada, que impediu a desordem responsável pela transformação da Broadway e da Rua 42 em paraíso para mendigos e vendedores ambulantes. Os aluguéis cobrados na área da Broadway nunca passaram de uma fração dos cobrados na Quinta Avenida.

> ATÉ A FAMA DE UMA RUA PODE DEPENDER DE UMA BOA PROMOÇÃO, QUE VALORIZE SEUS IMÓVEIS.

Alvin York, um caipira do Tennessee que não sabia ler nem escrever, protestou ao ser convocado para lutar na Primeira Guerra Mundial. Alardeou de tal modo sua "objeção consciente" que atraiu atenção e espaço nos jornais. Ao voltar da guerra, continuava não sabendo ler nem escrever, mas a boa promoção fez com que fosse nomeado diretor de uma grande escola no interior do estado. Além disso, a principal estrada do Tennessee recebeu seu nome, e pessoas influentes de todo o território dos Estados Unidos prestaram-lhe várias formas de ajuda, inclusive financeira. Realmente, vale a pena ser promovido de maneira adequada.

Milhares de padres católicos jamais foram ouvidos além de suas paróquias. O padre Coughlin, que soube promover-se extraordinariamente, estendeu sua influência por todo o território dos Estados Unidos, alcançando até alguns países estrangeiros. Ele brilhou por algum tempo, mas, então, sua chama apagou-se. O padre Coughlin não pôde ou não quis aceitar os conselhos de experts em promoção. Assim, subiu ao palco e desceu de lá. Sob a orientação de alguém do quilate de Ivy Lee, ele teria se tornado uma força da política e da economia, obrigando o país a dar-lhe importância, fosse para nosso bem ou mal.

Quantos leitores já ouviram falar do maior pensador dos Estados Unidos? Talvez nem meia dúzia. Trata-se de um advogado de Dallas, chamado Stuart Austin Wier. Em minha opinião, seria a pessoa mais capacitada para suceder Franklin Delano Roosevelt na presidência dos Estados Unidos. Duvido que sua época tenha visto alguém com tal profundidade e equilíbrio de ideias e duvido seriamente que algum filósofo, de Sócrates a Elbert Hubbard, tenha demonstrado tal flexibilidade de raciocínio, extensão de conhecimento e sensatez. No entanto, Wier é praticamente desconhecido, por não ter aceitado os serviços de um divulgador profissional. Guarde esse nome. Se um dia vier a ouvi-lo, será porque alguém com talento para descobrir e revelar indivíduos que pensam terá voluntariamente apresentado-o ao mundo.

A senhora Franklin D. Roosevelt não é conhecida como "a mulher do presidente". Ela sempre foi ela mesma. Divulgadores profissionais cuidaram disso! Não me cabe julgar essa exposição da figura da senhora Roosevelt como autônoma e desvinculada da figura do presidente, mas sei que ela nunca foi ociosa e sempre teve renda própria. Provavelmente, muitos pensam que a mulher do presidente dos Estados Unidos não precisa de promoção profissional, mas a senhora Roosevelt, bastante esperta, teve consciência de que ninguém é tão importante que não possa subir ainda mais, por meio de uma divulgação bem organizada.

Como essas ideias aplicam-se a seu caso?

Uma das principais missões da vida é avançar em direção a um objetivo definido. Já que nem todos somos vendedores eficientes, a maioria das pessoas precisa dos serviços de divulgadores experientes que assumam a responsabilidade de manter sua imagem favorável aos olhos dos outros.

Mais de trinta anos antes de eu começar a escrever este livro, um jovem e empreendedor advogado de Chicago chamado Paul Harris teve uma brilhante ideia para contornar a lei que impedia a propaganda de serviços de advocacia. Ele reuniu cerca de 30 empresários conhecidos e organizou o primeiro Rotary Club. Claro que a intenção era estabelecer contatos que pudessem converter-se em clientes, como resultado das relações pessoais desenvolvidas nos encontros semanais. O movimento espalhou-se por todo o mundo, tornando-se uma força internacional para o bem. Nada mau para seu criador!

Médicos, dentistas, advogados, arquitetos e outros profissionais cujo código de ética impede a publicidade direta puderam beneficiar-se do exemplo de Paul Harris. Ética é uma coisa; desenvolver uma prática profissional é outra. E as duas podem viver em harmonia! Essa é a tarefa do especialista em promoção, mas aplica-se a todo mundo. Se quisermos alcançar o sucesso, devemos encontrar meios de atrair a atenção dos que precisam do produto que temos a oferecer. De nada vale criar uma ratoeira melhor que a do vizinho se não houver por trás dela uma sólida, intensa e contínua promoção de vendas.

Atores medíocres percorrem a Broadway incessantemente, buscando a fama. Vez ou outra, um Ziegfeld descobre e revela um Cantor, um Will Rogers ou uma Fanny Brice. Mas "vez ou outra" não quer dizer "com frequência". O melhor é não esperar pela descoberta, seja você quem for ou tenha o que tiver a oferecer ao mundo. O melhor plano é procurar e encontrar alguém capacitado para negociar os serviços que você tem a oferecer. Então, proponha-lhe uma participação nos ganhos e deixe que atue como seu divulgador!

Certa vez, enquanto eu escrevia, a campainha da porta soou. A visita era um jovem reconhecido internacionalmente como um dos mais promissores pianistas e compositores. Durante duas horas, ele tentou convencer-me a aceitar o antigo hábito de artistas passarem fome, escondidos em sótãos, em vez de comercializarem sua arte. Segundo ele, a filosofia de abundância, descrita no meu livro *Quem pensa enriquece*, representa um insulto aos grandes artistas, cuja principal atitude deve ser a disposição de sofrer pela arte. Gostei do sujeito. Tinha personalidade agradável, mente brilhante e verdadeira paixão pela música clássica. Mas também lamentei por ele, pois sabia que sua visão distorcida lhe custaria o objetivo tão almejado: ser reconhecido como um grande músico. Ele já é um grande artista, mas quem sabe disso? Se não vier a cercar-se de pessoal capaz de promover adequadamente seus serviços, talvez passe a vida toda como gênio desconhecido. Não existe tragédia maior.

A ironia desse caso está no fato de a pessoa a que me refiro ter ido ao

> Grandes artistas que não são capazes de promover seu talento podem passar a vida toda como gênios desconhecidos, e não existe tragédia maior.

meu apartamento para apanhar um terno usado e um sobretudo também usado que eu lhe havia prometido. Céus! Um gênio recebendo esmolas, só por não acreditar em promoção feita por um profissional!

Pouco tempo depois, querendo negociar a venda de um dos meus trabalhos, fui com meu agente ao escritório de um dos editores que trabalham para um distribuidor. Ele me disse que só se chega ao topo, no setor literário, por meio de promoção bem-feita. Mencionou, em especial, o doutor Frank Crane, responsável por uma coluna diária em vários jornais. Eis o que o editor me contou: "Quando o doutor Crane nos procurou, vendia seus artigos aqui e ali, a qualquer jornal que se dispusesse a publicá-los, ganhando uma quantia insuficiente para sustentar a família." Segundo eu soube, ao morrer, o doutor Crane pagava mais de 75 mil dólares anuais ao imposto de renda. Seus ganhos vinham da publicação do tipo de coluna que produzia desde o início da carreira. A diferença estava na promoção, feita por um especialista.

O filósofo e escritor Elbert Hubbard acumulou uma fortuna considerável produzindo e vendendo os próprios trabalhos, mas o mundo raramente conhece mais de um Elbert Hubbard de cada vez. Ele foi um daqueles raros indivíduos capazes de criar e comercializar. A maioria tem de dar-se por satisfeita em criar.

Levei um quarto de século para organizar a filosofia da realização individual, reunindo aí o que retirei do relato das experiências de homens como Andrew Carnegie, Henry Ford, Thomas A. Edison, John Wanamaker e outros. No entanto, assisti à popularidade de autores de livros escritos da noite para o dia. Finalmente, acordei: coloquei-me sob o gerenciamento da minha mulher. Devo reconhecer que, em um ano, obtive mais reconhecimento do que em todos os anos anteriores, quando me agenciava.

É dever e responsabilidade de cada um prover-se da forma de promoção necessária para alcançar o sucesso na carreira escolhida. R. L. Sharpe expressou-se muito bem ao dizer:

"Não é estranho que princesas e reis,
E palhaços que se apresentam no picadeiro empoeirado,
E gente comum, tal como eu e você,
Sejamos eternos construtores?
Cada um recebe a caixa de ferramentas
A massa sem forma e o livro de regras.
E cada um deve criar, antes que a vida acabe,
Um obstáculo ou um ponto de partida."

O progresso pessoal não pode fundamentar-se sobre o blefe, o medo ou a bajulação!

A vida exige do homem bem-sucedido algo mais sólido. Simples palavras e amabilidades nunca tomarão o lugar de um plano prático aplicado com firmeza, apesar do fato de um livro comprado por cerca de um milhão de pessoas aconselhar, em seu tema central, os leitores a lisonjear aqueles que desejam influenciar e atrair.

Um livro sobre a lisonja pode ser útil para os que queiram dedicar-se a essa prática. Mas e os lisonjeados? O que acontecerá àqueles pouco afortunados sobre os quais os compradores do livro jogarão sua magia? Ficarão desprotegidos diante dos sedutores?

Pessoalmente, sinto-me ofendido quando tentam bajular-me. Se utilizasse tal estratégia no meu trabalho, seria instantaneamente tachado de charlatão – e com justiça. Em meus relacionamentos, a franqueza produz resultados melhores. Assim, não apenas faço, mas mantenho amigos!

Um dos bens mais valiosos que já tive ou terei é uma amiga que conquistei, não por meio de lisonja, mas de uma análise minuciosa. Essa amiga é minha mulher. Para conquistá-la, não lhe disse que era bonita, inteligente ou espirituosa. Pelo contrário, chamei sua atenção para os pontos fracos de sua personalidade e sugeri um modo de corrigi-los: casando-se comigo!

Idiotas e bobocas em geral gostam de ser bajulados, não há como negar. Todo indivíduo que se considera um ser pensante, porém, recusa todas as formas de bajulação, como um insulto a sua inteligência.

Quem bajula com certeza quer obter um favor ou alguma coisa que o outro possui. O elogio barato é uma espécie de droga que prejudica o raciocínio, o que dá a quem o faz uma vantagem temporária – até que o efeito passe e a vítima desperte, com o coração cheio de ressentimento.

A bajulação não passa de um truque psicológico vulgar que charlatães e desonestos utilizam para levar os outros a um estado de relaxamento, de que se aproveitam para tirar deles alguma coisa. A bajulação é a principal ferramenta de todo vigarista. Por meio dela, profissionais mal-intencionados tomam o dinheiro de homens e mulheres. Por meio dela, espiões perigosos ardilosamente conquistam a confiança de autoridades, para arrancar-lhes informações.

Mulheres interesseiras e de moral duvidosa empregam a bajulação para quebrar a resistência de homens que não respondem ao simples apelo sexual. Comenta-se que uma artista muito conhecida, casada várias vezes, sempre usou esse método para conquistar milionários. Mas seus casamentos não duraram! Aliás, nada assim construído permanece, pois o falso elogio é uma arma de sedução desenvolvida e aplicada pelo diabo.

Quem se deixa influenciar pela bajulação perde a batalha antes de lutar. A derrota do empresário Samuel Insull começou realmente quando ele passou a dar mais atenção aos elogios dos artistas da Grand Opera do que aos negócios.

Alguns executivos gostam de cercar-se de funcionários que sempre concordem com eles, mas com uma equipe de contestadores estariam bem mais seguros! O ego humano precisa de proteção, pois é enganador e responde prontamente a qualquer tipo de bajulação.

Um dos erros mais comuns é pedir o conselho de amigos, ainda que corretamente "conquistados e influenciados". A razão é que os amigos, por medo de ofender, muitas vezes preferem elogiar a falar francamente. Assim, emitem opiniões que podem levar a decisões equivocadas.

Artistas de cinema e outras vítimas do enriquecimento rápido frequentemente perdem suas fortunas porque incham até explodir, alimentados pela adulação do público.

Diz-se que o político, diplomata e advogado John W. Davis chegou a receber anualmente da instituição financeira J. P. Morgan uma polpuda soma para dizer aos funcionários o que não fazer – e não o que fazer –, atuando como o contestador oficial da firma. Ele jamais utilizou a bajulação para conquistar ou influenciar os donos. Homens de negócios costumam ser espertos e preferem a frieza dos fatos ao elogio. Talvez por isso a J. P. Morgan tenha sido alçada a um dos primeiros lugares no mundo financeiro.

O político Al Smith saiu do mercado de peixe e chegou a concorrer à Casa Branca. A maior ajuda que recebeu veio da senhora Bell Moscovics, sua "contestadora" oficial. Não foi coincidência que o restaurante Brown Derby tivesse atravessado um período de decadência quando a senhora Moscovics morreu. Homens que adoram elogios precisam ser vacinados e tratados contra essa doença.

Os verdadeiros líderes do mundo dos negócios não dependem de elogios para obter resultados. Eles possuem uma fórmula melhor. Andrew Carnegie, "o rei do aço", não adulou Charles M. Schwab ao nomeá-lo presidente de sua empresa. Para obter resultados mais confiáveis, pagou ao senhor Schwab 1 milhão de dólares por ano. Assim, pôde contar com seu cérebro, sua presença e sua lealdade!

OS VERDADEIROS LÍDERES DO MUNDO DOS NEGÓCIOS NÃO DEPENDEM DE ELOGIOS PARA OBTER RESULTADOS; ELES POSSUEM UMA FÓRMULA MELHOR.

O despachante do trem não fica elogiando o maquinista. Ele dá ordens definidas, que não são questionadas. Se o maquinista não obedecer às ordens, pode acontecer um acidente que lhe custe o emprego – ou a vida.

Há momentos em que se deve dizer "sim" e momentos em que se deve dizer "não". O livro que tem por título *The Twelve Disciplines* ("As Doze Disciplinas", em tradução literal), aconselha os leitores a exercitar a obediência por um dia inteirinho, respondendo afirmativamente a todas as perguntas que lhes forem feitas. A autora estaria em apuros, caso seguisse ao pé da letra o próprio conselho. A vida é feita de situações e circunstâncias que exigem "sim" ou "não". Quem administra bem o sucesso na vida aprende a usar um e outro na hora certa.

Abraham Lincoln, o 16º presidente dos Estados Unidos, mantinha em seu gabinete alguns inimigos, pois não queria prescindir de suas críticas e análises sinceras. Ao contrário, Woodrow Wilson, o 28º, afastava quem não concordasse com ele. É enorme a diferença entre a história de um e de outro. E vai intensificar-se com o passar do tempo.

Até onde avançaria um militar se os seus soldados fossem movidos à bajulação?

A estratégia também não ajuda muito no caso da maioria dos policiais e motoristas de táxi.

Quem se torna indispensável ao oferecer mais e melhores serviços do que era esperado consegue resultados mais sólidos e duradouros do que poderia produzir toda a bajulação do mundo.

Se você quer sucesso na vida, olhe em volta. Descubra o tipo de serviço útil que pode oferecer ao público mais numeroso possível. Torne-se importante, e não vai precisar da bajulação para fazer amigos e influenciar pessoas. Além disso, a conquista é para sempre!

O indivíduo afável leva grande vantagem, mas de nada adianta usar falsos elogios para dar a impressão de cordialidade. Uma personalidade agradável é um bem valiosíssimo que não se constrói por meio de palavras doces ou de elogios fáceis. No próximo capítulo encontra-se a descrição completa das 21 características a serem desenvolvidas para formar uma personalidade agradável. Domine-as, tome posse delas. Somente assim você conseguirá atrair e conservar amigos.

Nos capítulos seguintes, você vai encontrar regras práticas e comprovadas para atrair e conservar amigos. Seu objetivo, porém, não é obter vantagens temporárias. São regras recolhidas da vida e da obra de Abraham Lincoln, Benjamin Franklin, Thomas Paine, Thomas Jefferson, Samuel Adams, Richard Henry Lee, George Washington e de meia centena de outros realmente grandes homens, responsáveis pela verdadeira base do desenvolvimento dos Estados Unidos. Essas mesmas regras foram empregadas pela maioria dos líderes bem-sucedidos que o país produziu na indústria e nos negócios, tais como Andrew Carnegie, Thomas A. Edison, Henry Ford, Owen D. Young, Cyrus H. K. Curtis, Frank A. Vanderlip e John Wanamaker.

Se algum desses homens tivesse defendido a bajulação como ferramenta para o progresso pessoal, eu levaria em consideração o conselho. Mas nenhum deles usou ou recomendou recurso tão indigno e vulgar.

Quando se comparam bajulação e franqueza, essa última mostra-se superior em 999 vezes, a cada mil. Todo bom advogado sabe que é definitivamente perigosa a tentativa de influenciar o júri por meio da bajulação, por isso prefere usar os fatos. O mesmo se aplica aos executivos bem-sucedidos. Na sua opinião, até onde chegaria alguém que tentasse bajular Henry Ford para influenciá-lo?

Talvez pareça que exagero a importância de evitar os falsos elogios como meio de conquistar alguém, mas isso se deve aos possíveis efeitos sobre aqueles que estejam inclinados a utilizar tal estratégia como centro de seu progresso pessoal. Considero o recurso arriscado, em especial para os jovens que tenham pouca ou nenhuma experiência no mundo dos negócios.

Existem maneiras sensatas e elogiáveis de conquistar amigos e influenciar pessoas. Baseiam-se na combinação dos nove motivos básicos, descritos em outro capítulo. Se quiser alcançar o topo da escada do sucesso e lá permanecer, será muito mais seguro utilizar os nove motivos como degraus da escada, em vez de depender da bajulação.

Cada movimento, atitude e ideia de todo ser humano de corpo são e mente sã, que tenha atingido a idade da razão, é influenciado por um ou mais dos nove motivos básicos. Quando chegar à descrição desses motivos, estude-os cuidadosamente e aprenda a influenciar pessoas apelando para motivos genuinamente naturais.

Seja qual for a carreira, o sucesso depende, em especial, da capacidade de negociar o avanço, com o mínimo de tensão nos relacionamentos. Ao dominar, compreender e aplicar os nove motivos básicos, você reduz mal-entendidos, oposições e atritos. Assim, entra para a classe dos Grandes Vendedores – em qualquer setor.

Para que você não considere um simples conselho o que acabo de afirmar, tomo a liberdade de citar pelo menos um exemplo de situação em que houve a aplicação prática dos princípios da arte do convencimento recomendados nessa filosofia de negociação pessoal.

Veja como eu mesmo apliquei a ideia.

Ao fim do primeiro ano da Grande Depressão, vi-me despojado do dinheiro que possuía e da maior parte dos meus bens materiais. Na época,

as pessoas não estavam interessadas em livros, mas em comida. Fechei meu escritório de Nova York e mudei-me para Washington, D. C., onde pretendia ficar até passar a tempestade econômica.

Os meses viraram anos, e a Depressão, em vez de melhorar, piorou. Finalmente, decidi não esperar mais pelo fim da estagnação na economia, mas dar um passo à frente e abrir caminho, oferecendo ajuda aos que estavam na mesma situação.

Resolvi começar lá mesmo, em Washington. Para isso, precisava anunciar no jornal, em um espaço que custaria mais de 2 mil dólares, quantia de que não dispunha nem poderia pedir ao banco. Lá estava eu diante de uma situação que pode ocorrer a qualquer um: tinha de conseguir algo usando as palavras como único recurso.

Vou resumir o que fiz exatamente para superar o problema.

Procurei o coronel Leroy Heron, diretor da seção de publicidade do jornal *Washington Star*, e expus minhas necessidades. Eu tinha duas alternativas: a primeira era cobri-lo de elogios, falar da importância do jornal em que atuava, de sua bela campanha na Guerra Mundial, de sua capacidade de trabalho e toda uma conversa fiada; a segunda era pôr as cartas na mesa e dizer o que eu queria, explicando por que acreditava que podia conseguir. Escolhi essa última abordagem.

Então, precisei decidir entre revelar ao coronel Heron todos os fatos, inclusive minhas dificuldades financeiras, ou passar por cima dessas questões embaraçosas, sem discuti-las claramente.

Mais uma vez, escolhi ser franco e direto. Existem situações em que nenhuma outra opção garante os resultados pretendidos.

Pelo que me lembro, aqui está, palavra por palavra, o que eu disse:

"Coronel Heron, gostaria de usar o *Washington Star* em uma campanha publicitária para anunciar uma série de palestras sobre a filosofia da realização pessoal. O espaço de que preciso corresponde a aproximadamente 2,5 mil dólares. O ponto desagradável é que não disponho dessa quantia. Há pouco tempo, tinha mais do que isso, mas a Depressão acabou com tudo.

> SEJA FRANCO E DIRETO. EXISTEM SITUAÇÕES EM QUE NENHUMA OUTRA OPÇÃO GARANTE OS RESULTADOS PRETENDIDOS.

Meu pedido de crédito não se baseia na classificação adotada no comércio. Se assim fosse, eu não seria aprovado. Meu pedido baseia-se no fato, cujas evidências estou preparado para demonstrar aqui e agora, de que dediquei um quarto de século ao estudo dos princípios da realização pessoal. Durante esse período, tive a cooperação ativa de homens do quilate de Andrew Carnegie, Thomas A. Edison, Frank A. Vanderlip, John Wanamaker e Cyrus H. K. Curtis. Esses indivíduos acreditaram em mim e ofereceram-me demoradamente seu tempo e suas experiências para que eu organizasse a filosofia do sucesso. O que recebi deles vale muitas vezes o crédito que peço. Graças à cooperação de pessoas tão bem-sucedidas, sinto-me preparado para revelar ao mundo uma filosofia de autoajuda absolutamente necessária. Caso o senhor não queira conceder-me o crédito como um investimento de risco calculado, faça-o com o mesmo espírito de generosidade que aqueles homens de negócios puseram em prática, ao me doarem seu tempo e compartilharem suas experiências."

Depois de me ouvir, o coronel Heron liberou o espaço no jornal, dizendo:

"Não sei quais são as chances de você vir a pagar pelo espaço de que precisa. Mas acredito conhecer bastante da natureza humana para perceber que pretende pagar. Acredito também que qualquer filosofia organizada com base nos relatos de homens como Edison e Carnegie é confiável e necessária. Além disso, acredito que se aqueles homens lhe concederam seu tempo tão precioso, é porque você merece um crédito muito superior ao que me pediu. Traga o texto, e mando publicar. Depois, conversamos com o gerente financeiro."

Mais tarde, depois de ter pago o anúncio, liguei para o coronel Heron e tive com ele uma conversa. Pedi que me dissesse francamente por que havia publicado meu anúncio antes do pagamento, mesmo conhecendo minhas dificuldades – sem saber, portanto, se eu saldaria a dívida.

Sua resposta foi esclarecedora: "Concedi o crédito porque você não tentou esconder as suas dificuldades financeiras, não recorreu a subterfúgios nem procurou causar boa impressão."

O que eu conseguiria se não tivesse falado francamente quando apelei ao coronel Heron?

O vendedor de antigamente carregava consigo um suprimento de cigarros, bebidas e piadas para agradar aos potenciais clientes. Tudo isso foi substituído por filmes, mapas e gráficos multicoloridos, com os quais os vendedores conseguem desenhar em perspectiva, na cabeça do cliente, a imagem perfeita da mercadoria que pretendem vender.

Existem nove portas e janelas que dão acesso à mente humana, permitindo influenciá-la. Em nenhuma delas vê-se a placa "bajulação". As nove entradas são os Nove Motivos Básicos, pelos quais as pessoas são influenciadas.

Ao ler e assimilar o conteúdo deste livro, lembre-se de que seu tema não é a bajulação. Este não é um livro sobre amenidades, sobre truques psicológicos nem sobre esperteza. Trata-se de um livro baseado na realidade, organizado de acordo com os relatos de experiências dos líderes mais capazes que os Estados Unidos produziram.

> BUSQUE OS CONSELHOS DE QUEM POSSA LHE DIZER A VERDADE SOBRE VOCÊ, AINDA QUE SEJA DOLOROSO OUVIR. SIMPLES ELOGIOS NÃO CONTRIBUEM PARA O APERFEIÇOAMENTO.

CAPÍTULO 3

ESTRATÉGIA PARA A FORMAÇÃO DE UM GRANDE VENDEDOR

O motivo é a semente da venda. Toda semente deve conter o germe da vida, seja ela plantada em qualquer solo. Assim, o motivo também deve conter o germe da vida. O homem que sabe introduzir o germe da vida no motivo é um Grande Vendedor – um mestre, porque toma posse da imaginação do potencial comprador e faz com que ela trabalhe para ele!

Quando um verdadeiro artista pinta na mente do comprador em potencial um motivo apropriado, este começa a trabalhar de dentro, tal como o fermento de pão. Veja o exemplo a seguir.

O doutor Harper, quando era reitor da Universidade de Chicago, queria construir mais um edifício no campus, ao custo estimado de 1 milhão de dólares. A verba disponível não era suficiente, e com o orçamento anual da universidade ele não tinha como completá-la. Depois de analisar a situação, o doutor Harper concluiu que teria que conseguir o milhão de dólares de uma fonte externa.

Aqui começa a descrição do modus operandi de um Grande Vendedor.

O doutor Harper não saiu pedindo doações aos ricos. Queria conseguir a quantia de uma vez só e assumiu essa responsabilidade.

Primeiro, planejou a ação. Muitos – exceto os Grandes Vendedores – fracassam por falta de um plano preciso e eficiente. O do reitor da universidade envolvia apenas dois potenciais doadores; de um ou de outro ele pretendia obter os recursos necessários. Tratava-se de um plano engenhoso, complementado por uma estratégia inteligente e sutil, interessante e atraente. Vinha, além disso, carregado com dinamite. O que fez ele?

Escolheu, como possíveis doadores, dois milionários de Chicago que ele sabia que eram inimigos implacáveis. Sim, eu compreendo. Você imagina o que aconteceu. Mas prossiga e perceba a técnica que existe na arte de um Grande Vendedor.

> O GRANDE VENDEDOR É UM MESTRE QUE TOMA POSSE DA IMAGINAÇÃO DO POTENCIAL COMPRADOR E A FAZ TRABALHAR A FAVOR DELE.

Um dos escolhidos era diretor do sistema de transporte da cidade de Chicago, o Chicago Street Railway System. O outro era um político que tinha acumulado uma fortuna por métodos escusos, inclusive fraudando o sistema de transporte.

O doutor Harper foi perfeito ao escolher os doadores em potencial. Eis aí outro ponto em que apenas os Grandes Vendedores costumam sair-se bem.

Depois de rever mentalmente o plano por alguns dias e ensaiar cuidadosamente a abordagem, ele afinal entrou em ação.

Ao meio-dia, o reitor chegou ao escritório do magnata. Veja a razão da escolha do horário: ele deduziu que a secretária estaria no almoço, e o diretor, sozinho. Encontrando vazia a sala de espera, entrou. O diretor levantou os olhos, surpreso, e perguntou ao intruso:

– Em que posso ajudá-lo?

– Desculpe-me a invasão. Sou o doutor Harper, reitor da Universidade de Chicago. Como não havia ninguém lá fora, tomei a liberdade de entrar.

– Claro! Sente-se, doutor Harper. É uma honra receber a sua visita.

– Obrigado. Estou com pressa e prefiro ficar em pé, se não se importa. Só passei para lhe falar de uma ideia que me veio à cabeça há algum tempo (aí está o motivo; veja como foi sabiamente plantado em solo fértil). Primeiro, quero lhe dizer como admiro o maravilhoso sistema de transporte que o senhor ofereceu à cidade de Chicago (neutralizando a mente do outro), eu o considero o melhor do país. Ocorreu-me, porém, que, apesar de sua ótima reputação, o mundo vai esquecê-lo quando o senhor morrer (veja que o Grande Vendedor voltou ao motivo). Acho que deveria construir um monumento que durasse para sempre. Tenho uma solução para isso, mas encontrei certas dificuldades que, lamento dizer, podem atrapalhar (tornando a ideia mais atraente). Pensei em garantir-lhe o privilégio de construir um belo prédio de granito no campus da universidade. No entanto, alguns membros da diretoria querem que esse privilégio seja concedido ao senhor X (mencionando o nome do inimigo político). Tenho me manifestado a seu favor e vim aqui perguntar se há alguma ideia que me ajude a garantir-lhe esse raro privilégio.

– Que interessante! – o magnata exclamou. – Sente-se para conversarmos melhor sobre o assunto.

– Lamento muitíssimo, mas tenho uma reunião com a diretoria daqui a uma hora. Preciso me apressar. Se tiver uma boa ideia, telefone-me o mais depressa possível, para que eu possa defendê-la diante do conselho. Tenha um bom dia, senhor.

O doutor Harper saiu em seguida. Quando chegou ao seu gabinete, foi informado de que o magnata dos transportes já havia telefonado três vezes e aguardava retorno.

Ao receber o telefonema, o doador em potencial sugeriu apresentar o caso à diretoria pessoalmente, mas o reitor achou desaconselhável. Em vista da oposição, seria mais "diplomático" ele mesmo defender a ideia (intensificando a atração).

– Se me ligar amanhã de manhã – o doutor Harper sugeriu –, eu lhe informo do resultado.

Na manhã seguinte, chegando ao seu gabinete, o reitor encontrou o magnata dos transportes à sua espera. Os dois ficaram fechados lá por meia hora. Provavelmente nunca se saberá o que aconteceu nesse período. O interessante, porém, é que o magnata dos transportes assumiu o papel de vendedor, ficando o doutor Harper como "comprador", que foi "persuadido" a receber o cheque de 1 milhão de dólares e prometer que convenceria o conselho de diretores a aceitá-lo!

O cheque foi aceito.

Não se sabe que argumentos o reitor apresentou ao conselho, mas o prédio de 1 milhão de dólares ergueu-se no campus da universidade, em uma silenciosa e impressionante evidência de que a maestria na arte do convencimento nunca é acidental. A construção ostenta o nome do doador.

Ao tomar conhecimento do ocorrido, chamei o doutor Harper para uma visita e perguntei-lhe por que alguns membros da diretoria preferiam homenagear um político corrupto. Ele simplesmente deu de ombros e sorriu, com um brilho estranho nos olhos. A resposta foi suficiente. Entendi. A oposição, em grande parte, existia apenas na imaginação dele. Para enquadrar a transação na categoria "estratégia justificada", ele provavelmente desenvolveu a ideia de oposição amigável nas mentes de alguns membros da diretoria.

Vamos analisar a transação, para ter a certeza de que nenhum detalhe passe despercebido. Primeiro, observe que o doutor Harper não utilizou métodos de alta pressão. Para virar o jogo a seu favor, ele empregou exclusivamente o motivo. Com certeza, passou dias planejando a abordagem. Consequentemente, o motivo escolhido foi o mais sedutor. Na verdade, ele recorreu a dois motivos:

1. O desejo de fama e poder.

2. A vingança.

O magnata dos transportes percebeu instantaneamente que poderia perpetuar seu nome como benfeitor público, de modo que fosse lembrado muito tempo depois, quando tivesse voltado ao pó, ainda que o sistema de transporte implantado por ele fosse superado por outro. Percebeu também (graças à estratégia adequada do doutor Harper) uma oportunidade de vingar-se de seu inimigo mais ferrenho, privando-o de uma grande honra.

Não é preciso pensar muito para imaginar o que teria acontecido, caso o reitor adotasse a abordagem usual, solicitando um encontro por meio de uma carta, o que permitiria ao magnata adivinhar o motivo da visita. Qualquer um – exceto os Grandes Vendedores – faria isso ou se apresentaria no escritório do homem, pedindo-lhe que doasse 1 milhão de dólares para ajudar a universidade a "sair do buraco".

Imaginemos que o doutor Harper não compreendesse a psicologia da motivação e não fosse um Grande Vendedor. Nesse caso, sua conversa com o magnata seria mais ou menos assim:

"Bom dia, senhor. Sou o doutor Harper, reitor da Universidade de Chicago. Quero pedir alguns minutos da sua atenção (pedindo favores logo no início, em vez de oferecer! Falha na neutralização da mente do comprador em potencial). Precisamos de mais 1 milhão de dólares para construir outro prédio no campus da universidade, e achei que talvez o senhor se interessasse em doar a quantia. O senhor é um homem bem-sucedido. Possui uma grande e lucrativa empresa de transportes, e o lucro provém do povo que os utiliza. Assim, seria justo se demonstrasse o seu agradecimento fazendo algo pelo bem do povo."

Imagine a cena. O magnata dos transportes remexe-se nervoso na cadeira, fingindo procurar alguma coisa entre os papéis sobre a mesa, enquanto pensa desesperadamente em uma desculpa para recusar. Quando o reitor faz uma pequena pausa, o outro aproveita para tomar a palavra:

"Lamento muitíssimo, doutor Harper, mas nosso orçamento para filantropia está completamente comprometido. O senhor sabe que fazemos uma polpuda doação anual ao fundo comunitário. Neste ano, não podemos doar mais coisa alguma. Além disso, 1 milhão de dólares é muito dinheiro. Nossos diretores, com certeza, não concordariam em contribuir tão pesadamente para caridade" (ele aplicou o truque da "diretoria").

Veja a palavra "caridade"!

A pobreza da apresentação deixaria o reitor na incômoda posição de pedinte. A doação para caridade não faz parte dos nove motivos básicos que incitam as pessoas à ação. Mas tire da palavra "caridade" a conotação de humildade, substituindo-a por privilégio, fama e honra, e seu significado muda por completo. Somente um Grande Vendedor é capaz de fazer isso.

Uma abordagem é inteligente; a outra, grosseira.

O ato de vender, quando cientificamente conduzido, pode ser comparado ao trabalho do artista na tela. Pincelada a pincelada, o Grande Vendedor desenvolve forma e harmonia, misturando as cores para pintar com palavras a imagem do produto que oferece. A tela é a imaginação do potencial comprador. Primeiro, o Grande Vendedor faz um esboço da cena que deseja pintar. Em seguida, usa as ideias para completar os detalhes. No centro da imagem, ele desenha um motivo claramente definido. Tal como a pintura sobre tela, uma venda bem-sucedida deve estar baseada em um motivo.

> O ATO DE VENDER, QUANDO CIENTIFICAMENTE CONDUZIDO, PODE SER COMPARADO AO TRABALHO DO ARTISTA NA TELA.

A imagem pintada pelo Grande Vendedor na mente do potencial comprador deve ser mais que um esboço. Os detalhes têm de estar tão perfeitos que o potencial comprador consiga ver a cena em perspectiva, como um todo. Mas a imagem precisa agradá-lo! O motivo é o que determina se a imagem é agradável ou não.

Amadores e crianças pequenas podem desenhar um cavalo que seja reconhecido como tal. Mas quando um grande artista desenha um cavalo, as pessoas olham e exclamam: "Que maravilha! Parece vivo!" O artista imprime ação, realidade e vida a seus trabalhos.

A mesma diferença existe entre aqueles que se dizem vendedores e o Grande Vendedor; entre o diletante e o mestre da pintura. O vendedor pouco eficiente traça rapidamente um esboço do produto, deixando de fora o motivo. Ele diz: "Viu? Está tão nítido quanto o seu nariz.

Vai comprar ou não?" Mas o comprador em potencial não vê o que o vendedor esconde na própria mente. Ou até pode ver, mas não sente. O esboço malfeito ou a pintura inacabada e sem vida não lhe despertam a vontade de agir. A semente do desejo não foi plantada em sua mente. Não houve apelo ao motivo.

Por isso, o mau vendedor não alcança os resultados pretendidos.

A pintura do Grande Vendedor é diferente. Ele não omite detalhes. Ele mistura palavras de diversas cores, combinando-as em harmonia e simetria, o que prende a imaginação do potencial comprador. Ele cria uma imagem em torno de um motivo que domina a cena toda, fazendo, assim, a mente do outro trabalhar a seu favor. Esse é o Grande Vendedor!

Há algum tempo, recebi a visita de um vendedor de seguros de vida. Como se sabe, o seguro é um produto abstrato, intangível – um dos mais difíceis de vender. É um produto que não se vê, não se cheira... nenhum dos cinco sentidos consegue detectá-lo. Além dessas desvantagens, sob certas condições, o segurado tem que morrer para ganhar alguma coisa. E quem recebe é outra pessoa!

Nenhum amador se sai bem vendendo seguros de vida.

Mas aquele que me visitou não era um amador. Com estudo e preparação, tinha alcançado o status de Grande Vendedor. Estava familiarizado com o motivo que mais rápida e efetivamente atinge o potencial comprador de um seguro de vida. Assim, analisava com cuidado os candidatos, para catalogar os motivos mais adequados a cada caso.

Ele posicionou diante dos meus olhos uma tela invisível e, usando palavras em lugar de tintas e pincéis, pintou uma cena em que eu aparecia vinte anos mais velho, de ombros caídos e cabelos grisalhos. À minha volta, estava a família. Minha mulher, hoje jovem, bela, saudável e atuante, parecia uma pessoa dependente! Como um virtuose que manejasse um violino Stradivarius, com aquela palavra – dependente – ele tocou meu coração. Mas a cena não estava completa. Em outra imagem, eu aparecia deitado, morto! Quando o artista mencionou a palavra morte, senti um arrepio na espinha (fui influenciado pelo medo, um dos nove motivos básicos). Ao lado do caixão, imaginei minha mulher – desamparada, frágil, envelhecida. Ele sabia que eu a amava e queria vê-la segura (fui influenciado pelo amor, outro dos nove motivos básicos).

Somente um artista consegue pintar tal cena. Parecia tão real que ainda me assusta!

Naquela noite, levei a cena comigo para a cama. O pesadelo fez-me gemer e virar de um lado para outro, tentando escapar ao horror. No sono, o subconsciente apoderou-se da imagem e torturou-me com sonhos terríveis (ao plantar o motivo do medo, o vendedor tinha estabelecido uma aliança com a minha mente).

Sim, somente um artista conseguiria isso. Mas o artista não nasce feito. No máximo, nasce com aptidão para criações artísticas, e só se completa quando domina as técnicas da harmonia, da forma e da cor. Os artistas do convencimento também não nascem feitos. Tornam-se mestres porque estudam técnica e motivação, porque desenvolvem métodos inteligentes para analisar compradores e produtos.

> OS ARTISTAS DO CONVENCIMENTO NÃO NASCEM FEITOS. TORNAM-SE MESTRES PORQUE DESENVOLVEM MÉTODOS INTELIGENTES PARA ANALISAR COMPRADORES E PRODUTOS.

O doutor Harper não nasceu vendedor. Era miúdo e pouco atraente. Tornou-se um Grande Vendedor depois de estudar os seres humanos e os motivos que os levam a agir – exatamente o que devem fazer os aspirantes a mestres na arte do convencimento. A antiga crença de que "o bom vendedor nasce feito" é frágil e está ultrapassada. Os 30 mil treinados por mim confirmam que se pode criar um vendedor.

Durante o período em que atuei como professor de vendas, eu tive o privilégio de conhecer intimamente uns cem Grandes Vendedores. Milhares de outros se revelaram meros recolhedores de pedidos.

A diferença de ganhos entre um Grande Vendedor e um recolhedor de pedidos pode ser enorme. O investidor John W. Gates ganhava 1 milhão de dólares por ano com muito menos esforço do que a maior parte dos vendedores tinha de fazer para conseguir 3 mil. Era um artista. O homem de negócios e filantropo Jim Brady – chamado "Diamond" Jim Brady – não encontrou dificuldade para converter seu talento em dinheiro. Era um mestre também. Esses dois homens, tais como outros com a mesma capacidade, foram bons atores, além de utilizarem técnicas e métodos enquanto a maioria dos vendedores gastou sola de sapato.

A arte do Grande Vendedor consiste em uma série de imagens habilmente impressas na mente do potencial comprador, por meio de um ou mais dos cinco sentidos. Se essas imagens impressas com palavras não forem claras e nítidas, perfeitamente harmonizadas e adequadamente fecundadas por motivos, a pessoa não se sentirá inclinada a agir.

Para pintar a imagem na mente do potencial comprador, o Grande Vendedor emprega a maior quantidade possível de motivos e sentidos. Frequentemente, enriquece as palavras com amostras ou fotografias de seus produtos, pois sabe que as vendas concretizam-se com mais facilidade quando a apresentação atinge a mente do outro por meio de mais de um sentido e com base em mais de um motivo que o leve à ação.

A arte de vender começa e termina com um motivo adequado. Quando se injeta o motivo adequado na argumentação, o que acontece entre o início e o fim do processo de venda faz pouquíssima diferença.

De certa maneira, toda venda é igual. As pessoas decidem comprar ou não por causa do motivo! Fundamente a sua apresentação no motivo certo, e a venda estará feita antes de começar.

Lembre-se, porém, de que o motivo geralmente precisa ser estabelecido na mente do potencial comprador. As pessoas, em sua maioria, não são imaginativas nem se sentem inclinadas a criar motivos próprios para comprar os produtos do vendedor. Somente alguém de vontade fraca deixa-se convencer sem que um motivo suficientemente forte esteja firme e habilmente plantado em sua mente.

A apresentação não é importante apenas para a arte de vender, mas praticamente para todas as carreiras.

O comunicador consegue dramatizar fatos comuns da vida, conferindo-lhes uma aparência única e interessante. Isso exige percepção para reconhecer objetos, pessoas e circunstâncias que rendam uma boa dramatização.

Foi com essas qualidades que o teórico da economia Roger Babson fez fortuna, usando frios gráficos e monótonas colunas de números. Com ilustrações e quadros bem escolhidos, ele fez os números falarem. Seu sucesso deve-se quase inteiramente – se não por completo – à habilidade nas apresentações.

Theodore Roosevelt foi um dos mais atraentes ocupantes da Casa Branca, embora muitos ponham em dúvida sua capacidade como executivo. Sua popularidade devia-se às qualidades de comunicador e ao conhecimento de publicidade, bem como ao bom uso que fazia de tudo isso.

Entre todos os ocupantes da Casa Branca, talvez Calvin Coolidge, chamado o "Prefeito de Northampton", o 30º presidente, tivesse a personalidade menos interessante. Parecia frio e reservado, enquanto Theodore Roosevelt mostrava-se entusiástico, cheio de vida, sabendo exibir magnetismo. Roosevelt será lembrado e comentado muito depois que a imagem de Coolidge tiver desaparecido, pois soube dramatizar lugares-comuns e eventos prosaicos, de modo que se destacassem, atraindo atenção. Grandes personalidades permanecem.

> AS PESSOAS COMPRAM PERSONALIDADES E IDEIAS MUITO MAIS RAPIDAMENTE DO QUE COMPRAM MERCADORIAS. POR ESSA SIMPLES RAZÃO, O VENDEDOR QUE FAZ UMA BOA APRESENTAÇÃO CONSEGUE CONQUISTAR O COMPRADOR.

As pessoas compram personalidades e ideias muito mais rapidamente do que compram mercadorias. Por essa simples razão, o vendedor que faz uma boa apresentação consegue conquistar o comprador. Os vendedores de seguros de vida que nada sabem de apresentações nem possuem personalidade magnética, em geral, alcançam os piores resultados na avaliação de produtividade. Ao contrário, os que demonstram tais qualidades vendem tudo, exceto estatísticas, e raramente mencionam a palavra "apólice". Nem precisam. Eles tratam de ideias, das quais se utilizam para pintar imagens atraentes, que interessem e agradem ao futuro comprador.

O comunicador eficiente faz uso efetivo do entusiasmo. O mau comunicador desconhece o entusiasmo. Com um discurso sem graça, tenta apelar à razão do potencial comprador. No entanto, as pessoas, em sua maioria, deixam-se levar mais pela emoção ou pelo sentimento do que pela razão. Quem é incapaz de fazer aflorar as próprias emoções não consegue atingir a natureza emocional do outro.

> QUEM É INCAPAZ DE FAZER AFLORAR AS PRÓPRIAS EMOÇÕES NÃO CONSEGUE ATINGIR A NATUREZA EMOCIONAL DO OUTRO.

No auge da carreira, o pregador Billy Sunday foi o maior comunicador que o diabo já teve como inimigo. Ele era capaz de vender entradas para o céu e fazer seus seguidores enfrentarem, sem reclamar, horas e horas de filas enormes. As pessoas entregavam-lhe milhões de dólares, enquanto outros pregadores, sem a mesma dramaticidade, ficavam à míngua. Se Sunday vendesse medicamentos patenteados, e não a passagem pelas portas do paraíso, seria preso por charlatanismo.

Um bom vendedor pode ser quase tudo que quiser.

Vamos comparar dois ex-prefeitos de Nova York: Jimmie Walker, um comunicador eficiente, mas péssimo no exercício do cargo, e James F. Hylan, excelente prefeito, mas o pior dos comunicadores. O primeiro tornou-se muito mais popular do que o segundo!

O ator e comediante Will Rogers conquistou popularidade com seus comentários sobre as notícias do mundo. Isso foi possível por causa do senso de dramaticidade com que se adaptava ao gosto do público. Eis aí um comunicador da melhor qualidade!

O jornalista Arthur Brisbane foi o colunista mais bem pago dos Estados Unidos, com ganhos anuais bem superiores a meio milhão de dólares. Sua fortuna veio da coluna "Today" (Hoje), por meio da qual ele exercia a habilidade de dramatizar o que os leitores pensavam ou queriam pensar e dava cor aos acontecimentos do dia.

O gerente de vendas que não possui as qualidades de comunicador está derrotado antes de começar. Como vai despertar nos vendedores essas qualidades?

A apresentação de vendas feitas por um comunicador é um espetáculo por si só, tão interessante quanto uma peça de teatro. Além do mais, conduz o potencial comprador exatamente pelo mesmo processo mental provocado por uma boa peça. O apresentador eficiente consegue transformar em positiva uma predisposição negativa por parte de quem o escuta. Essa mudança de atitude mental não se deve ao acaso nem à sorte, mas a um plano cuidadosamente elaborado. O estado de espírito do potencial comprador – qualquer que seja ele antes da abordagem – é neutralizado pelo bom apresentador. E, mais importante: o bom apresentador é hábil o suficiente para não tentar atingir o clímax ou fechar a venda antes que tal mudança tenha ocorrido com sucesso.

O agricultor não pode produzir trigo em quantidades compensadoras sem preparar o solo antes de semear. Do mesmo modo, o vendedor não pode plantar a semente do desejo na mente do potencial comprador se este mantiver uma disposição contrária. O vendedor que domina a arte da apresentação prepara a mente de quem assiste tão cuidadosa e cientificamente quanto o agricultor prepara o solo. Se não fizer isso, não é vendedor.

Há pouco tempo, um vendedor chegou ao escritório de um homem, enquanto este discutia acaloradamente com a mulher pelo telefone. Ao encerrar o telefonema, o homem voltou-se para o vendedor e perguntou rispidamente:

– Que diabos você quer?

Sem se deixar abater pelo momento inoportuno, o recém-chegado respondeu, devagar e mansamente, com um sorriso gentil:

– Estou organizando uma associação de defesa dos maridos. Minha mulher também é “assim”.

Durante dez minutos, trocaram ideias sobre relacionamentos. Em seguida, o vendedor habilmente mudou o rumo da conversa, enfocando seus produtos. Saiu de lá com uma venda de 10 mil dólares. Eis aí um exemplo de boa apresentação aliada à arte de vender. Outro, menos hábil, teria fracassado. Aquele, conhecendo o valor da dramatização, transformou em vantagem uma situação desfavorável.

Veja a história de William Burnette, cuja estratégia de vendas de utensílios de alumínio gerou 5 milhões de dólares em cinco anos. Seu plano pode ser resumido assim: ele ensinou seus vendedores a vender ideias, organizando clubes de donas de casa.

Mais especificamente, o plano de Burnette era reunir mulheres da comunidade para um almoço na casa de uma delas. O vendedor custeava e preparava a refeição nos próprios utensílios que oferecia e depois do almoço recebia encomendas. Os produtos custavam de 25 a 75 dólares.

Foi a estratégia bem planejada que levou Burnette ao sucesso. Por ser um Grande Vendedor, ele deixou de ir de casa em casa oferecendo seus produtos para tornar-se multimilionário em cinco anos.

Repare que era vendido um conjunto completo de utensílios de alumínio, e não potes e panelas isoladamente. Além disso, não havia vendas individuais. Os produtos eram apresentados ao grupo depois do almoço, e a dona da casa geralmente era a primeira a encomendar, sendo logo seguida pelas outras mulheres.

Como se pode observar, este livro dedica-se a enfatizar a importância da estratégia de vendas e do plano cuidadosamente elaborado em torno do motivo próprio. Uma das principais diferenças entre o Grande Vendedor e o agente de vendas é o fato de o primeiro estar familiarizado com os nove motivos básicos e utilizar pelo menos um deles para fundamentar seu plano. O agente de vendas não se preocupa com motivos nem com planos; tenta constranger o potencial comprador, em uma espécie de "tudo ou nada" que às vezes funciona, mas geralmente dá em nada.

Adiante, serão descritos os atributos de um Grande Vendedor, bem como os princípios e regras fundamentais da arte do convencimento. Até aqui, a intenção era preparar a mente do leitor para assimilar mais rapidamente esses princípios e regras e demonstrar como foram aplicados por especialistas em vendas.

No próximo capítulo, você verá quais devem ser as qualidades de um Grande Vendedor e, nos capítulos seguintes, como tais qualidades podem ser desenvolvidas e aplicadas mais efetivamente.

CAPÍTULO 4

AS QUALIDADES NECESSÁRIAS AO GRANDE VENDEDOR

Muitos fatores compõem o equipamento do vendedor bem-sucedido. A maior parte deles é de natureza pessoal e está mais ligada ao próprio vendedor do que aos bens e serviços que ele comercializa ou à organização que representa.

Vamos detalhar esses fatores.

O desenvolvimento ou a assimilação dos princípios aqui discutidos envolve primeiro, necessariamente, uma autoanálise para determinar a presença ou a ausência dessas qualidades desejáveis. A segunda etapa consiste em um esforço deliberado para cultivá-las.

Assim como a maior parte das chamadas "características mentais" possui uma base física, muitas qualidades podem ser desenvolvidas pelo exercício de atitudes que levem ao fim desejado. A ciência já provou cabalmente que todo estado de espírito reflete uma condição física e que fatores químicos e físicos do próprio corpo determinam estados de espírito, emoções e pensamentos que a psicologia acadêmica costumava classificar como puramente mentais.

Cientistas, inclusive o grande John B. Watson, comprovaram que pensamento e fala estão intimamente ligados. Watson considera o pensamento uma fala não articulada. E, segundo ele, pensar não passa de uma atividade física altamente organizada.

Portanto, pense no que você deseja implantar e desenvolver na sua mente e no seu caráter. Esse é o primeiro passo – muito útil. O segundo consiste em fazer o que lhe dá prazer.

A semelhança entre os dois primeiros passos está no fato de serem atividades físicas. Aprende-se pela experiência, o melhor dos professores. Hábitos podem ser cultivados na mente e no corpo, porque mente e corpo funcionam no plano físico.

Então, quais são os fatores absolutamente necessários ao equipamento mental do Grande Vendedor?

Veja a seguir a lista de qualidades que toda pessoa normal e razoável deve possuir e exercitar. A lista é longa, e a perfeição só é alcançada muito lentamente. Portanto, antes de considerar em detalhes o que você gostaria de ver seu corpo e sua mente sendo capazes de fazer, vamos enumerar as qualidades absolutamente necessárias.

1. CONDICIONAMENTO FÍSICO: é de grande importância, pela simples razão de que nem a mente nem o corpo funcionam sem ele. Valorize bons hábitos de vida, dieta adequada, exercício saudável e ar puro.

2. CORAGEM: deve fazer parte de todo indivíduo bem-sucedido em qualquer empreitada – especialmente a venda –, em tempos difíceis, de competição acirrada, ou depois de um período devastador de depressão e desânimo.

3. IMAGINAÇÃO: é requisito indispensável ao vendedor bem-sucedido, que precisa prever situações e possíveis objeções do potencial comprador. A imaginação do vendedor deve ser suficientemente ágil para permitir-lhe compreensão e solidariedade em relação às necessidades, aos objetivos e às opiniões do cliente. Ele tem que literalmente se colocar no lugar do outro. Isso exige imaginação.

4. FALA: o tom de voz tem que ser agradável. Uma voz "esganiçada" é irritante. Palavras pronunciadas pela metade são difíceis de entender. Fale claramente. Uma voz indecisa indica fraqueza. A voz clara, em tom firme, indica determinação, entusiasmo e proatividade.

5. TRABALHO ÁRDUO: é o único fator que transforma treinamento e habilidade em dinheiro. Boa saúde, coragem e imaginação só valem alguma coisa quando são utilizadas. E o dinheiro ganho pelo vendedor depende da constância do trabalho árduo e inteligente. Muita gente se esquece disso.

Aí se veem princípios simples. Em separado ou no todo, nenhum deles representa novidade ou obstáculo. O problema é que a maioria dos vendedores não cumpre um ou mais desses requisitos.

Alguns trabalham duro e com inteligência, utilizando a imaginação, até se verem diante de uma série de recusas e negativas. É então que se revela a diferença entre o vendedor com força na alma, resistência na espinha dorsal e entusiasmo no coração e o que não possui tais qualidades. Portanto, coragem é essencial.

> CORAGEM É CARACTERÍSTICA ESSENCIAL A TODO BOM VENDEDOR.

Mais uma dificuldade é verificada quando vendedores determinados, de notável coragem e imaginação, entregam-se a excessos, prejudicando a parte física e, consequentemente, reduzindo a disposição para o trabalho.

Outras qualificações consideradas por gerentes de vendas experientes necessárias a um bom vendedor são estas:

6. CONHECIMENTO DO PRODUTO: o bom vendedor analisa cuidadosamente o produto ou o serviço que oferece para conhecer todas as suas vantagens. Ele sabe que ninguém consegue vender uma mercadoria que desconhece.

7. CONFIANÇA NO PRODUTO OU SERVIÇO: o bom vendedor nunca tenta vender algo em que não acredita, pois sabe que, diga o que disser, sua mente transmitirá a desconfiança para a mente do potencial comprador.

8. ADEQUAÇÃO DO PRODUTO: o bom vendedor analisa o potencial comprador e suas necessidades, oferecendo apenas o que for adequado. Ele nunca tenta vender um Rolls Royce a alguém que pretenda comprar um Ford, ainda que o cliente pareça ter condições de possuir um veículo mais caro. Ele sabe que um mau negócio para o comprador é um negócio ainda pior para o vendedor!

9. PREÇO JUSTO: o bom vendedor nunca tenta obter pelo produto mais do que ele vale realmente, pois sabe que a confiança e o reconhecimento do comprador valem mais do que um lucro em uma venda única.

10. CONHECIMENTO DO POTENCIAL COMPRADOR: o bom vendedor é um analista do caráter humano. Ele consegue descobrir a quais dos nove motivos básicos o potencial comprador responderá mais facilmente e constrói sua apresentação em torno desses motivos. No entanto, se o cliente não tem um motivo forte para comprar, o bom vendedor cria um, sabendo ser esse um fator indispensável à conclusão da venda.

11. QUALIFICAÇÃO DO POTENCIAL COMPRADOR: o bom vendedor nunca tenta vender sem antes qualificar adequadamente o potencial comprador, tomando conhecimento dos seguintes pontos:

a. capacidade financeira;

b. necessidade do produto oferecido;

c. motivo para a compra.

A tentativa de vender sem a qualificação prévia do potencial comprador é um engano que ocupa o primeiro lugar na lista de "vendas não efetuadas".

12. CAPACIDADE DE NEUTRALIZAR A MENTE DO COMPRADOR: o bom vendedor sabe que a venda só se decide quando a mente do potencial comprador é neutralizada ou torna-se receptiva. Por isso, o bom vendedor não se esforça por vender enquanto não abre a mente do comprador, preparando-a como base sobre a qual monta o mosaico de palavras que compõe sua história. É nesse ponto que muitos falham.

13. HABILIDADE PARA O FECHAMENTO DA VENDA: o bom vendedor é um artista, quando se trata de alcançar e ultrapassar o ponto de fechamento da venda. Ele é treinado para perceber o momento psicológico adequado aos procedimentos finais e raramente – ou nunca – pergunta ao cliente se vai comprar; apenas dirige a conversa e comporta-se de maneira adequada. Então, emprega mais efetivamente o poder da sugestão. O bom vendedor só tenta fechar a venda quando sabe que pode ser bem-sucedido e conduz sua apresentação de tal modo que o cliente acredita ter sido o responsável pela decisão de comprar.

Outros princípios a serem adquiridos estão mais ligados à personalidade e à capacidade de organização do vendedor do que a seus produtos. Eis alguns deles:

14. PERSONALIDADE AGRADÁVEL: o bom vendedor domina a arte de parecer agradável, pois sabe que o cliente deve comprar o produto e quem o vende (veja no capítulo 14 os 21 fatores que caracterizam uma personalidade agradável).

15. BOA INTERPRETAÇÃO: o bom vendedor é também um supercomunicador! A fim de atingir a mente do potencial comprador, ele apela para sua imaginação: dramatiza a apresentação, dando-lhe cores suficientes para despertar forte interesse.

16. AUTOCONTROLE: o bom vendedor possui e sempre exerce total domínio sobre a cabeça e o coração, pois sabe que, se não se controlar, não controlará o potencial cliente.

17. INICIATIVA: o bom vendedor compreende o valor da iniciativa e utiliza esse princípio. Ninguém precisa dizer-lhe o que ou como fazer. Com sua imaginação viva, ele cria e aplica planos, transformando-os em ação por meio da iniciativa. Praticamente não precisa de supervisão.

18. TOLERÂNCIA: o bom vendedor é liberal e tolerante em todas as questões, pois sabe que isso é essencial para o crescimento.

19. PONDERAÇÃO: o bom vendedor pensa! Ele reserva tempo para dar-se ao trabalho de reunir fatos e pensar neles. Se os fatos estão aí, por que tentar adivinhar? Suas opiniões sempre se baseiam em fatos.

20. PERSISTÊNCIA: o bom vendedor não se deixa influenciar pela palavra "não" nem reconhece a palavra "impossível". Para ele, tudo é possível. A palavra "não" funciona como um sinal de que a apresentação precisa melhorar. Ele sabe que todo comprador usa o não para pegar o caminho em que há menos resistência. Assim, o bom vendedor não se influencia negativamente pela recusa.

21. CONFIANÇA: o bom vendedor tende a ter quatro superconfianças:

a. no produto que vende;

b. nele mesmo;

c. no potencial cliente;

d. no fechamento da venda.

O bom vendedor jamais tenta fazer uma venda sem confiança. Ele sabe que a confiança contagia e é captada pela "estação receptora" da mente do potencial comprador, onde é assimilada, desenvolvendo a fé. Sem ela, não existe vendedor! A fé é um estado de espírito que pode ser descrito como uma forma intensa de autoconfiança. Diz-se que a fé remove montanhas, e também concretiza vendas.

22. SENSO DE OBSERVAÇÃO: o bom vendedor observa os detalhes atentamente. Cada palavra dita pelo potencial comprador, cada mudança de expressão facial, cada movimento é observado, tendo sua importância avaliada cuidadosamente. O bom vendedor não somente observa e analisa o que o potencial comprador faz e diz, mas também tira conclusões, com base no que ele não diz ou não faz. Nada escapa à observação do bom vendedor!

23. HÁBITO DE FAZER MAIS DO QUE SE ESPERA DELE: habitualmente, o serviço do bom vendedor supera em quantidade e qualidade o que se espera. Assim, destaca-se positivamente e garante a volta do comprador.

24. APRENDIZAGEM COM BASE NOS ERROS E FRACASSOS: para o bom vendedor, não há esforço vão. Ele aprende com os próprios erros e, por meio da observação, com os erros dos outros. O bom vendedor sabe que, se analisados, os fracassos e erros são a origem de um sucesso equivalente.

25. MENTE SUPERIOR: o bom vendedor compreende e aplica o princípio da "mente superior", multiplicando, assim, seu índice de sucesso (o princípio da mente superior refere-se à "coordenação de duas ou mais mentes individuais que trabalham em perfeita harmonia, para determinado propósito").

26. OBJETIVO PRINCIPAL DEFINIDO: o bom vendedor trabalha sempre tendo em mente uma meta - uma cota de vendas - definida. Seu objetivo nunca é simplesmente vender tudo o que puder. Além da meta, ele estabelece um período de tempo dentro do qual deve alcançá-la. O efeito psicológico de um objetivo principal definido será descrito no capítulo 5, sob o tema autossugestão.

27. APLICAÇÃO DA REGRA DE OURO: o bom vendedor aplica a Regra de Ouro como base de todas as suas transações comerciais. Ele se coloca no lugar da outra pessoa, cujo ponto de vista procura utilizar, ao analisar a situação. Essa qualidade será cada vez mais necessária, por causa das mudanças na ética dos negócios.

Entre as qualidades do bom vendedor, nenhuma é mais necessária nem mais valiosa do que esta:

28. ENTUSIASMO: ao bom vendedor nunca falta entusiasmo. Além disso, ele sabe que as vibrações de seus pensamentos, liberadas pelo entusiasmo, são captadas pelo potencial comprador, que age como se fossem criadas por ele.

É difícil explicar o entusiasmo, mas é fácil reconhecer sua presença. Todo mundo admira as pessoas entusiásticas, animadas, que irradiam uma atmosfera de camaradagem, confiança, e têm objetivos ambiciosos. Talvez o entusiasmo do bom vendedor venha da autoconfiança, da certeza de sua missão e de seu bom desempenho. O entusiasmo - ou a falta dele - pode ser comparado à luz que colore e rodeia naturalmente o diamante na vitrine da joalheria, ao contrário da atmosfera sem graça que cerca um pedaço de vidro do mesmo tamanho. O vidro é como uma canção que ninguém quer cantar; o diamante desperta o desejo de todos, ricos e pobres.

É como se do Monte Sinai viesse um conselho para os vendedores: para tudo, tenha entusiasmo.

A perícia, aliada a esses 28 fatores, faz do profissional um supervendedor. Se você pretende dominar a arte de vender, estude a lista cuidadosamente e procure assimilar todos os elementos.

Observe que todas as qualidades podem ser adquiridas!

Isso contraria a falsa noção de que "vendedores nascem prontos". A capacidade de vender é arte e ciência e pode ser adquirida por quem quiser. Algumas pessoas são abençoadas com uma personalidade que favorece a rápida aquisição dos fatores componentes da arte do convencimento, enquanto outras precisam desenvolver tal tipo de personalidade. Mas isso é possível!

> Um bom vendedor não "nasce pronto". Todas as qualidades que o compõe podem ser adquiridas.

Os nove motivos básicos aos quais as pessoas mais respondem

A ciência catalogou as respostas de pessoas comuns e enumerou os tipos de apelo que levam às respostas desejadas.

As respostas podem ser simples, como os cientistas provavelmente chamariam as que são puramente físicas, provocadas por estímulos fisioquímicos. Você pode fazer uma pessoa sair de seu escritório dando-lhe um empurrão - estímulo puramente físico - ou ela pode ser induzida a agir como resultado de reações químicas a determinada condição do corpo físico. Temperatura, atmosfera, conforto ou desconforto, bem como bebida e comida, contribuem para condições químicas que provocam certas reações.

Deixando de lado essas respostas mais elementares e puramente físicas, podemos classificar os apelos que levam a respostas adequadas em três grupos:

1. apelos ao instinto;
2. apelos à emoção;
3. apelos à razão.

Os apelos que fazem a maioria das pessoas comprar comida, roupa e casa pertencem, sobretudo, ao primeiro grupo, embora em menor grau possam encontrar um campo de expressão nos outros dois.

No mundo, tudo que é desejável por sua beleza pode ser vendido, por causa dos apelos pertencentes ao segundo grupo – o da emoção.

Amor, casamento e religião estão intimamente ligados a apelos emocionais. Muitos bens e serviços são vendidos com base nesse tipo de apelo. A lista é longa: educação, livros, teatro, música, arte, seguro de vida, propaganda, cosméticos, artigos de luxo, brinquedos, etc.

A comercialização de investimentos, máquinas, utensílios e trabalhos científicos frequentemente é feita com base em apelos à razão.

Existem nove motivos básicos aos quais as pessoas respondem. Elas são influenciadas por um ou mais deles em praticamente todas as suas ideias e atitudes. Quando o bom vendedor qualifica os potenciais clientes, procura primeiro descobrir os motivos que, pela lógica, podem influenciá-los. Os nove motivos básicos são:

A ARTE DE VENDER INCLUI A PRESTAÇÃO DE SERVIÇO ÚTIL AO COMPRADOR E NÃO ADMITE MÉTODOS DE ALTA PRESSÃO.

1. autopreservação;
2. ganho financeiro;
3. amor;
4. atração sexual;
5. desejo de poder e fama;
6. medo;
7. vingança;
8. liberdade (de corpo e espírito);
9. vontade de construir e criar, na teoria e na prática.

A lista obedece à ordem aproximada de importância e de utilidade.

O bom vendedor passa em revista sua apresentação, com atenção a esses nove motivos básicos, para certificar-se de seu apelo. Ele sabe que a apresentação cresce em eficiência quando baseada em mais de um motivo.

O vendedor só deve tentar conquistar o potencial comprador se puder apresentar, por meio de sua argumentação, um motivo lógico para a compra. Nenhum bom vendedor age de maneira diferente. A arte de vender inclui a prestação de serviço útil ao comprador e não admite métodos de alta pressão. O simples emprego desses métodos evidencia que o vendedor não dispõe de um motivo lógico para sugerir a compra.

Ao pressionar o potencial comprador, o vendedor fica dependente de exageros para substituir os motivos. Esse é um recurso ao qual os bons vendedores nunca recorrem.

Um plano de apresentação que não enfatize um ou mais dos nove motivos básicos é fraco e precisa de revisão. Uma análise cuidadosa do desempenho de mais de 30 mil vendedores revelou que o ponto fraco de aproximadamente 98% deles estava entre os seguintes:

Técnica deficiente

1. Falta de motivo para a compra.
2. Falta de persistência na apresentação ou no fechamento.
3. Falta de qualificação do potencial comprador.
4. Falta de neutralização da mente do potencial comprador.
5. Falta de imaginação.
6. Falta de entusiasmo.

Essas deficiências são comuns entre a maioria dos vendedores, seja qual for o setor. Qualquer delas basta para destruir as chances de efetuar a venda.

Repare que a "falta de motivo para a compra" encabeça a lista dos seis pontos fracos mais comuns nos vendedores. Somente a indiferença ou o desconhecimento dos fatores científicos da venda poderiam explicar tal situação.

Principais pontos fracos da personalidade e dos hábitos dos vendedores

O sucesso em vendas resulta de qualidades positivas que o vendedor deve possuir e utilizar. O fracasso em vendas resulta de qualidades negativas que devem ser eliminadas. Entre as qualidades negativas, destacam-se as seguintes:

1. HÁBITO DE DEIXAR PARA DEPOIS: nada substitui a ação rápida e persistente.

2. UM OU MAIS DOS SEIS MEDOS BÁSICOS: com a mente tomada pelo medo, ninguém consegue vender. Os seis medos básicos são:

a. da pobreza;
b. da crítica;
c. da doença;
d. da perda de um amor;
e. da velhice;
f. da morte.

A essa lista de medos básicos talvez seja justo acrescentar que o vendedor tem medo de ser atacado pelo potencial comprador...

3. TEMPO DEMAIS GASTO EM VISITAS: visita não é entrevista. E entrevista não é venda. Alguns que se intitulam vendedores ainda não aprenderam essa verdade.

4. TRANSFERÊNCIA DE RESPONSABILIDADE PARA O GERENTE DE VENDAS: o gerente de vendas não tem que acompanhar os vendedores durante as visitas; ele não tem tempo nem pernas para isso. Sua função é dizer ao vendedor o que fazer, e não fazer por ele!

5. INVENÇÃO DE DESCULPAS: explicações não explicam. Pedidos de compras, sim! Não se esqueça disso!

6. TEMPO DEMAIS PASSADO EM LOBBIES DE HOTÉIS: um lobby de hotel é ótimo lugar para "estacionar", mas, mais cedo ou mais tarde, vendedores que excedem o tempo de permanência nesses locais recebem aviso de demissão.

7. FOCO EM HISTÓRIAS TRISTES, E NÃO NA VENDA DO PRODUTO: a crise econômica é tema constante de conversas, mas não deixe que o potencial comprador desvie o assunto. Conduza a conversa, dizendo o que tem a dizer.

8. EXCESSOS NA NOITE ANTERIOR: festas são divertidas, mas nada acrescentam aos negócios do dia seguinte.

9. DEPENDÊNCIA DO GERENTE DE VENDAS PARA ENCONTRAR

POTENCIAIS COMPRADORES: os "recolhedores de pedidos" esperam encontrar os potenciais compradores contatados e convencidos. O Grande Vendedor age em busca de clientes. Essa é uma das principais razões que o fazem ser considerado um Grande Vendedor.

10. ESPERA POR BOAS CONDIÇÕES PARA AGIR: com boas ou más condições, o pássaro não espera que alguém desenterre uma minhoca para ele comer. Seja, pelo menos, tão inteligente quanto um pássaro! Ninguém passa pedidos de produtos por baixo da porta do vendedor.

11. A PALAVRA "NÃO": para o verdadeiro vendedor, essa palavra significa um sinal do início da luta. Se todo cliente dissesse "sim", não haveria necessidade de vendedores.

12. MEDO DA CONCORRÊNCIA: Henry Ford nunca teve medo da concorrência. Assim, não lhe faltaram coragem nem capacidade para produzir um carro de oito cilindros a um preço incrivelmente baixo, durante um período no qual muitos fabricantes retraíam-se.

13. TEMPO DEMAIS ESPERANDO PELA "GALINHA DOS OVOS DE OURO": o único tipo de galinha que põe ovos é o das emplumadas, que se alojam em granjas, e não no centro financeiro das cidades!

14. LEITURA DE RELATÓRIOS DO MERCADO DE AÇÕES: deixe que os bobos mordam a isca. Você pode ser bastante inteligente para desviar-se do anzol, mas o que pensaria o seu gerente de vendas? De cada 10 mil que investem na bolsa, de vez em quando um ganha uma fortuna e abandona o trabalho.

15. PURO PESSIMISMO: quando o vendedor espera uma recusa, é provável que a receba. A vida tem maneiras estranhas de tentar agradar e costuma dar o que é esperado!

Essa não é uma lista completa de pontos negativos dos vendedores, mas é uma boa amostra. Talvez alguns considerem a lista um tanto pessoal e irreverente ou percebam certo sarcasmo. Ao ler, porém, lembre-se de que ela só serve para quem "vestir a carapuça". Que os outros não se sintam atingidos. Se estiver em dúvida quanto aos seus pontos fortes e fracos, tome coragem e analise a lista na companhia do seu gerente de vendas. Mas, antes, jure de pés juntos que quer uma opinião franca!

A lista não foi criada por mim; é resultado da observação de mais de 30 mil vendedores que tive o privilégio de treinar, sendo que alguns trabalharam sob meu comando.

Preciso dizer que nenhum desses pontos fracos faz parte de uma personalidade agradável?

CAPÍTULO 5

AUTOSSUGESTÃO, A PRIMEIRA ETAPA NA ARTE DO CONVENCIMENTO

Todo Grande Vendedor sabe que a transação acontece primeiro dentro dele. A medida de sua certeza da venda reflete-se no grau de convicção que consegue imprimir à mente do comprador.

Assim, a autossugestão assume um importante papel na arte do convencimento. Esse é o princípio pelo qual o vendedor adquire confiança no produto ou serviço que oferece e em sua capacidade de vender.

Sugestão é o princípio que um indivíduo utiliza para fazer seu subconsciente atuar como estação difusora, transmitindo voluntariamente ao subconsciente de outro um plano, um conceito, uma ideia ou uma crença. O Grande Vendedor sabe que deve praticar a autossugestão, educando seu subconsciente para transmitir confiança no produto que vende.

A repetição para o subconsciente de sugestões positivas é o modo mais eficaz de educá-lo para transmitir apenas pensamentos convenientes. A cabeça – a faculdade de raciocinar friamente – só exerce influência sobre o subconsciente quando emite sugestões carregadas de sentimento e emoção. Essas sugestões podem ser negativas ou positivas, e o Grande Vendedor nunca se esquece disso. Eis aí mais uma razão para ser considerado um Grande Vendedor!

As sete principais emoções positivas

1. Sexo (em primeiro lugar, por ser a emoção mais poderosa)
2. Amor
3. Esperança
4. Fé
5. Entusiasmo
6. Otimismo
7. Lealdade

O mundo é controlado pelo fator emocional

A maior parte das nossas atividades, do nascimento à morte, é induzida pelos sentimentos. A relação entre o desempenho do vendedor que apela às emoções ou aos sentimentos do cliente e o desempenho do vendedor que apela à razão é de dez vendas bem-sucedidas para uma. O cliente em geral compra com base em um motivo intimamente ligado às emoções. Percebe-se isso com clareza ao se estudar a lista de motivos que levam uma pessoa a comprar.

Na lista das sete principais emoções positivas, o Grande Vendedor encontra o "elixir da natureza", que deve ser misturado às sugestões que ele planta em seu subconsciente, para que este as transmita aos impulsos de pensamento do potencial comprador, influenciando-o a seu favor.

As sete principais emoções negativas

1. Raiva (intensa e passageira)
2. Medo (evidente e facilmente identificável)
3. Ganância (sutil e persistente)
4. Inveja (impulsiva e repentina)

5. Vingança (sutil e silenciosa)
6. Ódio (sutil e persistente)
7. Crendice (sutil e lenta)

A existência de qualquer desses impulsos emocionais na mente consciente basta para desencorajar a presença de emoções positivas. Em casos extremos, a combinação dessas emoções na mente consciente pode levar à insanidade.

É óbvio que a sugestão plantada na mente subconsciente mistura-se a qualquer emoção negativa que, por acaso, exista lá. Assim, quando o subconsciente transmite uma sugestão, registra um resultado negativo na mente de quem recebe a vibração.

Compreenda esse princípio e saberá por que o bom vendedor tem de vender a si mesmo, antes de tentar vender qualquer produto. Você vai entender também por que vendedores de mentalidade negativa ouvem tão frequentemente um "não" como resposta. Sentimentos, crenças e pensamentos liberados pelo vendedor, através do subconsciente, falam mais alto do que palavras. Lembre-se de que as pessoas são motivadas a comprar pelos sentimentos. Lembre-se também de que boa parte do que elas acreditam ser seus sentimentos consiste, na verdade, em impulsos de pensamento inconscientemente captados das vibrações emitidas pelo vendedor.

O GRANDE VENDEDOR NÃO PERMITE QUE SEU SUBCONSCIENTE ESPALHE IDEIAS NEGATIVAS NEM AS EXPRESSA POR MEIO DE PALAVRAS, POIS SABE QUE SUGESTÕES NEGATIVAS PROVOCAM AÇÕES NEGATIVAS.

O Grande Vendedor não permite que seu subconsciente espalhe ideias negativas nem as expressa por meio de palavras, pois entende que os semelhantes se atraem: sugestões negativas provocam ações e decisões negativas dos potenciais compradores.

O vendedor que critica tudo e todos anula a vantagem que poderia obter com a sugestão positiva. Basta uma emoção negativa na mente para atrair uma série de outras. Sabendo disso, o Grande Vendedor cuida para não plantar ideias negativas na mente do potencial comprador.

Como o leitor sabe, a reputação da política e dos políticos não é das melhores, atualmente. Analise as estratégias de convencimento empregadas pelos políticos, e logo vai perceber por que eles perderam a confiança de seus "compradores". É costume os candidatos atacarem os adversários, em vez de mostrarem os próprios méritos. Nenhuma empresa bem administrada permitiria que seus vendedores atacassem os concorrentes para conquistar a clientela. Os gerentes de vendas possuem bom senso suficiente para saber que as vendas feitas por meio da depreciação da concorrência ou da propaganda agressiva não são compensadoras, e negócios obtidos dessa maneira revelam-se uma desvantagem, em longo prazo.

Os discursos políticos são, quase sempre, um perfeito exemplo desse tipo de tentativa de convencimento.

Um filósofo disse, sensatamente: "Quando querem destruir alguém,

os deuses primeiro provocam a raiva." A raiva, justa ou não, é uma emoção negativa que não dá bom resultado, se misturada à tentativa de convencimento. O silêncio é muito mais eficaz do que palavras inspiradas pela raiva.

Ironia, sarcasmo e insinuação de pensamentos negativos podem dar ao vendedor a fama de engraçado, mas em nada o ajudam a vender. Em seu ofício, comentários de natureza negativa equivalem a um suicídio profissional.

Há algum tempo, as empresas de táxi de Nova York travaram uma guerra de preços. O público desaprovou a situação e demonstrou isso reduzindo a utilização dos serviços. Os negócios caíram mais de 750 mil dólares em um ano!

Antigamente, vendedores de carros costumavam depreciar os veículos concorrentes para convencer os potenciais compradores. Mais de cem fabricantes foram à falência, até que o setor acordou para o fato de que todos saíam perdendo, pois uma empresa em dificuldades afeta as outras.

Corretores de seguros tinham o hábito de induzir os clientes de seguradoras concorrentes à “migração”. Diretores inteligentes interromperam a prática, a não ser em casos isolados. Na maior parte das empresas, “roubar” o segurado de outra empresa equivale a um pedido de demissão – aceito assim que a manobra é descoberta.

Comentários negativos não apenas provocam ressentimento na mente do potencial comprador, mas instalam-se no subconsciente do vendedor. Este passa a emitir vibrações negativas que são captadas pelas mentes de outras pessoas, fazendo-as agir contra ele.

> NUNCA, NA HISTÓRIA DO MUNDO, HOUVE TANTAS OPORTUNIDADES PARA QUEM SE DISPUSER A SERVIR, E NÃO A LEVAR VANTAGEM.

CAPÍTULO 6

A Mente Superior

No setor de vendas, tal como em todos os setores da vida, uma realização significativa implica poder.

O poder vem do conhecimento inteligente e organizadamente dirigido. O princípio da Mente Superior oferece fontes ilimitadas de conhecimento, pois, com sua aplicação, o indivíduo pode aproveitar o que outros sabem, além do que foi acumulado e registrado em livros.

O termo "Mente Superior" significa a coordenação de duas ou mais mentes trabalhando em perfeita harmonia, com um propósito definido.

O princípio possui duas fases distintas e separadas – uma econômica e outra psíquica. Com a ajuda da fase econômica, é óbvio que se pode formar uma aliança, compartilhando conhecimento, experiência e esforços. A fase psíquica (espiritual) aponta um caminho completamente diferente. Essa porção do princípio da Mente Superior pode ser utilizada para conectar a consciência, a parte pensante do indivíduo, às forças mais elevadas da Inteligência Infinita. Lamento que a limitação do espaço impeça uma descrição detalhada da fase psíquica da Mente Superior (esse princípio foi bem explicado em *A Lei do Triunfo*, do mesmo autor).

A fase econômica. Tenha em mente que o poder é essencial à realização em qualquer campo da vida. Além disso, vamos lembrar que esse poder é representado pelo conhecimento inteligente e organizadamente dirigido. Tais fatos indicam com clareza que o poder só pode ser acumulado por meio dos esforços coordenados de várias mentes. Nenhum indivíduo atuando isoladamente consegue grande poder, por mais inteligente ou bem informado que seja. Antes de ser exercido, o poder tem que ser transmitido. O indivíduo é limitado pela quantidade de poder que consegue transmitir ou exercer.

Ainda que alguns princípios pareçam mais abstratos do que concretos, o leitor deve compreender as duas fases da Mente Superior, que é a base de todo poder duradouro. Tais princípios precisam ser aplicados por quem quiser sucesso em qualquer carreira.

Henry Ford organizou um dos grupos de Mentes Superiores mais eficientes que foram conhecidos. Nesse grupo, foram reunidos milhares de distribuidores que operavam em praticamente todas as partes do mundo. Os esforços cooperativos dessa aliança de distribuidores possibilitaram ao senhor Ford contabilizar quantos carros conseguia distribuir, mesmo antes da fabricação dos veículos. Além disso, ele podia conhecer seus mercados antes de montar os componentes. Eis aí seu maior trunfo. Indiscutivelmente, o senhor Ford deve seu estupendo sucesso ao fato de ter entendido e aplicado o princípio da Mente Superior.

> O termo "Mente Superior" significa a coordenação de duas ou mais mentes trabalhando em perfeita harmonia, com um propósito definido. Indiscutivelmente, Heny Ford deve seu sucesso a esse princípio.

Quem me chamou a atenção para o princípio da Mente Superior foi Andrew Carnegie, que atribuiu a esse princípio sua enorme fortuna. Carnegie formou uma equipe executiva de cerca de 20 homens, cuja combinação de experiência e conhecimento técnico permitiu-lhe fabricar e comercializar aço com sucesso. Em uma conversa, Carnegie comentou que teria acumulado fortuna equivalente nos setores de alimentos, finanças ou transportes, bem como em qualquer negócio que prestasse serviço útil a um grande número de pessoas. Para isso, bastaria cercar-se de pessoal com natureza e conhecimento adequados.

O princípio da Mente Superior é a base de toda grande fortuna. Mesmo as fortunas herdadas foram originariamente construídas assim.

A realização é resultado do poder!

O poder só se acumula por meio da aplicação do princípio da Mente Milionária. Repito muitas vezes essa frase porque ela contém a essência da realização e do conhecimento.

CAPÍTULO 7

CONCENTRAÇÃO

O princípio da concentração é o único recurso que leva a fase psíquica a alcançar e utilizar o princípio da Mente Superior. Concentração é o foco da atenção, do interesse e do desejo em um resultado definido. Assim, observa-se claramente que a concentração é essencial para o uso efetivo do princípio da Mente Superior. Concentração e objetivo são inseparáveis, quando duas ou mais pessoas querem obter resultados práticos.

A autossugestão é o princípio por meio do qual o subconsciente pode ser atingido e influenciado; concentração é o princípio por meio do qual a autossugestão deve ser aplicada. Isso foi bem ilustrado no capítulo "Autossugestão, a primeira etapa na arte do convencimento".

Em outras palavras, o princípio da Mente Superior, o princípio da concentração e o princípio da autossugestão constituem um trio que deve ser empregado para atingir e influenciar o subconsciente. Este só reconhece sugestões carregadas de uma ou mais das emoções mencionadas.

Assim, os capítulos que tratam da Mente Superior, da autossugestão e da concentração constituem a essência da arte do convencimento. Sem compreensão e assimilação completas dos três, este livro perderá boa parte do valor.

Neste capítulo é descrito o método por meio do qual o princípio da concentração pode ser aplicado efetivamente. Não deixe de aproveitar ao máximo esse princípio de suma importância.

A concentração pode ser definida como o "hábito de plantar na mente uma meta, um objetivo ou um propósito definido, visualizando-os até que sejam criados meios e modos para sua realização".

Por aplicar-se à arte do convencimento e fazer parte dela, o princípio da concentração compreende a implantação de um objetivo, um pensamento, um plano ou propósito definido na mente consciente do indivíduo, mantendo o foco.

O princípio da concentração funciona como recurso para evitar os adiamentos. Ao mesmo tempo, é a base da autoconfiança e do autocontrole.

O princípio do hábito e o princípio da concentração combinam-se. O hábito pode ser fruto da concentração, e a concentração pode ser fruto do hábito.

A finalidade da concentração em um objetivo definido é treinar a mente para o foco. Com atenção e esforço concentrados, o hábito influencia o subconsciente, que absorve o conceito mental do objetivo, traduzindo-o em sua correspondente física por meio dos mais práticos e diretos métodos disponíveis.

Percebendo ou não, todo ser humano emprega o princípio da concentração. Quem permite a permanência na mente consciente de pensamentos negativos, voltados para o medo, a pobreza, a doença e a intolerância, aplica a lei da concentração, e, mais cedo ou mais tarde, seu subconsciente absorverá tais sugestões e agirá de acordo, traduzindo-as em sua correspondente física.

INSTRUÇÕES PARA APLICAÇÃO DA CONCENTRAÇÃO

1. Aprenda e aplique os princípios descritos no capítulo sobre autossugestão. Adote o hábito de dar ordens ao subconsciente, combinando os

seus pensamentos a uma ou mais emoções positivas. As ordens devem ser dadas repetidamente, até serem obtidos resultados satisfatórios. Lembre-se de que o preço da maestria é a eterna vigilância.

2. Afaste da mente consciente todos os outros pensamentos. Com um pouco de prática, você será capaz de focar a mente no que quiser. O ato de manter o foco em um assunto é a chamada concentração.

3. Mantenha o pensamento no alvo da sua concentração, com o desejo ardente de alcançar o seu objetivo. Ao concentrar-se no objetivo definido, acredite piamente no sucesso.

4. Se a mente consciente se distrair, faça-a voltar ao foco, até desenvolver o autocontrole necessário para afastar todos os outros pensamentos. Ao concentrar-se, misture sentimentos ou emoções aos seus pensamentos, ou não serão reconhecidos pelo subconsciente.

5. O princípio da concentração é mais bem aplicado em um ambiente silencioso, sem ruídos ou distrações de qualquer natureza. O melhor horário é à noite, depois de terminadas as tarefas do dia.

6. Você alcança e influencia melhor seu subconsciente quando se concentra conscientemente em uma ideia, um plano ou um objetivo, com espírito de entusiasmo intenso. O entusiasmo desperta e põe em ação a imaginação criativa.

A ideia, o plano ou o objetivo deve ser persistentemente apresentado ao subconsciente por meio da concentração aqui descrita. Um dia, durante o período de concentração, a força da Inteligência Infinita atuará, fazendo surgirem na mente soluções práticas.

No início da prática da concentração, você talvez não sinta a comunicação com uma inteligência superior, mas, depois de instalado o hábito, sentirá sua influência.

É fato conhecido que o "homem dos sete instrumentos" nunca se realiza totalmente. A vida é complicada, e existem muitas maneiras de desperdiçar energia. O hábito do esforço concentrado deve ser adotado por quem quiser chegar ao sucesso.

> O HÁBITO DO ESFORÇO CONCENTRADO DEVE SER ADOTADO POR QUEM QUISER CHEGAR AO SUCESSO. O PODER IMPLICA ENERGIA ORGANIZADA, E A ENERGIA SÓ PODE SER ORGANIZADA POR MEIO DE CONCENTRAÇÃO.

O poder implica energia organizada, e a energia só pode ser organizada por meio do princípio da concentração. Vale a pena observar que os indivíduos de maior sucesso em todos os setores concentram grande parte de seus esforços e pensamentos em algum propósito definido.

Ao analisar o princípio da Mente Superior, você vai ver que, quando duas ou mais pessoas se unem harmoniosamente em prol de um objetivo definido, a aliança funciona pelo princípio do esforço concentrado.

Depois de estudar mais de 25 mil homens e mulheres considerados malsucedidos, observei que nenhum deles tinha o hábito de focar a mente em um objetivo definido, usando o princípio da concentração. As 30 causas mais frequentes do fracasso podem ser controladas ou eliminadas inteiramente pela concentração, o que indica a importância desse princípio como parte do equipamento de trabalho do vendedor bem-sucedido.

Em algum momento da vida, praticamente todo mundo tem um objetivo definido. Dessas pessoas, porém, 95% nem tentam realizá-lo. Isso acontece porque não aprenderam a arte de concentrar-se por tempo suficiente para fixar o objetivo no subconsciente. Elas apenas desejam, sem determinação.

De nada adianta permitir que o objetivo definido penetre na mente, e nada mais. Para funcionar, o objetivo deve ser fixado na mente por meio da concentração.

A concentração desenvolve o poder da persistência e permite ao indivíduo superar as derrotas temporárias. As pessoas, em sua maioria, não sabem a verdadeira diferença entre derrota temporária e fracasso permanente. Falta-lhes a persistência necessária para organizar a recuperação, depois da derrota temporária. Persistência é simplesmente a soma de esforço concentrado, determinação e fé.

Daí se conclui que o princípio da concentração e o princípio do objetivo definido são complementares. Um só funciona com a ajuda do outro.

Todo ser humano obedece à lei do hábito. Quem aprende a comandar os próprios hábitos praticamente controla a principal causa do sucesso. Para isso, é preciso concentração. Já se disse, e é verdade: "Primeiro, formamos os hábitos; depois, os hábitos nos formam".

Existem os hábitos do corpo e da mente – ambos estão sujeitos ao controle. O meio de controlar os hábitos é a concentração. A mente é tão suscetível ao hábito quanto o corpo físico. Pela concentração, podemos forçar a mente a assimilar qualquer ideia, até formar o hábito. É a automatização.

Entre o indivíduo e seus hábitos, não há meio-termo: ele os controla ou é controlado por eles. O indivíduo bem-sucedido compreende essa verdade e força-se a adquirir os hábitos pelos quais quer ser controlado.

Os hábitos formam-se passo a passo, a cada pensamento ou ação do indivíduo.

Concentre os pensamentos em um objetivo definido, e logo o seu subconsciente vai compor um cenário nítido, ajudando você a traduzi-lo para o aspecto físico.

Todo pensamento tende à exteriorização. Os psicólogos sabem disso, e um deles escreveu: "O homem colhe o que semeia".

Condição financeira não é resultado de oportunidade ou sorte, mas reflete perfeitamente a natureza dos pensamentos dominantes, dos desejos e objetivos do indivíduo. Ao estudar a origem de grandes fortunas, descobri que elas representam a materialização do estado de espírito de seus donos.

Quem compreende as possibilidades da concentração raramente precisa entrar em contato com a palavra "impossível".

Neste livro, faço repetidas referências ao poder da Inteligência Infinita. Se existe a possibilidade de tal poder ser influenciado para atuar em questões humanas e ajudar as pessoas a alcançarem seus objetivos, acredito que só se alcança esse maravilhoso resultado por meio do princípio da concentração.

Serei eternamente grato à Inteligência Infinita. Nenhuma igreja ou religião condenaria minha atitude. Digo isso com o único propósito de familiarizar o leitor com uma importante lei universal, capaz de afastar o ser humano das causas de seus medos, suas dúvidas e preocupações.

> ACREDITO PIAMENTE NO PODER DA ORAÇÃO: ORAÇÃO É QUALQUER OBJETIVO DEFINIDO, FUNDAMENTADO NA CRENÇA EM SUA REALIZAÇÃO. SEM FÉ, A CONCENTRAÇÃO NÃO DÁ RESULTADO.

Acredito piamente no poder da oração. Preciso explicar, porém, o que chamo de "oração". Para mim, oração é qualquer objetivo definido, fundamentado na crença em sua realização. Sem fé, a concentração não dá resultado. A concentração com fé leva a resultados que beiram o milagre.

O processo que combina fé e objetivo definido é realmente difícil de descrever, e mais ainda de aplicar. Só se chega à fé por meio da concentração no objeto da esperança e no objetivo.

Pouco antes da morte de Frank Winfield Woolworth, o criador de uma cadeia de lojas cujos produtos custavam 5 ou 10 centavos de dólar, tive o privilégio de visitá-lo. Ele assim descreveu como construiu o que foi, na época, o edifício mais alto do mundo:

"Chamei um arquiteto para fazer a planta. Todo dia, durante mais de seis meses, entrava no meu escritório, fechava a porta e ficava olhando a planta por meia hora. A cada dia, o prédio parecia mais perto da realidade. Até que, em determinado momento, surgiu em minha mente o método exato pelo qual o Woolworth Building seria financiado. Eu soube imediatamente que a construção aconteceria. Daquele ponto em diante, não houve dificuldade alguma."

O Woolworth Building só existiu porque F. W. Woolworth concentrou-se nele até que se materializasse na realidade física.

O senhor Willis J. Abbot escreveu no jornal *The Christian Science Monitor:*

"Há pouco tempo, estive no laboratório original de Thomas Edison, que Henry Ford, em carinhosa reverência ao grande inventor, levou da cidade de Menlo Park, Califórnia, para Dearborn, Michigan, sua cidade natal. Todos os utensílios de Edison estão lá. Entre os inventos, encontram-se a primeira lâmpada elétrica incandescente, com vida útil de oito horas, e o primeiro fonógrafo, que, com uma agulha e uma folha metálica, gravava e reproduzia sons – inclusive a voz humana, que saía um tanto distorcida. Milhares de frascos de produtos químicos cobrem as paredes. 'O senhor Edison fazia questão de ter todas as substâncias à mão', comentou o curador que havia trabalhado com o inventor, meio século antes.

Para mim, porém, mais interessante do que as relíquias materiais foi um comentário casual do curador: 'O senhor Ford vem sempre aqui. Ele se senta naquela cadeira e pensa. Às vezes, fica por mais de uma hora, e sai sem falar com ninguém.'

Em que pensa o gigante da organização industrial, cercado pelas relíquias dos primeiros triunfos da imaginação de Edison? Ford disse certa vez que 'pensar é a tarefa mais árdua a que um ser humano pode se dedicar'. Talvez ele ache mais fácil meditar sobre seus problemas em um ambiente que testemunhou a solução de tantos outros. De todo modo, a visão de Henry Ford mergulhado em meditação, em meio às evidências das tentativas e dos sucessos de Edison, nos faz pensar."

É difícil dizer qual é o mais importante princípio descrito neste livro, mas, sempre que falo em concentração, sinto estar diante da pedra fundamental de toda a questão.

O EMPREGADOR NÃO CONTROLA O SERVIÇO QUE VOCÊ FAZ. QUEM CONTROLA O SEU SERVIÇO É VOCÊ, E ESSA É A CHAVE DO SUCESSO OU DO FRACASSO.

CAPÍTULO 8

INICIATIVA E LIDERANÇA

Iniciativa é agir sem que alguém precise mandar. Significa selecionar um objetivo definido e fazer planos para sua realização.

A mais importante aplicação do conceito de iniciativa é na formação de um grupo de Mentes Superiores. Se houver critério na seleção do grupo, a união dos participantes proporcionar-lhe-á o poder da verdadeira liderança.

PRINCIPAIS ATRIBUTOS DE INICIATIVA E LIDERANÇA

Para a aplicação dos conceitos de iniciativa e liderança, você precisa cumprir certas etapas:

1. Saber exatamente o que quer.
2. Elaborar um plano prático para a realização do que deseja, valendo-se de conselhos oferecidos pelo grupo de Mentes Superiores.
3. Cercar-se de uma organização composta de pessoas que possuam a experiência e o conhecimento essenciais à realização do objetivo definido.
4. Ter suficiente autoconfiança e acreditar no objetivo, a ponto de imaginá-lo realizado, antes mesmo de pôr o plano em prática.
5. Não desanimar, apesar dos obstáculos que venham a surgir. Se

um plano falhar, substitua-o por outro, até encontrar um que dê certo.

6. Não tentar adivinhar. Planejar com base em fatos.

7. Não se deixar influenciar por sugestões no sentido de desistir do plano ou do objetivo.

8. Não estabelecer um horário fixo de trabalho. O líder deve dedicar-se à tarefa que tem diante de si, trabalhando pelo tempo que for preciso para alcançar o sucesso.

9. Concentrar-se em uma tarefa de cada vez. Assim, não desperdiçará raciocínio nem energia, mantendo a eficiência.

10. Delegar, sempre que possível, a responsabilidade por detalhes, estabelecendo um sistema para verificar se tais detalhes estão sendo devidamente cuidados. Mas a responsabilidade pela execução do plano é sua. Tenha em mente que, quando os subordinados falham, quem falhou foi o chefe.

A persistência é a base do sucesso dos grandes líderes. Se você deixar-se abater pelos primeiros sinais de oposição ou dificuldade, jamais será um grande líder. Liderar significa assumir grandes responsabilidades. Se lhe faltar persistência, busque pessoas com essa qualidade, para fazerem parte do seu grupo de Mentes Superiores.

O líder eficiente não permite que detalhes o sobrecarreguem. Uma de suas mais importantes qualidades é a capacidade de organização, de modo que ele sempre esteja livre para dedicar-se ao que for mais necessário. Várias vezes, conversei com os mais capazes líderes do setor industrial dos Estados Unidos. Nenhum deles me pareceu sobrecarregado, por um simples fato: delegavam a responsabilidade pelos detalhes.

> A PERSISTÊNCIA É A BASE DO SUCESSO. SE VOCÊ DEIXAR-SE ABATER PELOS PRIMEIROS SINAIS DE OPOSIÇÃO OU DIFICULDADE, JAMAIS SERÁ UM GRANDE LÍDER.

O administrador que se vangloria de inspecionar pessoalmente todos os detalhes de seus negócios enquadra-se em uma das seguintes situações: não é um líder capaz ou está à frente de uma empresa muito pequena. Considera-se a frase "não tenho tempo" a mais perigosa de um idioma. Quem diz isso confessa a própria incapacidade de liderança. O verdadeiro líder tem tempo para tudo que é necessário a sua função. A desculpa de 90% dos que fracassam por não terem um objetivo definido é: "Não tive tempo de pensar no assunto". O líder capaz nem sempre é o que parece mais ocupado, mas o que se organiza para dirigir com eficiência e manter os outros ocupados. O indivíduo que faz as coisas acontecerem é muito mais útil à empresa do que aquele que realmente executa a tarefa.

O líder eficiente é também um vendedor eficiente. Ele consegue fazer as pessoas sentirem vontade de trabalhar para deixá-lo satisfeito. O líder eficiente possui uma personalidade agradável. Otimista e entusiástico, sabe transmitir otimismo e entusiasmo. O líder eficiente é corajoso. Ninguém segue um indeciso. O líder eficiente tem um agudo senso de justiça, que ele põe em prática ao tratar seus seguidores. O líder eficiente assume total responsabilidade pelos atos dos subordinados, contando como seus os erros deles, por não ter sabido montar a equipe. O líder eficiente compreende as regras da pedagogia; na realidade, é um bom professor. O líder eficiente decide depressa e muda de ideia devagar.

Claro que algumas circunstâncias exigem deliberação lenta e um exame cuidadoso dos fatos, a fim de que seja tomada uma decisão inteligente. No entanto, reunidas e organizadas as informações, a demora é indesculpável. O indivíduo acostumado a retardar decisões precisa livrar-se desse mau hábito, ou nunca será um líder eficiente. A construção do Canal do Panamá foi cogitada por mais de cem anos, mas só avançou quando Theodore Roosevelt tornou-se presidente dos Estados Unidos. Com firmeza de decisão, que foi a marca registrada de suas realizações e a base de sua reputação como líder, Roosevelt tomou a iniciativa, conseguiu que o Congresso aprovasse um projeto de lei garantindo a verba necessária, organizou um grupo de Mentes Superiores formado por engenheiros e, cheio de autoconfiança, pôs mãos à obra. Só assim o tão falado Canal do Panamá virou uma esplêndida realidade.

A Casa Branca já recebeu homens mais instruídos que Theodore Roosevelt, mas foram poucos – se é que houve algum – os líderes mais importantes. Líderes são pessoas de ação!

O general Ulysses S. Grant, comandante das tropas federais durante a Guerra Civil nos Estados Unidos, disse: "Vamos vencer nesta frente, nem que seja preciso lutar o verão inteiro". E, apesar de todas as dificuldades, persistiu e venceu.

Perguntado por seus marinheiros quanto ao que fariam, caso não avistassem sinais de terra no dia seguinte, Cristóvão Colombo respondeu: "Se amanhã não houver terra à vista, vamos continuar navegando". Ele tinha um objetivo definido e um plano para sua realização. Além disso, estava decidido a não desistir nem voltar até que o sucesso coroasse seus esforços. Colombo foi um grande líder.

Napoleão Bonaparte, surpreendido pelo inimigo e sabendo que havia adiante um fosso camuflado, ordenou à cavalaria que seguisse em frente e esperou. Quando os corpos de homens e cavalos encheram o fosso, ele passou com o restante da tropa e derrotou o inimigo. Foi uma decisão corajosa, tomada instantaneamente. Um minuto de fraqueza ou hesitação, e ele seria atacado pelo flanco e capturado. Napoleão fez o inesperado – o que parecia impossível. Sua capacidade de agir com rapidez, sem esperar ordens, foi sua marca como grande líder.

Das etapas essenciais ao desenvolvimento da iniciativa e da liderança, a primeira é a criação do hábito de tomar decisões com rapidez e firmeza. O grande líder precisa muito dessa qualidade. Quem hesita entre várias opções, sem saber o que deve ou quer fazer, em geral, acaba não fazendo coisa alguma.

Iniciativa e liderança são qualidades necessárias a praticamente todas as profissões, em especial nos dias de hoje, quando milhões de pessoas em todo o mundo sentem-se perdidas. Nos setores de diplomacia, religião, indústria, finanças, transporte, comércio, educação e vários outros, será bem-vindo quem possuir tais qualidades, pois há carência de líderes.

É equivocada a ideia de que quanto mais o indivíduo sabe, mais dinheiro ganha. Isso se confirma apenas em parte, e tal como todas as meias verdades prejudica mais do que o erro crasso. Na realidade, o indivíduo é pago não somente pelo que sabe, mas pelo que faz – ou consegue que os outros façam – com o que sabe.

Há pouco tempo, recebi uma carta de um homem que dizia: "Sou muito bem preparado e poderia ser um grande sucesso, se alguém me mostrasse o quê e como fazer".

Pessoas bem-sucedidas nunca esperam que lhes digam o quê e como fazer. Elas tomam a iniciativa, apresentam-se para liderar, reúnem ajuda e capital e avançam, contra toda oposição. Autoconfiança é um dos fatores essenciais para o sucesso na liderança.

Uma das tendências humanas naturais é o desejo de seguir indivíduos autoconfiantes. Ninguém segue espontaneamente uma pessoa indecisa.

Diz-se que os soldados de Napoleão dispuseram-se a segui-lo até a morte ao verem seu exemplo de coragem e autoconfiança.

O verdadeiro líder sempre persiste e nunca aceita uma derrota temporária como fracasso. O líder que muda de ideia com frequência logo perde a confiança de seus seguidores, que percebem sua insegurança. Se ele mesmo não acredita em si, como pode esperar que os outros acreditem?

O verdadeiro líder sempre age com imparcialidade, tratando todos exatamente da mesma forma, inclusive amigos e parentes.

O verdadeiro líder transmite coragem e autoconfiança aos subordinados. Quando o editor de revistas e jornais Cyrus H. K. Curtis entregou a um funcionário a chefia

O LÍDER QUE MUDA DE IDEIA COM FREQUÊNCIA LOGO PERDE A CONFIANÇA DE SEUS SEGUIDORES, QUE PERCEBEM SUA INSEGURANÇA. SE ELE MESMO NÃO ACREDITA EM SI, COMO PODE ESPERAR QUE OS OUTROS ACREDITEM?

de uma de suas publicações, disse a ele: "Estou lhe entregando esta propriedade para que a administre exatamente como se fosse o dono. Tome decisões, selecione a equipe, crie a sua política, desenvolva os seus planos e fique com toda a responsabilidade pelo sucesso. Tudo que eu quero é um balanço satisfatório no fim do ano".

Curtis foi um dos editores mais bem-sucedidos do mundo por ser um grande líder. Sua liderança baseava-se sobretudo na compreensão do princípio da delegação de responsabilidades, ele jamais permitiria que um subordinado as repassasse para ele. Assim, criou líderes eficientes.

O presidente da República não chega a lugar algum se não autorizar os correligionários a planejarem e conduzirem a campanha eleitoral. Ele coloca sobre os ombros dos colaboradores a responsabilidade pela preparação e execução dos planos. Todo líder deve agir assim. As pessoas dão o melhor de si quando têm autonomia para agir e são responsáveis pelos próprios atos.

Não existe liderança sem responsabilidade. Todos nós queremos ser líderes, de um jeito ou de outro. Muitos gostariam de exercer a autoridade de quem diz aos outros o que fazer, bem como de receber o pagamento correspondente, mas poucos se dispõem a aceitar a responsabilidade que vem junto. O verdadeiro líder não tem horário fixo de trabalho, pois sua tarefa é realizar planos, e isso deve estender-se pelo tempo necessário.

O verdadeiro líder tolera pequenas fraquezas dos subordinados e elabora seus planos de maneira que essas fraquezas não atrapalhem. O verdadeiro líder não contrata colaboradores ao acaso. Ele seleciona cuidadosamente o ocupante de cada função e, se concluir que se enganou, promove a troca de posições. O verdadeiro líder possui imaginação fértil e apela para a imaginação dos seguidores, para incentivá-los a agir. Ele não se impõe por meio da autoridade ou da força nem procura assustar os subordinados. O verdadeiro líder utiliza principalmente a capacidade de convencer. Ao mostrar o que é vantajoso para os seguidores, consegue que tomem as decisões mais vantajosas para ele. O verdadeiro líder emprega a persuasão, e não a força.

No mundo, existem dois tipos de líderes: um recorre à força e controla os subordinados pelo medo; outro recorre à persuasão e controla os subordinados empregando habilmente a arte do convencimento. Os que pertencem a esse último grupo são Grandes Vendedores, qualquer que seja sua profissão.

Na guerra, a liderança baseada na força, na autoridade e no medo pode ser essencial, mas no mundo dos negócios é detestável. Em qualquer área, o líder bem-sucedido estimula as pessoas a fazer o que é adequado, e não a cumprir cegamente suas ordens.

O Grande Vendedor é essencialmente um líder. Em um espírito de harmonia, ele planta na mente das pessoas os motivos adequados, induzindo-as a cooperar. O fato de empregar persuasão em vez de coação torna sua liderança duradoura. O Grande Vendedor apela para as emoções e para a razão, a fim de alcançar e influenciar favoravelmente os seguidores.

Todo grande líder é um Grande Vendedor.

E, por compreender a arte da persuasão, todo Grande Vendedor é um grande líder. Ele sabe instalar na mente dos seguidores os motivos que os farão inclinados a cooperar.

O Grande Vendedor consegue vender o que quiser – produtos, ideias, planos, serviços ou motivos – porque possui iniciativa suficiente para criar mercados.

Grandes líderes e Grandes Vendedores adotam a mesma filosofia. Vendem o que querem porque estabelecem relações de confiança.

Um dos maiores líderes que já existiram revelou em nove palavras o segredo de sua liderança: "A bondade é mais poderosa do que a coação".

CAPÍTULO 9

QUALIFICANDO O POTENCIAL COMPRADOR

No processo de venda, o primeiro passo é qualificar o potencial comprador. Isso significa apurar delicadamente, por meio de perguntas ou de outras fontes possíveis, as informações seguintes, necessárias à apresentação do plano de vendas.

1. Que quantia o potencial comprador dispõe-se a pagar e até quanto se deve cobrar dele?

2. As condições – inclusive o estado de espírito do potencial comprador – são favoráveis à venda? Em caso de resposta negativa, quais são as perspectivas?

3. O potencial comprador tem poder de decisão ou deve ser contatada outra pessoa – advogado, banqueiro, mulher ou marido, parente, assessor? Nesse caso, quem deve ser consultado e com que propósito específico?

4. Se o potencial comprador pretende consultar alguém antes de decidir, permitirá que o vendedor esteja presente à consulta? Esse é um fator importantíssimo. Nenhum vendedor deve permitir que uma terceira pessoa julgue seu trabalho ou seus produtos, sem estar presente para argumentar.

5. O potencial comprador gosta de falar? Se a resposta for afirmativa, ele deve ter essa oportunidade. Cada palavra dita pelo potencial

comprador é um indício do que ele tem em mente. Se ele não estiver inclinado a falar espontaneamente, incentive-o: faça perguntas que provoquem respostas reveladoras.

Ao qualificar o potencial comprador, o vendedor consegue descobrir as desculpas ou as objeções que podem ser apresentadas, quando chegar ao ponto de fechamento da venda. Os álibis a que praticamente todo potencial comprador recorre são estes:

- Falta de dinheiro – o Grande Vendedor sempre pisa nesse terreno com especial cuidado. Se tiver feito uma boa qualificação, saberá qual é a real condição financeira do potencial comprador. Assim, com muito tato, poderá contornar a situação.
- Necessidade de ouvir outra opinião – e o potencial comprador alegar a necessidade de ouvir a mulher – ou a potencial compradora referir-se ao marido –, peça delicadamente para estar presente no encontro do casal. Durante a conversa, o Grande Vendedor conseguirá descobrir quem realmente decide e voltará sua apresentação para essa pessoa.
- Necessidade de tempo para pensar – esse é velho! O Grande Vendedor sabe por quanto tempo a maioria das pessoas precisa pensar. No entanto, age com tato, sugerindo meios de assistir o potencial comprador durante o período. O Grande Vendedor deixa que o cliente acredite pensar por si, mas cuida para fornecer ideias e fatos.

Todo o processo de qualificação do potencial comprador deve preceder a tentativa de venda. A perda de uma venda depois da apresentação quase sempre acontece por uma das razões mencionadas a seguir.

PRIMEIRA: o vendedor não neutralizou a mente do potencial comprador antes de fazer a apresentação.

SEGUNDA: o vendedor não qualificou precisamente o potencial comprador antes de tentar fechar a venda.

O Grande Vendedor jamais tenta fechar uma venda sem estar

absolutamente certo de ter fixado na mente do potencial comprador uma imagem capaz de despertar um forte interesse por seus produtos. É indispensável que o potencial comprador tenha condições de comprar. Nesse aspecto, não cabem suposições. Saber é a tarefa do Grande Vendedor. Se não souber, ele não é um Grande Vendedor!

Tentar vender um automóvel Packard a quem ganha o suficiente para comprar um Ford e tem no banco o bastante para um Austin é desperdício. Uma qualificação criteriosa evita esse risco.

A primeira pergunta de um vendedor de apólices de seguro a um potencial comprador é: "De quanto é o seguro que tem em mente, e que tipo de apólice possui?" De posse dessa informação, fácil de obter, e conhecendo aproximadamente a situação financeira do cliente, o vendedor sabe que produto oferecer.

FAÇA PERGUNTAS PARA QUALIFICAR O POTENCIAL CLIENTE

O Grande Vendedor toma a precaução de propor perguntas apropriadas ao potencial cliente, para qualificá-lo adequadamente. A maioria dos clientes não se nega a responder. Perguntas cuidadosamente preparadas e formuladas permitem ao vendedor abastecer-se de todas as informações necessárias ao fechamento da venda. E as informações são confiáveis, já que são fornecidas pelo próprio cliente.

DEIXE O POTENCIAL CLIENTE FALAR À VONTADE

Quando o policial prende um suspeito de ter cometido um crime, procura imediatamente fazer com que ele fale. Cada palavra dita ou mesmo o silêncio do preso revelam fatos que propiciam importantes deduções.

Ao seguir seu plano, o Grande Vendedor, enquanto não inicia a apresentação, age como investigador, e a melhor maneira de chegar aos fatos de que necessita é incentivando o cliente a falar. Alguns maus vendedores desperdiçam oportunidades preciosas por abrirem a boca, deixando olhos e ouvidos fechados. Os bons vendedores dirigem a entrevista de tal maneira que o cliente acredita ser ele o condutor da conversa. Fechado o negócio, o comprador sai com a sensação de ter feito uma compra, e não de que alguém lhe vendeu um produto.

Aproxime-se do potencial comprador

Como parte de sua técnica, o Grande Vendedor faz contato com o potencial comprador antes de tentar vender o que quer que seja. Assim, consegue qualificá-lo sem se tornar inoportuno. Um dos mais bem-sucedidos corretores de seguros dos Estados Unidos especializou-se na venda de apólices de seguro de vida a seus companheiros na prática do golfe. Ele, porém, tem o cuidado de jamais mencionar sua profissão durante uma partida. Somente depois de ter jogado pelo menos três vezes com a pessoa, tenta introduzir o assunto por meio de perguntas sutis, cuidadosamente preparadas, para induzi-la a fazer-lhe consultas sobre seguros. Ele intitula-se "consultor de seguro de vida" e explica aos potenciais compradores que seu trabalho consiste em examinar as apólices para ver se o cliente escolheu a melhor opção. Naturalmente, prefere abordar quem já possui seguro e consegue centenas de vendas sem oferecê-las diretamente; apenas analisa os prazos de validade e, com muito tato, incute na mente dos potenciais compradores a ideia da necessidade de algum tipo de seguro adicional.

> A CONFIANÇA É A CONDIÇÃO MAIS IMPORTANTE A SER DESENVOLVIDA PELO GRANDE VENDEDOR NA MENTE DO POTENCIAL COMPRADOR.

A confiança é a condição mais importante a ser desenvolvida pelo

Grande Vendedor na mente do potencial comprador. Se a qualificação for bem-feita, a confiança desenvolve-se durante o processo. Nenhuma venda de vulto concretiza-se sem confiança. O Grande Vendedor frequentemente passa meses aproximando-se do cliente e conquistando sua confiança; somente depois disso tenta fazer negócios.

MÉTODOS DE QUALIFICAÇÃO

O bom detetive costuma atrair o suspeito de um crime para obter informações. Mais uma vez, o Grande Vendedor emprega tática similar. Com a diferença de que ele é a isca. A natureza de seu trabalho torna desnecessária a dissimulação.

Às vezes, porém, o Grande Vendedor solicita a ajuda de investigadores experientes, com a única missão de colherem do potencial comprador informações que o vendedor não pode tentar obter pessoalmente. Essa prática é comum entre vendedores que trabalham com funcionários responsáveis pelas compras para órgãos públicos, cujos hábitos pessoais sejam supostamente questionáveis. Entre outras, o Grande Vendedor tem a tarefa de conhecer todos os fatos acerca do potencial comprador.

Os lobistas, que na cidade de Washington, por exemplo, são muitos, frequentemente atuam mais como investigadores do que como vendedores. Quando eles descobrem algo comprometedor na vida dos senadores ou congressistas, a informação é valiosa. Empregam-se táticas semelhantes para obter a colaboração de funcionários do governo – pelo constrangimento, e não pela persuasão.

Essa forma de qualificação é absolutamente condenável! Além disso, mostra-se arriscada para quem a utiliza. O método foi mencionado apenas para indicar como os fatos são importantes para o planejamento da apresentação e para o sucesso da venda, e não é recomendável.

O vendedor que não se preocupa em abastecer-se de fatos suficientes para a qualificação do potencial cliente merece o fracasso – e geralmente encontra.

Todo indivíduo está praticamente vencido quando o adversário conhece seus pontos fracos e os motivos aos quais é mais suscetível. Basta que o adversário possua inteligência para usar bem essas informações. O Grande Vendedor possui essa inteligência. Além disso, a principal razão para ser considerado assim é sua habilidade em reunir dados e qualificar adequadamente os potenciais compradores.

Quando policiais são chamados para desvendar a morte misteriosa de um homem, a primeira pergunta que fazem é: "Onde está a mulher dele?" Outro motivo possível é o roubo. Sem um motivo conhecido, é muito difícil prender e condenar o criminoso. O Grande Vendedor tira proveito desses fatos. Descubra os principais motivos e as principais fraquezas do potencial comprador, e ele vai ser conquistado antes mesmo de você abrir a boca.

CAPÍTULO 10

NEUTRALIZANDO A MENTE DO POTENCIAL COMPRADOR

Antes da venda, depois da qualificação – ou durante –, a mente do potencial comprador tem que ser liberada de todo tipo de preconceito, convencionalismo, ressentimento ou qualquer condição desfavorável ao vendedor. Isso precisa acontecer para que a semente do desejo seja lançada com sucesso. Na mente neutra ou favorável deve haver:

1. CONFIANÇA: o comprador deve confiar no vendedor e em seus produtos.

2. INTERESSE: o vendedor deve apelar para a imaginação do comprador, despertando seu interesse pelo produto oferecido.

3. MOTIVO: o comprador deve ter um motivo lógico para comprar. A criação desse motivo é a tarefa mais importante do vendedor.

Só se pode dizer que a mente foi neutralizada, que está em condições favoráveis, quando são instaladas essas três condições. A primeira tarefa do vendedor é desenvolver a confiança na mente do potencial comprador. Claro que isso não pode ser feito se houver emoções negativas. Deve haver uma análise cuidadosa...

1. do comprador.
2. da profissão ou dos negócios do comprador.
3. dos possíveis problemas enfrentados pelo comprador.

Nada desperta mais rapidamente a confiança de uma pessoa do que um forte e genuíno interesse por seus problemas.

Na preparação da mente do potencial comprador, para que essa receba bem a semente do desejo pelos produtos do vendedor, a segunda etapa é despertar interesse. Talvez seja necessário aplicar uma das qualidades necessárias ao grande vendedor, abordadas no capítulo 4. Para despertar o interesse do comprador, o vendedor precisa, pelo menos, de imaginação, confiança, entusiasmo, conhecimento da mercadoria, persistência e de uma apresentação interessante. De nada adianta neutralizar a mente do potencial comprador se o vendedor não souber plantar nela a semente do desejo pelo produto. E a semente não pode ser plantada se o comprador não estiver interessado.

NADA DESPERTA MAIS RAPIDAMENTE A CONFIANÇA DE UMA PESSOA DO QUE UM FORTE E GENUÍNO INTERESSE POR SEUS PROBLEMAS.

A terceira tarefa do vendedor é criar um motivo capaz de induzir o cliente a comprar. Para isso, o vendedor deve conhecer bem o potencial comprador e seus negócios.

A falta de neutralização da mente do potencial comprador é um dos piores erros da maioria dos vendedores malsucedidos, já que cada caso é um caso, com suas peculiaridades. O vendedor imaginativo descobre rapidamente quais são as abordagens mais indicadas para neutralizar a mente do potencial comprador. Veja alguns métodos empregados com sucesso.

1. Contatos sociais em clubes: diz-se que mais negócios são fechados durante partidas de golfe do que em escritórios. Todo Grande Vendedor sabe o valor desse tipo de contato.

2. Filiação religiosa: em um templo, as relações prescindem da habitual formalidade, e as circunstâncias tendem a estabelecer confiança.

3. Filiação a associações e lojas maçônicas: conforme a linha de venda, podem ser muito úteis ao vendedor os contatos estabelecidos em

associações e lojas maçônicas, onde as pessoas naturalmente agem com menos cerimônia.

4. Cortesias: jantares representam oportunidades para "quebrar o gelo", estabelecendo uma relação de confiança, condição que precede a neutralidade da mente.

5. Serviço pessoal: sob certas condições, os vendedores encontram-se em posição de oferecer serviços e fornecer informações úteis àqueles com quem pretendem fazer negócios mais tarde.

6. Hobbies de interesse comum: praticamente todo mundo tem um hobby ou um interesse fora do ambiente profissional. Ao praticar esse hobby ou conversar sobre ele, as pessoas tendem a abandonar as defesas atrás das quais se escondem durante a rotina de trabalho.

Depois de neutralizada a mente do comprador e estabelecida uma relação de confiança, a etapa seguinte é transferir a confiança para o produto oferecido pelo vendedor. A apresentação deve girar em torno de um motivo central adequado ao negócio e à condição financeira do potencial comprador. Resolvidas as questões relativas à confiança, ao interesse e ao motivo, pode-se partir para o fechamento da venda.

A atuação do vendedor lembra a de um ator

Cientificamente, a arte do convencimento envolve princípios similares àqueles nos quais se baseiam as peças de teatro bem-sucedidas. Quando um vendedor faz sua apresentação, chega muito perto do ator que se apresenta para o público. Para ter sucesso, a peça precisa começar e terminar de maneira impactante. Se não for assim, o público decepciona-se.

1º ATO: deve prender a atenção e despertar o interesse da plateia.

2º ATO: deve desenvolver o enredo. Ainda que fraco, funciona, desde que o primeiro ato tenha sido forte. A plateia (ou o comprador) tolera, já que confia em um ótimo final e espera por ele.

3º ATO: deve realizar o objetivo. Esse ato tem de ser sensacional, qualquer que tenha sido a qualidade dos dois primeiros. No terceiro ato – ou último –, a venda é ganha ou perdida.

A abordagem de venda deve ser suficientemente forte para estabelecer confiança e despertar interesse pelo vendedor e por seus produtos. Se ele fizer um primeiro ato fraco, vai ser difícil – se não impossível – fechar a venda. Ainda que a apresentação não seja maravilhosa, a venda estará salva se abertura e fechamento forem fortes e instigantes. Analisada cientificamente, a arte de vender pode ser descrita como um drama em três atos:

1º ATO – INTERESSE: deve ser criado por meio da neutralização da mente do potencial comprador e da conquista de sua confiança.

2º ATO – DESEJO: deve ser desenvolvido por meio da apresentação adequada do motivo.

3º ATO – AÇÃO: só se chega à ação, ou ao fechamento, por meio de um bom desempenho nos dois atos anteriores.

É absolutamente necessário lembrar que o diretor (vendedor) deve possuir e utilizar a imaginação para apresentar com sucesso os três atos do drama. A imaginação é a oficina da mente, onde se formam todas as ideias, os planos e as imagens com que o vendedor desperta o desejo do potencial comprador. Vendedores pouco imaginativos são como navios sem leme: andam em círculos e acabam no mesmo ponto onde começaram, sem transmitir uma impressão favorável.

Palavras por si só não vendem!

Palavras combinadas a ideias que criam desejo vendem. Alguns vendedores nunca aprendem a diferença entre uma conversa que parece interminável e uma imagem cuidadosamente formada com palavras que despertam a imaginação do potencial comprador.

> PALAVRAS POR SI SÓ NÃO VENDEM! O QUE VENDE SÃO PALAVRAS COMBINADAS A IDEIAS QUE CRIAM DESEJO.

O único objetivo da neutralização da

mente do potencial comprador é fazê-lo confiar no vendedor. Sem confiança, não há venda.

OS DEZ PRINCIPAIS FATORES EM QUE SE BASEIA A CONFIANÇA

A cuidadosa observação de milhares de vendedores, com quem aprendi tudo que sei sobre vendas, mostrou-me quais são os dez principais fatores que contribuem para o desenvolvimento da confiança. São eles:

1. Habituar-se a prestar serviços em maior quantidade e de melhor qualidade do que havia sido estipulado em contrato.

2. Não efetuar transações desvantajosas, já que todos são afetados.

3. Não afirmar o que não acredita ser verdade, ainda que a mentira pareça oferecer vantagens temporárias.

4. Desejar sinceramente prestar o máximo de serviço ao maior número possível de pessoas.

5. Cultivar uma saudável admiração por pessoas. Gostar mais delas do que de dinheiro!

6. Dar o melhor de si para viver de acordo com o que prega a sua filosofia de negócios. Atos falam mais alto do que palavras!

7. Não aceitar favores, por menores que sejam, sem retribuir.

8. Nunca pedir uma coisa que não se acredite no direito de receber.

9. Jamais discutir com quem quer que seja sobre detalhes triviais ou sem importância.

10. Espalhar o brilho do entusiasmo onde e quando puder. Ninguém confia em um "desmancha-prazeres".

Vale a pena decorar – e seguir – essa lista.

O Grande Vendedor consegue vender qualquer coisa necessária a quem confia nele.

Também poderia vender artigos desnecessários, mas não faz isso.

Lembre-se de que o Grande Vendedor atua ao mesmo tempo como vendedor e comprador. Assim, não tenta vender um produto que ele mesmo não compraria, caso estivesse na posição do cliente.

O vigarista é sabidamente um Grande Vendedor. Seu único equipamento é a habilidade em despertar confiança. Seus golpes causam enormes prejuízos, e as vítimas podem ser encontradas entre os mais inteligentes empresários, profissionais liberais e banqueiros.

Esses trapaceiros frequentemente estudam a vítima durante meses ou anos até desenvolverem uma relação de total confiança. Depois de preparada essa base, mesmo as pessoas mais inteligentes são presas fáceis, pois ficam indefesas diante daqueles em quem confiam.

Se a confiança pode ser empregada com sucesso pelo vigarista, com certeza, muito mais efeito terá quando for utilizada por profissionais sérios, em negócios legítimos. O vendedor que sabe construir uma ponte de confiança entre ele e o potencial comprador só tem a ganhar com isso.

Métodos de pressão, promessas exageradas, afirmativas falsas, sugeridos ou às claras, destroem a confiança.

Há algum tempo, um dos vendedores mais produtivos, a serviço de uma conhecida revendedora de veículos, foi demitido sumariamente, embora tivesse alcançado naquele mês o melhor desempenho de sua carreira. A demissão aconteceu porque uma verificação do movimento com a empresa financeira revelou que mais de três quartos de seus clientes tinham atrasado os pagamentos. Uma investigação apurada mostrou que o vendedor tinha pressionado os clientes a comprar, dizendo que, se não tivessem condições de pagar, seria tolerado um atraso de até dois meses, sem penalidade alguma. Por causa de um funcionário, a revendedora perdeu prestígio e jamais será tão bem conceituada quanto antes.

Toda empresa, para ser bem-sucedida, precisa da confiança dos clientes. O vendedor é o intermediário entre a empresa e o cliente. Conforme é sua atuação, a confiança se estabelece ou se perde. O Grande Vendedor, sabendo disso, age exatamente como se fosse o dono da empresa que representa.

O Grande Vendedor sabe que a confiança é a base de todo

relacionamento harmonioso. O profissional que subestima esse fato jamais será um Grande Vendedor. Assim, limita sua capacidade de ganhar dinheiro e progredir.

Na cidade de Chicago, um Grande Vendedor é dono de uma cadeia de lojas especializadas em chapéus masculinos. Há cerca de vinte anos, quando essas lojas chamaram a minha atenção, o principal produto delas era chapéus de 2 dólares. O detalhe interessante era a garantia de que, se o cliente não ficasse satisfeito, poderia devolver o chapéu – ou parte dele – e receber outro novinho em folha, sem que precisasse pagar ou explicar coisa alguma.

O dono contou-me que havia sete anos que um homem ia à loja, mais ou menos de seis em seis meses, e trocava um chapéu velho por outro novo.

– E você deixa que ele faça isso? – perguntei.

– Deixar?! – o dono da loja exclamou. – Por que não? Se cem fregueses fizessem a mesma coisa, eu poderia aposentar-me em cinco anos, com um bom dinheiro! Não se passa um só dia sem que um freguês venha à loja aconselhado por ele. O homem é literalmente um anúncio ambulante e falante!

Aquela conversa trouxe-me uma visão inteiramente nova sobre o assunto. Vi que o lojista tinha criado uma empresa enorme, com base em uma política pouco usual, que privilegiava a confiança.

Há duas situações que fazem as pessoas comentarem contra uma empresa ou a favor dela: quando se sentem lesadas ou quando recebem tratamento melhor do que esperavam.

Todos nós somos assim. A lei do contraste nos impressiona. Tudo que é inesperado ou incomum deixa uma impressão duradoura – boa ou má.

HÁ DUAS SITUAÇÕES QUE FAZEM AS PESSOAS FALAREM DE UMA EMPRESA: QUANDO SE SENTEM LESADAS OU QUANDO RECEBEM TRATAMENTO MELHOR DO QUE ESPERAVAM.

CAPÍTULO 11

A ARTE DE FECHAR UMA VENDA

Diz-se que o clímax, ou fechamento da venda, é a parte mais difícil da transação. Isso não se confirma, porém, quando há uma preparação adequada. Na verdade, o fechamento da venda não passa de um detalhe, se a venda for adequadamente preparada.

Em praticamente todas as situações de dificuldade na conclusão da venda, o problema está em uma das etapas anteriores. Antes de tentar o fechamento, o Grande Vendedor prepara cuidadosamente o caminho, passo a passo, com atenção aos seguintes detalhes:

– Cuidado na neutralização da mente do potencial comprador, para torná-la receptiva à apresentação da venda.

– Desenvolvimento da confiança, para tornar favorável a mente do potencial comprador.

> QUANDO A VENDA FOI ADEQUADAMENTE PREPARADA, O FECHAMENTO TORNA-SE APENAS UM DETALHE.

– Qualificação cuidadosa da mente do potencial comprador, para garantir que se trata realmente de alguém que pode vir a comprar.

– Acima de tudo, a implantação, na mente do potencial comprador, do motivo mais lógico para a compra.

– Observação da expressão do potencial

cliente, durante a apresentação de venda, para ter a certeza de que ele acompanhou tudo com interesse genuíno.

– Análise de seus comentários, para confirmar o desejo pelo produto à venda.

– Por último, mas de modo algum menos importante, o vendedor faz a venda na própria mente, antes de tentar o fechamento! Isso acontece porque sente o que se passa na cabeça do potencial cliente. Ninguém se torna um Grande Vendedor sem desenvolver a sintonia com a mente de quem pode vir a comprar, por meio do sexto sentido. Essa habilidade, mais do que qualquer outra, é a marca do Grande Vendedor.

Vencidas essas etapas, o vendedor está pronto para os procedimentos finais ou o fechamento da venda. Existem milhares de vendedores capazes de despertar interesse, o primeiro passo do verdadeiro processo de venda; criar desejo por seus produtos, o segundo passo; mas falham no terceiro passo, por não saberem fechar! Vamos lembrar, porém, que, quando as seis etapas descritas em detalhes neste livro são adequadamente cumpridas, o fechamento acontece com facilidade, tornando-se mero detalhe.

Sugestões para o fechamento da venda

As ideias sugeridas a seguir ajudam a desenvolver a habilidade no fechamento da venda. São úteis, mesmo para os vendedores experientes.

1. Não deixe que o potencial comprador afaste você do plano de vendas, desviando a conversa para assuntos estranhos ou sem importância. Se ele insistir em interromper a sua fala, tentando conduzir a conversa e criando uma desculpa para não comprar, deixe que prossiga até cansar. Então, quando ele fizer uma pausa, volte com muito tato à sua linha de pensamento. Prossiga, desenvolvendo suas ideias, até chegar à parte final. Isso é absolutamente indispensável. Um dos dois vai dominar: o vendedor ou o comprador. E isso faz toda a diferença.

2. Antecipe e levante as objeções e as dúvidas que você sentir que possam existir na mente do potencial comprador. Tome a iniciativa de perguntar e responder. Jamais levante questões negativas sem a certeza de que o potencial cliente está pensando nelas. Na área de vendas, é melhor não mexer com o que está quieto.

3. Presuma sempre que o cliente vai comprar, ainda que ele diga ou faça alguma coisa indicativa do contrário. Ao mesmo tempo, demonstre por meio de palavras e gestos a sua certeza no negócio. Se fraquejar nesse ponto, estará admitindo a derrota por antecipação. O cliente é esperto: percebe a hesitação do vendedor e usa isso para responder negativamente quando este tenta fechar a venda. O Grande Vendedor jamais hesita, por um momento sequer, e nunca desiste, quaisquer que sejam os artifícios usados pelos clientes. Alguns são tão hábeis em atrapalhar o raciocínio do vendedor quanto este deve ser em sua argumentação. Previna-se contra esse tipo de tática e prepare-se para administrar esse tipo de oposição.

4. O cliente sempre tem razão. Ele conhece os próprios negócios. Qualquer insinuação ou afirmativa do vendedor, no sentido de saber mais do que o cliente, só serve para despertar antagonismo, ainda que velado. A maioria dos vendedores medíocres comete o erro de tentar impressionar os compradores com seu conhecimento. Isso já inviabilizou muitas vendas.

5. Ao especificar o montante da compra, mencione uma quantia acima do que seria exato. É melhor reduzir, se for necessário, do que fixar um preço baixo demais e ficar sem margem para negociar, na hora do fechamento. Ainda que a quantia esteja acima das posses do potencial comprador, ele não se ofenderá. No entanto, se você lhe subestimar a capacidade financeira, isso pode ser considerado uma ofensa. Já aconteceu muitas vezes.

> LEMBRE-SE: O CLIENTE TEM SEMPRE RAZÃO!

6. Use o método das perguntas para induzir o potencial comprador a

revelar pontos de vital importância, sobre os quais você possa construir a sua apresentação. Então, refira-se a tais pontos como se as ideias fossem dele. Essa é uma das mais eficientes táticas de venda, pois as pessoas naturalmente sustentam o que dizem (ou pensam ter dito).

7. Se o potencial comprador disser que precisa consultar o gerente do banco, o advogado, a mulher ou um amigo, elogie seu bom senso e sua cautela. Imediatamente, porém, com muito tato, comece a plantar na mente dele a sugestão de que gerentes de banco entendem de empréstimo, advogados entendem de leis, mulheres, maridos e amigos podem ser bem informados e leais, mas ninguém conhece tão bem os produtos quanto o vendedor. Você conta com os fatos, enquanto os outros não têm tempo ou interesse para pesquisar. Acima de tudo, sugira ao potencial comprador a ideia de que, afinal, ele se conhece e compreende seus negócios melhor do que ninguém.

8. Evite dar ao potencial comprador um tempo para pensar, a não ser que existam razões lógicas para adiar a resposta. Se ele apresentar tal desculpa, insista e ajude-o a raciocinar imediatamente. Lembre-se de que, nesse momento, um quilo de persistência vale uma tonelada de sucesso. Na verdade, muitas vendas perdidas poderiam ter sido salvas se o vendedor insistisse por mais alguns minutos.

Qual é o momento psicológico do fechamento?

Muito já se falou sobre fechar a venda no momento psicológico adequado, mas a experiência prova que a maioria dos vendedores não sabe o que é isso. Momento psicológico é quando o vendedor sente que o cliente está pronto para comprar. Esse momento existe em todas as vendas, tanto nas que se consumam quanto nas que falham.

Uma das principais diferenças entre o Grande Vendedor e o vendedor medíocre é que o primeiro sente o que se passa na mente do potencial comprador, diga ele o que disser. Ao vendedor medíocre falta essa agudeza de percepção pelo sexto sentido.

Quando perceber o momento psicológico adequado, mencione o preço e passe imediatamente ao fechamento. Alguns minutos de demora – às vezes alguns segundos – podem dar ao cliente a chance de mudar de ideia. Se, ao tentar fechar a venda, você descobrir que se enganou na escolha do momento, recue; volte à apresentação, incluindo novos argumentos, que você deve guardar para uma situação de emergência. E, se pretende entrar para a categoria dos Grandes Vendedores, forme um bom estoque de argumentos emergenciais.

O Grande Vendedor jamais utiliza seus trunfos, a não ser que seja forçado a isso. E, assim mesmo, nunca usa todos de uma vez! Alguns ficam guardados, para o caso de ser necessária uma nova apresentação para conseguir a venda.

Em geral, o vendedor tem de sentir o momento psicológico adequado. Há vezes, porém, em que o momento é óbvio, seja pela fala ou pela expressão facial do comprador. O vendedor de mentalidade negativa ou carente de autoconfiança frequentemente deixa passar o momento, pois pensa que o comprador compartilha de seu estado de espírito.

Esse princípio também funciona em sentido contrário, o que pode ser vantajoso para quem vende. O potencial comprador muitas vezes se confunde, tomando como suas a mentalidade positiva, a autoconfiança e a certeza do vendedor, e age de acordo, no fechamento da venda. Assim, tal como o vendedor pode transmitir ideias negativas ao potencial comprador (e faz isso, se não for um Grande Vendedor), também pode transmitir ideias positivas. Eis a razão pela qual o vendedor deve assumir, em pensamento e atitudes, a crença de que a venda vai se realizar.

Quando notada pelo potencial comprador, a pressa em fechar a venda é geralmente fatal. Isso sempre acontece por insegurança do vendedor, que tenta agir antes de receber o "sinal verde" emitido pelas palavras ou pela expressão facial do cliente.

Se o potencial comprador, de algum modo, tiver a impressão de que o vendedor está ansioso demais pelo negócio porque precisa da comissão que vai receber, provavelmente a venda estará perdida. O vendedor que ostenta um ar de prosperidade e calma, refletido na aparência pessoal e no tom de voz, é geralmente bem-sucedido. A razão é óbvia.

O Grande Vendedor raramente pergunta ao cliente se ele está pronto para fechar a compra. Ele segue em frente e, no momento psicológico adequado, sugere o pedido, como se a questão estivesse resolvida. Perguntar ao potencial comprador se está pronto para fechar a venda é uma evidência de dúvida. O ato de preencher o pedido e entregá-lo ao cliente confirma o estado de espírito do vendedor. Uma sugestão assim positiva geralmente provoca uma resposta favorável – desde, é claro, que a apresentação tenha sido bem-feita e o desejo de comprar tenha sido plantado na mente do potencial comprador.

O VENDEDOR QUE OSTENTA UM AR DE PROSPERIDADE E CALMA, REFLETIDO NA APARÊNCIA PESSOAL E NO TOM DE VOZ, É GERALMENTE BEM-SUCEDIDO.

Não se esqueça de que é na própria mente que o vendedor fecha, em primeiro lugar, um negócio. Todo mundo abre caminho para quem sabe o que quer e luta para conseguir. Se um líder hesita, demonstrando insegurança, os seguidores vão embora. O vendedor que reflete o mais leve sinal de hesitação ou dúvida nem deve perguntar se pode fechar a venda; é praticamente certo que ouvirá uma recusa!

É assim que funciona a mente humana.

É importante que o vendedor seja capaz de perceber onde existe uma possibilidade de venda, ainda que sob uma aparência pouco sugestiva, e procure aproveitá-la. "Eis uma venda!"

Ray Cunliffe, distribuidor da marca Cadillac em Baltimore, contou-me um caso típico, em que um vendedor, ao inadvertidamente dar por perdida uma venda, quase lhe causou um prejuízo equivalente à comissão sobre a venda de três carros. O incidente aconteceu no salão de vendas da antiga Locomobile Company, em Nova York.

Era fim de tarde, quase hora de fechar, quando um homem vestido com roupas esportivas entrou na loja e disse ao vendedor que estava interessado em um Locomobile. Três carros novos estavam em exposição. Equilibrando-se em sua bengala, o homem observou os carros durante alguns minutos. Então, perguntou o preço. Com indiferença, o vendedor respondeu, sem acrescentar qualquer informação. Cada um custava, pelo que me lembro, 12 mil dólares.

O cavalheiro de roupas esportivas continuou no mesmo lugar, observando os carros por mais um ou dois minutos, e falou, apontando:

– Não sei se levo este, aquele ou aquele outro. Ou se levo os três.

A declaração liquidou o assunto. O vendedor, que tinha um compromisso para o jantar e estava louco para ir embora, imaginou que o homem não passasse de um amalucado a vagar pela Broadway. Felizmente, antes que sua atitude mental "venda impossível" tivesse tempo de ser transmitida, o homem disse:

– Sei que você está com pressa para sair. Vou ficar com aquele – encerrou, apontando o carro do meio.

– Certo – o vendedor respondeu. – Vou pegar o formulário de compra.

– Ah, não precisa. Eu deixo o cheque, e você manda entregar tudo na minha casa amanhã.

Dizendo isso, o homem preencheu o cheque e colocou sobre a mesa.

Ao ver a assinatura, o vendedor corou. Seu rosto adquiriu vários tons de vermelho. O homem era o milionário Charles Payne Whitney. Não era nenhum segredo que os três carros poderiam ter sido vendidos a ele tão facilmente quanto havia acontecido a compra. Repare que eu disse "compra". Aquilo não foi uma "venda".

Há algum tempo, avisei a vários corretores de imóveis que estava à procura de uma propriedade no campo e descrevi em detalhes o que eu queria. Corretores apareceram às dezenas. Eu não sabia que tanta gente vivia de vender imóveis. Sua avidez em me "fisgar" demonstrava claramente como precisavam do negócio.

Eu disse que apareceram dezenas de corretores, mas talvez fosse mais verdadeiro afirmar que um corretor apareceu. De todo o grupo, apenas um compreendia a psicologia do fechamento de uma venda. Alguns descreviam os imóveis, utilizando-se de mapas ou coisa parecida. Outros entregaram-me material escrito para que eu estudasse e fizesse contato quando quisesse visitar a propriedade. Como podiam saber se eu não queria ir imediatamente?

Somente um corretor chamou-me para ver o imóvel. Seu discurso foi:

"Temos o lugar que descreveu na correspondência que nos enviou. Faz tempo que estamos guardando esse imóvel para o senhor (com uma piscadela, para deixar claro que não falava a sério). Entre no meu carro e vamos lá para vê-lo. Se não for exatamente o que deseja, na volta, eu lhe pago um jantar no melhor restaurante da cidade (ele sabia que voltaríamos mais ou menos no horário do jantar). Quando vir o lugar, não vai querer ver nenhum outro. Tenho certeza de que é o que você quer."

Comecei a achar que ele sabia mesmo o que eu queria. Afinal, fez com que eu mudasse a programação do dia para ir visitar o imóvel. Sua atitude era tão positiva e segura que me vi em seu carro, antes mesmo que eu tivesse tempo de encontrar uma boa razão para recusar. Se ele demonstrasse qualquer hesitação, eu teria adiado a visita para o dia seguinte, mas em corretagem de imóveis, sem dúvida, é preciso malhar o ferro ainda quente. Assim, em menos tempo do que levo para contar a história, estávamos a caminho.

Durante o percurso, o corretor descreveu o lugar com tanta precisão que eu quase me senti o novo proprietário, antes mesmo de conhecer o imóvel.

Francamente, seria um enorme desapontamento se eu não gostasse do lugar, pois o corretor havia plantado tão fundo em minha cabeça a semente do desejo que me tornei verdadeira massa de modelagem em suas mãos.

Aquele foi um dos mais belos exemplos da arte do convencimento que já observei. O corretor levava um contrato, no qual só faltava completar o nome do comprador. Quando sentiu que eu estava pronto, entregou-me o contrato e uma caneta. Ao perceber, porém, que não havia onde apoiar o papel, correu até o carro e pegou uma pasta, dizendo:

– Aqui está. Use isso como mesa, general!

Sei que não sou general, mas o título caiu-me tão bem que nem reclamei.

E assinei!

O corretor não me entregou material para ler. Ele entregou-me o próprio imóvel. Grandes Vendedores sempre fazem coisas desse tipo. É uma de suas peculiaridades.

Alguns corretores continuam mandando-me material pelo correio. Se alguma propriedade já foi vendida só por causa do material impresso, eu gostaria de saber! Seria um milagre.

Há poucos dias, recebi a visita de um desses corretores. Queria saber se eu "já havia me decidido a comprar o imóvel que procurava".

– Graças a Deus, sim – respondi. – Mas talvez deva dizer que não me decidi. No mesmo dia em que você me visitou, recebi a visita de um corretor muito eficiente, que me levou a decidir e comprar imediatamente.

– Que pena! – o corretor exclamou.

– Pena para você, talvez – corrigi. – Mas para mim foi ótimo, porque eu achei o que procurava.

Com uma expressão que indicava a vaga suspeita de que eu estivesse ironizando, o lento corretor foi embora sem se despedir. Ele obviamente não gostou do meu senso de humor ou achou-me crédulo demais, por comprar um imóvel que via pela primeira vez. Não sei qual das duas opções explica sua atitude.

Não se pode adivinhar, pelo número de verrugas nas costas, a que altura um sapo pula. Também não se pode dizer, pela aparência de uma pessoa, se ela vai comprar um produto. Conceda-se o benefício da dúvida e faça a sua apresentação ao potencial cliente, antes de instalar na sua mente a certeza de que a venda é impossível. É a alternativa mais segura!

Certa vez, treinei um "exército" de 3 mil vendedores para uma empresa de Chicago. Eficiência tinha de ser a palavra de ordem. Inauguramos um sistema com o qual aprendi muito sobre as possibilidades da persistência. Antes de ser contratado em definitivo, o vendedor tinha que negociar com cinco potenciais compradores indicados. As instruções eram no sentido de insistir até alcançar sucesso. Muitas vezes, houve mais de dez encontros entre vendedor e cliente, até que se fizesse a venda.

> NÃO SE PODE DIZER, PELA APARÊNCIA DE UMA PESSOA, SE ELA VAI COMPRAR UM PRODUTO. FAÇA A SUA APRESENTAÇÃO AO POTENCIAL CLIENTE ANTES DE INSTALAR NA SUA MENTE A CERTEZA DE QUE A VENDA É IMPOSSÍVEL.

Lembro que um dos vendedores fez 18 tentativas. No 18º encontro, a "vítima" capitulou e comprou o produto. Entre os 3 mil candidatos, somente 128 deixaram de cumprir a exigência e não foram contratados. Ensinamos àquele pessoal que raramente se deve aceitar um "não". Mais do que isso: provamos!

Outro fator importante para a relação entre vendedor e comprador é a autoconfiança. Para garantir que não faltasse autoconfiança aos nossos vendedores, recorremos a um plano original: negócios fictícios. Quando percebíamos certa insegurança em um vendedor, incluíamos entre os potenciais compradores um gerente de uma empresa inexistente, representado por um funcionário que sabia do plano. Sua missão era dificultar a vida do vendedor, mas, afinal, assinar o pedido de compra. As comissões eram pagas normalmente. O efeito foi extraordinário, em especial entre os novatos na profissão.

O falso comprador sempre era o quinto da lista a ser visitado. Descobrimos que o sucesso no negócio servia de estímulo ao vendedor, que procurava novamente os quatro clientes anteriores e, na maior parte das vezes, vendia a todos, embora tivesse falhado na primeira tentativa.

Assim, confirmamos que o estado de espírito do vendedor tem mais peso sobre o sucesso da venda do que o estado de espírito do comprador. Foi uma descoberta importante, que se mantém válida até hoje.

Se me pedissem para resumir o que é vender, eu faria isso em uma só palavra – uma que deve destacar-se no horizonte de todo vendedor, tal como Marte visivelmente brilhante ao anoitecer, a acenar, desafiar, estimular, inspirar, comandar.

Essa palavra reflete algo que faz parte de todo Grande Vendedor, em qualquer lugar do mundo. É uma palavra que o escritor Edward Bok, ganhador do Prêmio Pulitzer, declarou ser a mais importante do vocabulário...

Serviço

Vamos passar à segunda parte do livro, inteiramente dedicada à aplicação dos princípios do marketing pessoal.

> SE VOCÊ É UMA PESSOA BEM-SUCEDIDA, LEMBRE QUE, ALGUM DIA, EM ALGUM LUGAR, ALGUÉM LHE DEU A MÃO OU OFERECEU UMA IDEIA QUE APONTOU A DIREÇÃO CERTA. PORTANTO, LEMBRE TAMBÉM QUE ESTÁ EM DÉBITO COM A VIDA, E ASSIM PERMANECERÁ ATÉ QUE RETRIBUA O FAVOR, AJUDANDO ALGUÉM MENOS AFORTUNADO.

II

A APLICAÇÃO DA ARTE DE VENDER AO MARKETING PESSOAL

Quem quiser alcançar o sucesso em qualquer área deve compreender e aplicar os princípios da negociação, conhecidos como "arte de vender".

A segunda parte deste livro é inteiramente dedicada à análise dos princípios da venda, aplicados ao marketing pessoal.

> DISCUSSÕES ACERCA DE SALÁRIO JÁ FIZERAM MUITA GENTE PERDER A GRANDE OPORTUNIDADE DA VIDA. SE TIVER CERTEZA DE QUE VAI ATUAR DE CORPO E ALMA, PEGUE A FUNÇÃO QUE DESEJA, AINDA QUE TRABALHE DE GRAÇA ATÉ DAR UMA BOA MOSTRA DO SEU "PRODUTO". MAIS TARDE, RECEBERÁ PAGAMENTO PROPORCIONAL À QUALIDADE E À QUANTIDADE DE TRABALHO EXECUTADO.

CAPÍTULO 12

ESCOLHENDO O TIPO DE TRABALHO

Escolher o tipo de trabalho e fazer dessa escolha um objetivo é um verdadeiro privilégio, mas também uma grande responsabilidade que somente pode ser assumida pela própria pessoa. Deve ser esse o primeiro passo, para que você possa oferecer efetivamente os seus serviços.

Antes de optar por determinado cargo ou uma profissão, decida-se: quer apenas uma ocupação ou a ocupação à qual melhor se adapta, por questões de gosto, formação, temperamento e talento?

O segundo passo é determinar se prefere uma posição que ofereça grande oportunidade no futuro, com pagamento modesto no início, ou uma posição que ofereça excelente pagamento, mas sem promessa para o futuro. Em outras palavras: escolher entre começar pelo topo ou pela base da escada.

Dessa decisão depende, em grande parte, o teto da sua capacidade de ganhar dinheiro. É óbvio que quem começa de cima só pode caminhar em uma direção.

Fatores que devem influenciar a escolha da ocupação

Observe a frequência com que a palavra "decisão" aparece neste livro. O efetivo marketing de serviços pessoais exige muitas decisões. Os fatores apresentados a seguir compõem o marketing de serviços pessoais que deve acompanhar as suas decisões.

1. Decida o que gosta mais de fazer. Uma análise cuidadosa de milhares de homens e mulheres demonstrou que o sucesso é mais consistente quando as pessoas fazem o que gostam. Quem aprecia sua ocupação trabalha com o máximo de entusiasmo e dedicação. Quando existe a possibilidade de escolha, ninguém abre mão do trabalho ao qual possa dedicar-se de corpo e alma.

2. Decida qual é o seu tipo preferido de patrão. A escolha do empregado pelo empregador e a escolha do empregador pelo empregado são de igual importância. Procure alguém em quem confie e cujo exemplo de conduta possa ser-lhe positivo. Procure alguém que tenha o que lhe ensinar profissionalmente. O empregador deve tornar-se – e torna-se, realmente – um professor. Procure um bom professor.

3. Decida quanto quer ganhar nos primeiros cinco anos. Então, produza na mesma medida. Lembre-se de que o seu rendimento anual corresponde a 6% do valor potencial da sua inteligência. Se você, por exemplo, ganha o equivalente a 6 mil dólares por ano, o seu capital intelectual corresponde a 100 mil dólares. Considere esse capital como algo a ser mantido em boas condições operacionais para fazer jus ao pagamento.

4. Decida – e esta é uma decisão importantíssima – exatamente a quantidade e qualidade de trabalho que pretende fazer em troca do salário pretendido. E, pelo menos, cumpra o acordo; jamais produza abaixo do prometido! As pessoas, em sua maioria, dedicam mais tempo a pensar no dinheiro que querem ou precisam ganhar do que a descobrir meios de ganhar esse dinheiro, oferecendo o equivalente em serviço.

5. Decida quais são as suas deficiências que estão entre as principais causas de fracasso. Então, escolha uma ocupação em que tais deficiências não atrapalhem (essas principais causas estão explicadas em *Quem pensa enriquece*, do mesmo autor).

Essas cinco decisões têm de ser tomadas antes da criação de um plano de marketing para os seus serviços. Elas representam cinco das decisões mais importantes que você deverá tomar durante toda a vida. Decida sem demora, mas com a devida ponderação, porque disso depende o seu futuro.

Se você estiver à procura do primeiro emprego, uma solução possível é aceitar uma ocupação temporária, para atender às suas despesas, até ter tempo de reunir as informações necessárias à tomada, com inteligência, das cinco decisões mencionadas. Não se permita, por desinteresse ou hábito, transformar em definitivo um emprego temporário. Da população mundial, 98% podem ser considerados malsucedidos, sob o ponto de vista de ocupação e salário. Além disso, 98% das pessoas empregadas permanecem em suas posições, por falta de poder de decisão para a busca de uma opção mais adequada.

UMA DAS GRANDES TRAGÉDIAS DA CIVILIZAÇÃO É A PESSOA TER DE EXERCER UMA PROFISSÃO DE QUE NÃO GOSTA. PORÉM A ESCOLHA DE UMA OCUPAÇÃO PRAZEROSA EXIGE MAIS DETERMINAÇÃO E FORÇA DE CARÁTER DO QUE MUITOS ESTÃO DISPOSTOS A EXERCER.

Uma das situações que considero mais patéticas é a do indivíduo que se submete a uma rotina de seis dias por semana em um trabalho de que não gosta. Essa pessoa está em uma prisão a que se condenou por aproximadamente seis sétimos da vida e não é menos prisioneira do que outra que viva atrás das grades. A diferença é que, uma vez por semana, sente o gostinho da liberdade.

Uma das grandes tragédias da civilização é a pessoa ter de exercer uma profissão de que não gosta. Por outro lado, a escolha de uma ocupação prazerosa a que possa dedicar-se inteiramente exige mais determinação e força de caráter do que muitos estão dispostos a exercer. Repare que eu não disse mais força de caráter do que possui a média dos indivíduos. Possuir e usar são coisas completamente diferentes.

Por que escolher uma ocupação de que se goste? A resposta é óbvia. O que se faz com prazer nunca é um fardo. O que cansa não é o trabalho, mas a falta de interesse na tarefa.

E como evitar um trabalho desagradável? Decidindo firmemente que não vai construir para si uma prisão pela vida toda. Ou, caso se encontre temporariamente nessa prisão, por necessidade de sobrevivência, assuma o compromisso de procurar outra ocupação, em harmonia com as instruções aqui contidas.

A principal ideia deste livro é servir de chave para que homens e mulheres libertem-se da prisão do trabalho de que não gostam. A chave vai funcionar para quem seguir as instruções.

> NÃO ESPERE FAZER UM MARKETING PESSOAL SEM MUDAR OS SEUS HÁBITOS ATUAIS. SE ELES FOSSEM CONSTRUTIVOS, VOCÊ NÃO TERIA VONTADE NEM NECESSIDADE DE PREOCUPAR-SE COM UM MARKETING PESSOAL DIFERENTE.

Todos somos criaturas de hábitos!

Estamos onde estamos e somos o que somos por causa dos hábitos de que nos tornamos presas, voluntária ou involuntariamente. Somos presas dos hábitos de pensamento e de ação. A única maneira de mudarmos nossa situação na vida é mudando os nossos hábitos.

Não espere fazer um marketing pessoal sem mudar os seus hábitos atuais. Se os seus hábitos fossem construtivos, você não teria vontade nem necessidade de preocupar-se com um marketing pessoal diferente.

ALGUMA COISA POR NADA

Na vida, não há balcão de trocas. Tudo tem um preço, a ser pago de um jeito ou de outro. Ninguém é tão esperto que consiga enganar a vida. Muita gente já tentou, em vão.

Em marketing pessoal, mede-se o sucesso por meio de grande variedade de termos e definições, todos bem descritos neste livro. Procure conhecer a cotação deles e decida se quer ou não pagar o preço.

Se você está lendo este livro na esperança de aprender um truque para negociar os seus serviços por mais do que valem, desista. Por outro lado, se quer ganhar mais do que ganha hoje e dispõe-se a retribuir com o equivalente em serviço, este livro vai guiar você com segurança, evitando as armadilhas do caminho e os enganos que mesmo os mais bem-intencionados cometem.

Atualmente, existe a tendência a receber sem dar! A ganância está no ar, e, se você não tomar cuidado, pode deixar-se contaminar pelos exemplos.

Ao enfatizar essa questão, procuro proteger os jovens que ainda não cederam ao louco desejo de ter sem retribuir. Eu me dirijo aos jovens porque sei que, entre os mais velhos, com hábitos consolidados, são poucos – se é que existe algum – os que levariam em consideração os meus conselhos.

A natureza confere os seus livros de contabilidade e exige, com frequência, uma prestação de contas. Quando isso acontece, quem tem a posse temporária de alguma coisa pela qual não pagou é obrigado a devolver.

A regra aplica-se a todas as transações, inclusive as que compreendam serviços pessoais. Às vezes, até é possível, por algum tempo, fornecer serviços inadequados em qualidade e quantidade, mas o auditor da natureza está sempre à espreita.

Este capítulo pode parecer um sermão aborrecido sobre os aspectos morais do marketing pessoal. É que a verdade quase sempre se mostra menos romântica do que a ficção! Aos que acharem improdutivo este capítulo, digo que ele está perfeitamente de acordo com as regras de conduta seguidas, consciente ou inconscientemente, por todos os indivíduos que acumularam e guardaram grandes fortunas.

A vida das pessoas bem-sucedidas é controlada e guiada por certas regras de conduta severas e, com frequência, sem romantismo algum. Antes de caminhar para o fim deste capítulo, tome mais uma decisão. Você prefere instruções confiáveis e úteis, sem a menor parcela de ficção, ou conselhos otimistas, fantasiosos, românticos e irreais?

Este livro não foi escrito para descrever maneiras fáceis de ganhar muito dinheiro fornecendo serviço inadequado. Este livro aponta modos precisos de ganhar a quantia equivalente aos serviços satisfatórios fornecidos.

Sou um otimista por natureza. Jamais negaria o romantismo que existe no trabalho. Para mim, nada é mais romântico do que um indivíduo e seu trabalho, feitos um para o outro. A felicidade é o objetivo final de todo ser humano. Se a vida oferece alguma coisa que proporcione mais felicidade do que o privilégio de trabalhar em algo útil e prazeroso, eu desconheço.

Milhões de pessoas estão sem trabalho, e outros milhões retiram de seu trabalho apenas o suficiente para sobreviver. Daí se aprendem muitas lições proveitosas, entre elas a certeza de que existe algo pior do que ser forçado a trabalhar: ser forçado a não trabalhar!

Ninguém é feliz sem uma forma de ocupação, seja qual for. Muitos já buscaram a felicidade no ócio, mas falharam. A felicidade duradoura vem do serviço. Todas as outras formas de felicidade são passageiras e ilusórias.

O melhor da felicidade é esperar por ela

Ninguém pode ser feliz sem carregar no coração a esperança de uma realização. Milionários não encontram a felicidade na riqueza. O que os faz felizes são seus planos de futuras realizações, seus objetivos, sua esperança e sua criatividade. Embora eu conheça muitos milionários, não conheço exceção a essa regra.

Como você deve ter observado, minha intenção não é apenas mostrar como fazer um bom marketing pessoal, mas indicar o caminho da felicidade alcançada por esforço próprio.

CAPÍTULO 13

ESCOLHENDO UM OBJETIVO DE VIDA

Sinceridade de propósito é condição indispensável ao sucesso. Vivemos a era da especialização. Uma era de competição acirrada, que não favorece quem não tiver um desempenho excelente em alguma ocupação específica.

OS CINCO PASSOS FUNDAMENTAIS PARA O SUCESSO

Para alcançar o sucesso, são cinco os passos fundamentais:

1. Definição de um objetivo.
2. Desenvolvimento de poder suficiente para alcançar o objetivo.
3. Elaboração de um plano prático para a realização do objetivo.
4. Reunião do conhecimento especializado necessário à realização do objetivo.
5. Persistência na execução do plano.

De alguma forma, toda pessoa bem-sucedida segue esses cinco passos – umas, inconscientemente ou por acaso, enquanto outras seguem um planejamento com propósito definido.

Algumas vantagens de se ter um objetivo definido

Trabalhar com um propósito definido, com vistas a um único objetivo, tem muitas vantagens, entre elas, as seguintes:

PRIMEIRA: o objetivo definido leva à especialização, e a especialização leva à perfeição.

SEGUNDA: o objetivo definido permite o desenvolvimento da capacidade de decidir com firmeza e rapidez.

TERCEIRA: o objetivo definido contribui para acabar com o hábito de deixar tudo para depois.

QUARTA: o objetivo definido economiza tempo e energia, que seriam desperdiçados na escolha de um entre dois ou mais cursos de ação possíveis.

QUINTA: o objetivo definido serve de roteiro para chegar ao fim da jornada.

SEXTA: o objetivo definido fixa os hábitos, que são assumidos pelo subconsciente e, mesmo involuntariamente, utilizados como força motivadora para a realização.

SÉTIMA: o objetivo definido desenvolve a autoconfiança e atrai a confiança das outras pessoas.

As desvantagens que acompanham e prejudicam a vida daqueles que não possuem um propósito definido são "tão numerosas quanto as partículas de pó que dançam nos raios de sol" – segundo as palavras do escritor inglês John Milton. As vidas vazias e as fortunas destruídas de uma multidão patética, ao longo das praias sem luz de todos os mares onde foi lançado todo o empenho do ser humano, falam de milhões de indivíduos que não se apegaram a um objetivo. Como disse Shakespeare, esses indivíduos parecem embarcações sem leme, e "todas as viagens de sua vida vão acabar na estagnação e na miséria".

As habitações coletivas superlotadas representam a trágica evidência dessa verdade. Crianças pálidas, fracas e subnutridas, que mal se sustentam em pé; mulheres acanhadas, de ar sofrido, com roupas muito gastas, presas de sua triste rotina, em silêncio, falam-nos de homens aborrecidos e sem um grande objetivo. A verdade nua e crua aponta figuras humanas cambaleantes, sem saber aonde nem por que ir.

A Estrela do Norte, adotada como referencial de orientação, não estava mais firme no céu do que César, em seu objetivo. A história é rica em exemplos de personagens que apontaram suas carruagens para uma estrela – uma única estrela – e com ela alcançaram as alturas da realização.

No passado, grandes homens indicaram-nos palavras que foram usadas como símbolos e guiaram nossos caminhos. Mas palavra alguma, ainda que gravada no céu, seria capaz de atrair a atenção dos jovens, desafiando suas ideias e levando-os a um estado de reflexão, como estas duas: *quo animo* (com que intenção?).

Em geral, os que sabem aonde querem ir chegam lá. Eles não desperdiçam forças, tempo ou energia trocando de caminho. Em vez disso, concentram seus esforços em um objetivo definido e exercem todo o seu poder.

O trabalho braçal é pago por dia, conforme a oferta e a demanda. Serviços gerais, sem especialização, pagam pouco mais do que o trabalho braçal. O trabalho intelectual, quando negociado objetivamente, não tem preço fixo. O céu é o limite para o talento especializado. Isso é óbvio, embora 98% das pessoas deixem de progredir na vida por não seguirem o princípio do trabalho com objetivo definido.

Todo fracasso ensina, desde que você mantenha olhos e ouvidos abertos e queira aprender. A adversidade é quase sempre uma bênção disfarçada. Sem reveses e derrotas temporárias, você jamais saberia que material compõe a sua estrutura.

CAPÍTULO 14

O HÁBITO DE FAZER MAIS DO QUE RECEBE

O hábito de fornecer serviços melhores e em maior quantidade do que seria correspondente ao pagamento recebido é absolutamente essencial a um bom marketing pessoal.

No capítulo anterior, procurei chamar a sua atenção para a palavra "decisão". Neste, quero enfocar a palavra "hábito", especialmente em relação à quantidade e à qualidade do serviço fornecido.

Entre as muitas razões seguras para fornecer serviços melhores em maior quantidade, estão as seguintes:

1. Esse hábito transfere, para quem o pratica, a atenção favorável das pessoas.

2. Esse hábito permite tirar proveito da lei dos contrastes, pois a maioria das pessoas prefere oferecer o mínimo possível de serviço.

3. Esse hábito oferece o benefício da lei do retorno crescente, protegendo, portanto, contra as desvantagens da lei do retorno decrescente, com a possibilidade de ganhos ainda maiores.

4. Esse hábito garante o trabalho escolhido, com o salário pretendido, e a permanência no emprego enquanto a função existir. O indivíduo que adota esse hábito é o último a ser retirado da folha de pagamento quando os negócios vão mal e o primeiro a ser chamado de volta quando a situação melhora.

5. Esse hábito favorece a capacidade, a eficiência e a habilitação a um salário mais alto, além de atrair para quem o adota certa preferência sobre outros profissionais.

6. Esse hábito torna o empregado praticamente indispensável ao empregador, pois não é encontrado na maioria das pessoas. Assim, o empregador é induzido a delegar maiores responsabilidades a esse empregado.

7. Esse hábito favorece a promoção, pois denota capacidade de supervisão e liderança, qualidades não encontradas em quem não o adota.

8. Esse hábito permite ao empregado determinar o próprio salário, pois ele pode escolher para quem trabalhar.

Essas são apenas algumas das principais vantagens de oferecer um serviço em maior quantidade e de melhor qualidade do que seria equivalente ao pagamento recebido.

Se você não dá mais do que recebe, fica claro que não merece receber mais. É indiscutível!

Toda empresa possui um bem, real ou potencial, que não consta dos inventários. No entanto, é indispensável ao crescimento. São poucas – se é que existe alguma – as que sobrevivem sem ele por um período de tempo mais longo. O indivíduo que habitualmente oferece um serviço superior ao recebido também pode desenvolver esse bem, assegurando para seu marketing pessoal oportunidades e vantagens não disponíveis aos que não adotam tal hábito. Esse bem é conhecido como reputação de eficiência. Sem ele, ninguém consegue um bom marketing pessoal.

O MAIS FORTE E ATRAENTE RECURSO DO MARKETING PESSOAL É O HÁBITO DE OFERECER UM SERVIÇO SUPERIOR, EM QUANTIDADE E QUALIDADE.

O mais forte e atraente recurso do marketing pessoal é o hábito de oferecer um serviço superior, em quantidade e qualidade.

Esse hábito é um dos mais importantes princípios por meio dos quais as empresas crescem significativamente e os empresários acumulam grandes fortunas. O princípio tanto funciona para o patrão como para o empregado – fato que a maioria dos patrões desconhece.

O que determina a harmonia, a lealdade e a cooperação é o motivo. Pessoas bem-sucedidas, seja individualmente ou no comando de empresas, sabem usar o motivo apropriado para atrair tais fatores.

Naturalmente, todo assalariado deseja ganhar mais e subir de posição. Nem todo assalariado, porém, compreende que posição e pagamento mais elevados resultam de um motivo, e a melhor maneira de atrair esses benefícios é oferecer mais trabalho do que é pago para fazer.

A SUA MAIOR OPORTUNIDADE PODE ESTAR EXATAMENTE AÍ

É da natureza humana procurar o que, a distância, parece uma grama mais verde. Quando o indivíduo deseja pagamento e cargo melhores, costuma buscar isso longe, com outro empregador. Às vezes, a mudança é necessária, mas pode trazer desvantagens aliadas às vantagens. A desvantagem mais óbvia é o fato de os contatos com novo cargo, novo ambiente e novos colegas reduzirem a eficiência. Afinal, o funcionário conhecia bem o antigo local de trabalho, onde havia conquistado confiança. A mudança de emprego tira dele boa parte da reputação construída ao longo dos anos.

Antes de se decidir pela mudança, verifique se esgotou todas as possibilidades do atual emprego. Analise as suas funções e veja se pode tornar o seu trabalho mais valioso para o empregador. Siga esse padrão até tornar-se praticamente indispensável, lembrando-se de que contará com um recurso valioso, quando for negociar promoção ou aumento de salário.

Se o seu patrão for um empresário bem-sucedido, é provável que seja também inteligente e queira agregar aos negócios o valor que você representa. Antes de pedir aumento ou procurar uma colocação fora, adote o hábito de fazer mais do que o patrão pede ou espera. Depois de exercer esse hábito por um período de tempo suficiente para ser notado por ele, estará em condições de discutir reajuste de salário. Se o seu patrão for mesmo bem-sucedido e inteligente, você provavelmente conseguirá o que quer.

Às vezes, o funcionário cresce demais, a ponto de "não caber" na função. Isso não é frequente, porém.

Antes de procurar outro emprego, analise o empregador e a empresa para a qual trabalha. Veja se não há possibilidade de um futuro condizente com a sua capacidade. Se concluir que a oportunidade existe, aproveite. Você já tem um pé lá dentro. Conta com a confiança do patrão, ou não estaria onde está. Torne-se indispensável, e logo a lei do retorno crescente recompensará os seus esforços.

Todo agricultor competente conhece e aplica assim a lei do retorno crescente:

• Primeiro: escolhe o solo apropriado à cultura que pretende desenvolver.

• Segundo: prepara o solo. Revolve a terra e aplica fertilizante, se necessário, para receber as sementes.

• Terceiro: espalha as sementes cuidadosamente selecionadas. Sementes ruins não fornecem colheita abundante.

• Quarto: espera o tempo necessário, oferecendo à natureza a chance de recompensá-lo pelo trabalho. Sabe que não se pode semear em um dia e colher no dia seguinte.

Vencidas essas quatro etapas, sempre com vistas à recompensa, o agricultor sabe que, quando chegar a hora da colheita, terá muito mais do que plantou, confirmando a lei do retorno crescente.

O marketing pessoal efetivo envolve o mesmo princípio. Prepare com cuidado o solo no qual pretende plantar a semente do trabalho. Para isso, escolha um empregador inteligente e bem-sucedido. Então, cultive e prepare o solo por meio de uma conduta harmoniosa e cooperativa. Plante em abundância as melhores sementes de serviço, pois nem todas germinarão. Não espere colher o pagamento antes de semear. E depois da semeadura não se impaciente. Dê tempo para que ocorra a germinação. Enquanto isso, torne-se indispensável ao seu patrão e garanta o emprego.

Se depois de fazer a sua parte você não tiver o seu esforço valorizado, continue a plantar sementes de serviço, de boa qualidade e em grande quantidade. Assim, caso considere necessário procurar outro emprego, terá demonstrado a sua capacidade de produzir.

A mudança frequente de emprego deixa o indivíduo em desvantagem quanto à lei do retorno decrescente, pois nenhum empregador quer uma "pedra que rola" ocupando altos cargos em sua empresa. Pense nisso antes de mudar de emprego.

Você é comerciante. Possui o equivalente a um produto para negociar – os seus serviços. Ao negociá-los, adote os mesmos princípios de bom senso que seriam utilizados pelo comerciante bem-sucedido. Você sabe, é claro, o que acontece a quem lesa os clientes: perde os negócios. Por outro lado, você sabe também o que acontece a quem supre ou excede as expectativas dos clientes: conquista a confiança deles.

John Wanamaker, Marshall Field e Sears-Roebuck construíram empresas que se tornaram marcas registradas do comércio nos Estados Unidos. Seu lema é "o cliente sempre tem razão", e eles vão a extremos para cumprir isso, permitindo até mesmo que alguns clientes aproveitem-se deles.

Ninguém chega ao sucesso, seja na área que for, sem aplicar o princípio de dar antes de tentar receber. A não aplicação desse princípio praticamente invalida qualquer tentativa de marketing pessoal.

Nestes tempos em que prevalece a tendência de buscar a riqueza antes de espalhar as sementes do serviço, considero duplamente necessário enfatizar esse princípio. A Depressão, que começou em 1929, foi o mais forte exemplo da existência da lei do retorno decrescente. As pessoas enlouqueceram por dinheiro e tentaram receber sem dar, confiando na enganosa lei do acaso, que deixa o indivíduo ganhar até certo ponto, mas logo o empurra para a destruição.

Todos aqueles que tiverem como principal fonte de capital a capacidade de oferecer serviços pessoais devem aprender a lição ensinada pela Grande Depressão: "Ganha mais quem serve melhor".

QUANDO SE TRATA DE PRESTAÇÃO DE SERVIÇOS, LEMBRE-SE: GANHA MAIS QUEM SERVE MELHOR.

Enquanto vigorava a Lei Seca nos Estados Unidos, visitei uma cidadezinha mexicana, ao sul da Califórnia. Lá, assisti ao espetáculo proporcionado por 40 mil homens e mulheres que atravessaram a fronteira para beber e jogar. Nunca vi tanta gente entregue levianamente ao jogo. A experiência aguçou minha curiosidade, levando-me a investigar quantos daqueles indivíduos, que tentavam ganhar alguma coisa em troca de nada, eram bafejados pela sorte.

Autoridades do governo informaram-me que, em uma estimativa cautelosa, menos de 300 daquelas 40 mil pessoas que iam ao México todo domingo voltavam para casa com mais dinheiro do que haviam levado. Por outro lado, as autoridades supunham que os donos de bares e cassinos ganhassem, em um só dia, uma média de 10 dólares por pessoa, ou seja: 400 mil dólares! Elas calculavam, ainda, que as 300 pessoas que tinham algum lucro levavam no máximo 20 dólares cada, o que custava aos proprietários de bares e cassinos apenas 6 mil dólares. Compare as quantias e veja qual é a possibilidade de sucesso para quem tenta receber sem dar!

As probabilidades desfavoráveis que rondam quem tenta receber sem dar aplicam-se também a quem tenta receber antes de fornecer um serviço adequado, como acontece aos jogadores. Em geral, os que procuram colher sem semear acreditam-se suficientemente espertos para ganhar o jogo. Isso é impossível. A Depressão comprovou que os mais fortes, tal como os mais fracos, são esmagados por essa crença equivocada.

Todo aquele cuja renda vem da venda de serviços pessoais tem a oportunidade de enganar, seja na quantidade ou na qualidade. Mas o enganador só engana a si mesmo, pois esse descumprimento do que foi combinado é uma forma de roubo que fica marcada na personalidade de quem a pratica e vem à tona mais cedo ou mais tarde.

As pessoas, em sua maioria, são capazes de enganar outras ocasionalmente, sem serem apanhadas. Mas ninguém foge à própria consciência, que insere no caráter o registro oficial de atos e ideias.

Uma consciência limpa é um bem incomparável.

Você vai ter certeza disso quando chegar a hora de negociar o reajuste de salário.

A arte do convencimento, seja qual for o setor, baseia-se na fé absoluta no produto à venda. Lembre-se disso quando for oferecer os seus serviços.

> Ellsworth Milton Statler tornou-se o hoteleiro mais bem-sucedido do mundo na época, ao oferecer aos hóspedes serviço muito superior ao que poderiam esperar, pelo preço pago.

CAPÍTULO 15

UMA PERSONALIDADE AGRADÁVEL

Seja qual for a área em que você atua, a sua maior responsabilidade é avançar na vida com o mínimo de atrito, o que requer uma rara habilidade, absolutamente necessária a um marketing pessoal efetivo.

A falta de uma personalidade agradável dificulta o marketing pessoal. Andrew Carnegie colocou esse fator no topo da lista de qualificações para o sucesso e chegou a dizer que a personalidade podia substituir a inteligência. Talvez a afirmação de Carnegie não deva ser tomada ao pé da letra, mas serve para enfatizar a importância de uma personalidade agradável para o marketing pessoal.

De todo modo, vale a pena pensar a respeito.

Para fazer um bom marketing pessoal é preciso saber convencer, e a personalidade agradável representa uma qualidade essencial à arte do convencimento. Para reduzir o conceito a termos comuns, vamos definir "personalidade agradável": flexibilidade e adaptabilidade suficientes para permitir a harmonia entre o indivíduo e o ambiente, e magnetismo necessário para exercer atração.

A personalidade agradável consiste na combinação de várias qualidades:

1. Comunicabilidade: o comunicador eficiente compreende e aplica a

arte de servir às massas. Ele apela à imaginação das pessoas, despertando sua curiosidade e mantendo seu interesse. O bom comunicador reconhece rapidamente preconceitos, tendências, preferências e antipatias e age de acordo, no momento psicológico adequado.

2. Harmonia interior: ninguém pode usufruir de uma personalidade sem antes desenvolver harmonia e controle na própria mente.

3. Determinação de propósito: quem deixa tudo para depois e vagueia pela vida sem plano ou objetivo jamais agrada. Para ter uma personalidade agradável é preciso, pelo menos, desenvolver relações harmoniosas e adotar seriamente um objetivo de vida.

4. Vestuário adequado: a pessoa de personalidade agradável veste-se adequadamente, não só por gosto, mas conforme as normas da profissão. A primeira impressão é a que fica. O figurino inadequado gera um preconceito difícil de superar. As roupas podem não fazer a pessoa, mas quando escolhidas com bom gosto representam um bom começo.

5. Postura e porte: não é preciso ser um observador profissional para formar um conceito sobre determinada pessoa com base em seu jeito de andar e em sua postura, como um todo. Agilidade de gestos indica cérebro alerta e percepção aguda.

6. Voz: entonação, volume, altura e a emoção contida na voz constituem fatores importantes de uma personalidade agradável. Uma voz alta demais desagrada e até ofende.

7. Sinceridade de propósito: esta qualidade praticamente não precisa de explicação. Sem ela, é impossível conquistar confiança.

8. Linguagem apropriada: o indivíduo de personalidade agradável expressa-se em linguagem apropriada ao setor em que atua e evita o uso de gírias e palavras calão.

9. Equilíbrio: o equilíbrio depende de autoconfiança e autocontrole. O desequilíbrio irrita e aborrece.

10. Senso de humor: talvez nenhuma qualidade seja tão importante quanto esta. Sem ela, a vida resume-se a uma sucessão de altos e baixos – mais baixos do que altos!

11. Altruísmo: personalidade agradável e egoísmo nunca andam juntos. Ninguém se sente atraído por uma pessoa egoísta.

12. Expressão facial: a expressão facial é um meio preciso de interpretar ideias e estados de espírito. É como um barômetro que mede as funções mentais.

13. Pensamento positivo: personalidade agradável e ideias negativas não combinam porque as vibrações do pensamento são captadas pelas outras pessoas. Portanto, preocupe-se em emitir somente pensamentos bons.

14. Entusiasmo: pessoas desanimadas não conseguem despertar o entusiasmo alheio. O entusiasmo é fator essencial em todas as formas de convencimento, inclusive no marketing pessoal.

15. Corpo são: saúde deficiente não atrai. Sem saúde e vigor, ninguém pode sentir entusiasmo. Uma dose de laxante poderia ter evitado a perda de muitos empregos.

16. Imaginação: um dos fatores essenciais a uma personalidade agradável é uma imaginação viva. Sem ela, as pessoas costumam ser consideradas bobas.

17. Tato: a falta de tato já destruiu muitos empregos, para não falar de grandes oportunidades. A falta de tato frequentemente se manifesta em conversas impróprias e expressões grosseiras.

18. Versatilidade: estar a par de questões atuais e importantes e de problemas sérios da vida é uma atitude que faz parte de uma personalidade agradável.

19. Capacidade de ouvir: acostume-se a ouvir atentamente quando alguém falar. Interromper e monopolizar a conversa são demonstrações de falta de educação. Deixe a língua descansar e dê uma oportunidade aos ouvidos.

20. Discurso vigoroso: este é o mais importante fator de uma personalidade agradável. O discurso vigoroso, uma arte que se adquire pela prática, é o melhor recurso do vendedor. Sem ele, o vendedor afunda antes de começar a nadar. As regras para um discurso

interessante são: diga alguma coisa que valha a pena ouvir e fale com o máximo possível de entusiasmo.

21. Magnetismo pessoal: este termo refere-se à energia sexual controlada. É o único fator da personalidade agradável que não pode ser adquirido; ou se nasce com ele ou não se tem. A maior parte das pessoas possui, mas não controla! O magnetismo pessoal representa o recurso mais importante de todo grande vendedor e de todo grande líder, em qualquer setor. Por sua importância, deveria estar no topo, e não no fim da lista.

> Um bom vendedor precisa ter um discurso vigoroso. Diga alguma coisa que valha a pena ouvir e fale com o máximo possível de entusiasmo.

A grande extensão da lista é compensada pelo fato de a maior parte das qualidades nela incluídas poder ser criada por meio de prática e determinação.

Como parte da preparação para o seu marketing pessoal, examine cuidadosamente a lista, marcando as suas deficiências, e comece a corrigi-las. No capítulo "Análise pessoal", você encontrará instruções mais detalhadas. Claro que você deseja ver os seus serviços apreciados, mas não se justifica esperar receber por eles mais do que valem. Aumente o valor dos seus serviços. Comece por reestruturar a sua personalidade. É quase certo que existam, na lista, fatores em que você é deficiente. Comece por aí!

Algumas pessoas que usaram sua personalidade agradável para alcançar o sucesso

É bom saber que muita gente progrediu com base no marketing pessoal, com ou sem uma excelente formação.

William Jennings Bryan manteve-se em evidência junto ao povo norte-americano por mais de trinta anos, quase exclusivamente por suas qualidades de orador. Na verdade, Bryan não era um grande pensador. Sua popularidade era consequência do apelo à imaginação das pessoas e a seu tom de voz.

Theodore Roosevelt tocou o povo dos Estados Unidos, mantendo-se por dois mandatos na mais alta posição do país. Por pouco não foi eleito pela terceira vez. Era um grande comunicador – um orador instigante, dinâmico, vigoroso, forte.

O comediante Will Rogers converteu uma personalidade agradável em uma enorme fortuna. Sem ser grande ator, possuía talento para dar prazer às pessoas.

Knute Rockne fez da equipe de futebol americano do Notre Dame a mais popular dos Estados Unidos. Hábil comunicador, ele sabia transmitir sua personalidade aos jogadores.

A INFLUÊNCIA DA PERSONALIDADE SOBRE O AMBIENTE

Todo ser humano carrega a chamada "atmosfera individual", que resulta da soma dos reflexos de aspectos positivos e negativos de sua personalidade. Essa atmosfera é contagiosa.

Todo ambiente profissional possui também uma atmosfera especial, resultante da combinação das personalidades de quem lá trabalha. Um indivíduo com uma personalidade dominante de natureza agradável pode influenciar seu local de trabalho a ponto de tornar o ambiente também agradável. Por outro lado, uma pessoa que tenha a personalidade dominante de natureza negativa pode transmiti-la, tornando o ambiente desagradável.

Ralph Waldo Emerson certamente pensava nisso quando disse: "Toda empresa é a sombra ampliada de uma pessoa".

Lembre que, com a sua personalidade, você influencia os locais onde vive e onde trabalha. A sensação de quem entra na Marshall Field Store, em Chicago, ou na John Wanamaker Store, na Filadélfia, é cativantemente agradável, por causa da atmosfera positiva. Todo lar possui uma atmosfera que indica claramente se o fator dominante lá é a harmonia ou o atrito.

> O EMPREGADO QUE CARREGA MAU HUMOR PARA O LOCAL DE TRABALHO FAZ QUASE TANTO MAL AOS COLEGAS E À EMPRESA QUANTO FARIA SE ENVENENASSE A ÁGUA DO BEBEDOURO.

A atmosfera agradável ou positiva valoriza o ambiente de trabalho e, embora intangível, é um dos mais importantes bens da empresa. Tal atmosfera só se forma pela soma de personalidades individuais positivas.

O empregado que carrega mau humor para o local de trabalho faz quase tanto mal aos colegas e à empresa quanto faria se envenenasse a água do bebedouro. Os empresários que compreendem esse princípio só contratam pessoal de personalidade agradável.

Os principais fatores de uma personalidade negativa

Vamos agora examinar as características da personalidade negativa. Analise-se com atenção para ter certeza de que não carrega inconscientemente em torno de si uma atmosfera que afasta as pessoas.

1. Deslealdade – nada substitui a lealdade. O indivíduo desleal é pobre, sejam quais forem suas qualidades e seus bens materiais. Ele provavelmente jamais terá sucesso no marketing pessoal, pois as pessoas afastam-se, ao descobrir a deslealdade.

2. Desonestidade – honestidade é indispensável e representa a base do caráter. Sem um caráter sólido, não se consegue um bom marketing pessoal.

3. Ganância – ninguém gosta de uma pessoa gananciosa. Essa é uma característica impossível de esconder. Ela se mostra tão claramente que todos notam e afastam-se.

4. Inveja e ódio – são características que inviabilizam uma personalidade agradável. O semelhante atrai o semelhante. Aquele que odeia será odiado, por mais que tente disfarçar, aparentando delicadeza.

5. Ciúme – esta é uma forma suave de insanidade, fatal para o desenvolvimento de uma personalidade agradável.

6. Raiva – seja na forma ativa ou passiva, essa é uma característica que desperta antipatia e antagonismo.

7. Medo – é outra característica que sempre afasta. Existem seis medos básicos, dos quais todos devem se defender. São estados de espírito negativos que precisam ser eliminados, para o desenvolvimento de uma personalidade agradável. O medo atrai somente seus semelhantes (veja *Quem pensa enriquece*).

8. Vingança – a pessoa vingativa nunca é agradável.

9. Constante insatisfação – quem vive procurando falhas nos outros e nas situações é muito desagradável e deveria aproveitar melhor o tempo examinando os próprios defeitos.

10. Maledicência – quem leva traz. Quando não podem escapar, as pessoas ouvem as "fofocas". Mas não gostam do fofoqueiro.

11. Entusiasmo exagerado – entusiasmo demais é tão ruim quanto nenhum entusiasmo. Quando sob controle e direcionado, o entusiasmo é mais eficaz. De nada adianta exagerar e não terminar o que começou.

12. Mentira – o mentiroso é *persona non grata* em qualquer ambiente, doméstico ou profissional. Para alguns, a mentira torna-se um hábito que destrói a confiança e desperta antagonismo.

13. Hábito de inventar desculpas para fugir à responsabilidade pelos erros – é outra característica muito desagradável. É melhor assumir a responsabilidade pelos erros alheios do que habituar-se a lançar sobre os outros a responsabilidade pelos seus.

14. Exagero – é melhor contar apenas uma parte da verdade do que

"aumentar" a história. O exagero gera desconfiança.

15. Vaidade – a vaidade descontrolada é um dos traços mais nocivos. Só existe uma forma aceitável de vaidade: o hábito de expressar ideias por meio de ações úteis e não de palavras. A autoconfiança é uma das características mais desejáveis e necessárias, mas deve ser controlada e dirigida para objetivos específicos, por meio de métodos que não despertem antagonismo. Todas as formas de autoelogio são facilmente reconhecíveis como indícios de complexos de inferioridade. Portanto, o lema deve ser: "Atos e não palavras".

16. Teimosia – a pessoa teimosa, "cabeça-dura", nunca é agradável. Claro que determinação e capacidade de defender opiniões são características essenciais, mas não devem ser demonstradas o tempo todo.

17. Egoísmo – ninguém gosta dos egoístas. Essa característica atrai todo tipo de oposição.

Aí não estão todos os traços negativos da personalidade, mas esses são os mais prejudiciais. Talvez você encontre nessa lista a causa de algumas respostas negativas que tenha recebido. Para construir uma personalidade agradável, elimine os sinais de perigo! Use de rigor, lembrando que a identificação do inimigo é meio caminho andado para a vitória sobre ele.

Este capítulo trata de questões de natureza muito íntima. Ao postar-se diante do espelho da consciência, tenha em mente que a intenção deste livro não é jogar um balde de água fria na vaidade do leitor, mas ajudá-lo a melhorar os serviços que tem a oferecer, em seu marketing pessoal.

Use a autocrítica da forma mais severa possível, se quiser colher os benefícios que estarão à espera, depois de dominados os princípios aqui descritos. Uma personalidade agradável depende, em grande parte, de autocontrole e da determinação para modificar hábitos destrutivos.

Converter serviços pessoais em riqueza, sem violar leis nem despertar antagonismo, eis o objetivo deste livro. Mas isso exige esforço. A conduta estabelece as limitações de cada um. O criminoso vai para a cadeia como resultado de sua conduta, que reflete uma personalidade negativa. Assim, a situação de cada leitor resulta de sua personalidade, refletindo-se em uma conduta própria.

Vamos encerrar o capítulo com estas duas afirmações:

1. A personalidade agradável contribui para um bom marketing pessoal.

2. Um caráter sólido mantém a situação conquistada por um bom marketing pessoal.

CAPÍTULO 16

COOPERAÇÃO

Sem cooperação não existe um bom marketing pessoal. Transformada em hábito, a cooperação acaba por tornar o empregado indispensável ao patrão.

Andrew Carnegie considerava a não cooperação como o primeiro motivo de fracasso. Ele afirmava que, de maneira alguma, aceitaria essa deficiência em um empregado, por mais capacitado que fosse. Carnegie ia mais longe, ao dizer que o indivíduo incapaz de cooperar e de obter a cooperação dos outros é um elemento perturbador, cuja influência espalha-se, com resultados desastrosos. Enquanto isso, o indivíduo que coopera e obtém cooperação serve como uma influência poderosa, contribuindo para a coordenação de esforços ou o trabalho em equipe.

Carnegie sabia. Ele fez a cooperação dar lucro!

Testes aplicados por vários estudiosos, entre eles o inventor Alexander Graham Bell, demonstraram que, em uma organização com mil funcionários, um único elemento do tipo que vive procurando falhas contamina a atitude mental de todos em volta, criando, assim, atrito e insatisfação.

Só se chega ao sucesso pelo poder, desenvolvido por meio do conhecimento organizado e inteligentemente direcionado. O uso inteligente do conhecimento requer cooperação. Ai daquele que não entende e não aplica o princípio do esforço cooperativo.

Grandes empresas sabem que a cooperação entre empregados e executivos é seu mais valioso recurso. Foi a falta de cooperação que deixou as empresas à mercê de gente desonesta.

É só uma questão de tempo. Vai chegar o dia em que toda empresa bem administrada terá implantado um sistema para identificar a falta de cooperação entre os funcionários. Os atritos são os maiores vilões do mundo empresarial. No futuro, a empresa bem administrada fará questão de *esprit de corps* entre seus funcionários, o que nem sempre existiu. Os bons administradores aprenderam que a cooperação harmoniosa é indispensável – tanto em espírito quanto em ações. Não se esqueça disso.

> Sem cooperação não existe um bom marketing pessoal. Transformada em hábito, a cooperação acaba por tornar o empregado indispensável ao patrão.

Procuro esclarecer bem o assunto porque estou convencido de que um bom marketing pessoal depende do entendimento e da aplicação do princípio da cooperação harmoniosa. Eu disse harmoniosa! A cooperação, para ser efetiva, deve ir além da simples boa vontade. Precisa ser genuína e baseada em perfeita harmonia.

Dizem que quem sofre do fígado ou do estômago fica mal-humorado. Na verdade, o próprio mau humor é nocivo. Isso se aplica a patrões e empregados. Os clientes aprenderam a esperar e a exigir serviço eficiente e sem sustos.

> A função que você ocupa não passa de uma oportunidade de demonstrar a sua capacidade. Você recebe exatamente o que aplica – nem mais nem menos. Um "grande" emprego resulta da soma de numerosos empregos "pequenos" bem exercidos anteriormente.

CAPÍTULO 17

COMO CRIAR UM EMPREGO

Uma imaginação viva é essencial a todos os aspectos da arte de convencer. A imaginação tem duas formas: sintética e criativa.

A imaginação sintética é a responsável pela combinação de dois ou mais princípios, conceitos, ideias ou leis, dando-lhes uma nova utilização. Praticamente, todas as invenções são fruto da imaginação sintética, pois consistem em nova combinação ou nova utilização de antigos princípios e antigas ideias.

A imaginação criativa responde pela interpretação de ideias, planos, conceitos ou princípios basicamente novos apresentados por meio da criatividade – fora, portanto, do alcance dos cinco sentidos.

A imaginação pode ser cultivada em um processo fascinante e rico em recompensas.

Atualmente, há uma preocupação maior com o princípio da imaginação sintética, que é a base do marketing, seja de serviços pessoais ou de qualquer produto.

Quanto mais é utilizada, mais alerta fica a imaginação, respondendo como outros órgãos ou grupos de células do corpo.

Alguns acreditam, equivocadamente, que a imaginação é complicada e que somente os gênios fazem uso efetivo dela.

Foi usando a imaginação, enquanto trabalhava como operador de telegrafia, que James Jerome Hill percebeu que o Leste e o Oeste dos Estados Unidos deveriam ser ligados por um sistema ferroviário confiável. Sua imaginação levou-o a construir e operar uma ferrovia transnacional, o Great Northern Railway System. Qualquer outra pessoa imaginativa teria feito o mesmo.

A imaginação organizada valoriza ao máximo toda forma de habilidade. Sempre há mercado para ela, e seu preço não tem limite. Turbulências econômicas não destroem o mercado para a imaginação; pelo contrário, aumentam a necessidade e, consequentemente, a demanda. O mundo precisa de gente imaginativa.

> UMA IMAGINAÇÃO VIVA É ESSENCIAL A TODOS OS ASPECTOS DA ARTE DE CONVENCER. AS FUNÇÕES MAIS BEM PAGAS SÃO AQUELAS CRIADAS POR INDIVÍDUOS RICOS EM IMAGINAÇÃO.

As funções mais bem pagas são aquelas criadas por indivíduos ricos em imaginação. Se a economia estagnar, use a imaginação e descubra meios de incrementar os negócios, ainda que pouco, e poderá determinar o seu salário. Há muitos problemas a resolver. Escolha um, imagine uma solução, e os seus problemas financeiros estarão resolvidos.

Muitas maneiras de fazer negócios ainda estão para ser descobertas, e o futuro exigirá ainda outras. Aproveite a oportunidade. Use a imaginação e converta a oportunidade em boa sorte.

Faça uma relação das deficiências da empresa em que você trabalha e use a imaginação para eliminar algumas. Ou, se estiver sem emprego, use a imaginação para elaborar um plano que melhore os negócios de uma empresa com a qual você tenha qualquer ligação, e logo receberá um chamado. Os cargos também são feitos por encomenda.

O mundo dos negócios muda rapidamente. Essa mudança constante combina com pessoas imaginativas. Os empresários estão abertos a novas ideias. Crie uma, original e sensata, e venda!

Você tem emprego, mas preocupa-se com a possibilidade de perdê-lo? Pare de desperdiçar o tempo com as preocupações e pense em um plano para melhorar o seu desempenho ou agregar valor à empresa. Assim, você pode tornar-se indispensável, o que sempre resulta em bom salário e permanência no emprego.

CAPÍTULO 18

COMO ESCOLHER UMA OCUPAÇÃO

Muito já se falou sobre a escolha inteligente de uma ocupação. Mas os conselhos não são inteiramente adequados às necessidades dos jovens recém-formados no Ensino Médio que nunca trabalharam nem têm certeza de qual carreira querem seguir.

Na vida, duas decisões são importantíssimas: a profissão e a escolha da mulher – ou do marido.

Essas duas decisões determinam, em grande parte, se a pessoa terá uma vida de felicidade e fartura ou de tristeza e privação.

A descoberta da vocação é difícil para o jovem inexperiente. Tivesse eu escolhido a carreira ao terminar o Ensino Médio, provavelmente seria operador de telégrafo, função que, na época, mais me estimulava a imaginação. Felizmente, um ex-colega, aluno de um curso de Administração em outra cidade, chegou para o recesso de Natal e, ao voltar, convenceu-me a ir com ele. Essa acabou sendo uma das decisões mais importantes que tomei. Em primeiro lugar, o treinamento preparou-me para ganhar a vida; em segundo lugar, permitiu-me o contato com alguns dos maiores empresários dos Estados Unidos. Esse contato, na qualidade de secretário, correspondeu a um curso de formação que reconheço, satisfeito, ter sido mais importante do que todos os outros que realmente fiz.

Estou convencido de que todo jovem estudante de Administração, por exemplo, deve experimentar várias empresas, antes de decidir-se por um setor. Assim, poderá avaliar as possibilidades e escolher com conhecimento de causa.

Para mim, a formação não somente proporcionou a oportunidade de aprender com alguns dos homens mais capazes da América como, em várias situações durante meus vinte e cinco anos de dedicação, provou ser uma verdadeira garantia contra a catástrofe, até que eu resolvesse parar a pesquisa e ganhar dinheiro. Não houve uma só ocasião em que eu não conseguisse negociar meu conhecimento por uma quantia mais do que suficiente para minhas despesas.

No período, tive o privilégio de trabalhar para o cientista e inventor Elmer R. Gates e para Alexander Graham Bell, o inventor do telefone. De ambos, recebi ensinamentos de valor inestimável. Trabalhei também para um médico, que me transmitiu dados biológicos, e para um conhecido advogado, com quem aprendi sobre leis e procedimentos legais que me foram muito úteis.

> TODO JOVEM ESTUDANTE DE ADMINISTRAÇÃO DEVE EXPERIMENTAR VÁRIAS EMPRESAS ANTES DE DECIDIR-SE POR UM SETOR.

Minha formação trouxe-me o conhecimento que justificou todas as promoções que obtive, enquanto fui assalariado. A ela devo também a escolha da carreira, resultado dos contatos com Andrew Carnegie, Thomas A. Edison, Henry Ford e tantos outros que me ajudaram a criar essa filosofia.

Para começar a vida profissional, todo jovem deve: 1) digitar corretamente; 2) tomar notas com rapidez; e 3) entender de contabilidade. Essas tarefas são de vital importância em todas as áreas.

As escolas de Administração, em sua maioria, parecem ter perdido o elo entre teoria e prática, especializando-se em uma formação para a qual os alunos não chegam capacitados. O Ensino Médio não prepara o estudante para o mercado de trabalho. Pelo meu contato com jovens que contratei, percebi que há grande diferença na qualidade do ensino oferecido pelas escolas.

Um curso de Administração é absolutamente necessário a quem queira ser um executivo. Esses profissionais necessitam de uma preparação só oferecida por instituições de ensino especializadas.

Somente os modernos cursos de Administração visualizaram o surgimento de uma nova era nos negócios e capacitaram seus alunos para atender aos padrões éticos trazidos por essa era. Muitos, porém, parecem não ter percebido essa necessidade.

Este capítulo é dedicado aos jovens ainda em dúvida quanto à escolha da profissão. Se você for um deles, adie a decisão. Procure trabalhar durante uns dois anos, como treinamento. Assim, decidirá com mais segurança, e o patrão pagará pelo privilégio de treinar você!

No meu caso, o treinamento foi obra do acaso ou de uma decisão acidental. No seu caso, será resultado de planejamento.

Não há como determinar o valor real da formação que recebi no curso de Administração. Primeiro, porque estou no início da vida, tendo diante de mim o que considero a melhor parte da minha carreira. Segundo, porque foi lá que descobri minha vocação, que tanto me faz feliz. Felicidade e realização não se medem pela conta bancária. No entanto, se fosse obrigado a estabelecer um valor para a formação que recebi no curso de Administração, apontaria 1 milhão de dólares, no mínimo. O custo total foi de aproximadamente 500 dólares em dinheiro e um ano do meu tempo, mas o investimento gerou um retorno mais do que suficiente.

Nos cursos de Administração, existe uma atmosfera muito proveitosa para os jovens, porque todos os alunos pensam em termos de prestar serviço. No Ensino Médio, porém, o ambiente é mais de brincadeira do que de trabalho, o que não produz os melhores resultados.

Sei que alguns leitores podem preferir passar diretamente do Ensino Médio para a universidade. Nesse caso, recomendo um curso rápido sobre Administração. A competição é acirrada, atualmente, e somente os que compreendem os fundamentos de cada profissão vão sobreviver. Uma alta porcentagem de insucessos profissionais deve-se principalmente ao fato de as pessoas desconhecerem a base de uma organização. Esse é um conhecimento essencial.

O jovem que passa por um período de treinamento atravessa mais facilmente o curso universitário. Conheço muitos indivíduos bem--sucedidos que pagaram as próprias despesas, quando eram estudantes. Quem digita e escreve rapidamente encontra mais facilidade nos estudos.

As jovens costumam pensar em casamento, logo que concluem o Ensino Médio. Embora essa seja uma ideia nobre, traz responsabilidades e cria situações que exigem sensatez e ação. A moça que tem conhecimentos de Administração e alguma experiência em escritório está muito mais bem preparada para assumir as responsabilidades práticas de uma casa. Ela fica em condições de compreender os problemas financeiros do marido e, se for necessário, pode retornar ao mercado de trabalho. Assim, o conhecimento de Administração funciona como um seguro contra a dependência.

Cuidado na escolha de um curso de Administração

As palavras deste capítulo não devem ser interpretadas como um aval a todos os cursos de Administração. A realidade nos Estados Unidos é que, felizmente, esses cursos são eficientes, dirigidos por profissionais conscienciosos. No entanto, como em todos os setores, há alguns mais bem equipados. O primeiro aspecto a ser observado é o tempo de existência do curso; se existe há muito tempo, deve ser bom, com professores competentes, ou já teria sido fechado. O segundo aspecto a considerar é a postura ética do proprietário. Os cursos cujo ensino é antiético não têm vida longa. Como terceiro aspecto, observe a competência dos professores.

Como pagar o seu curso de Administração

Em geral, os estudantes que pagam suas despesas com educação – no total ou em parte – são mais dedicados. Já fiz palestras para muitos grupos de estudantes e observei que os primeiros a chegar e ocupar os assentos da frente são os que custeiam os próprios estudos. Os que têm o curso pago pelos pais costumam chegar tarde e sentar-se no fundo do auditório, de onde podem escapar rapidamente, assim que a palestra termina. Outra diferença é que os do primeiro grupo tomam muitas notas. Estou certo de que, se eu pudesse acompanhar esses jovens na vida profissional, veria que os do primeiro grupo têm menos dificuldade em ganhar a vida.

Acredito que você concorde comigo.

Para muita gente, a necessidade é uma bênção. A necessidade força as pessoas a fazerem o que devem fazer. Muitos graduados encontram trabalho mais facilmente por virem de famílias que enfrentaram a necessidade.

Vivemos uma época de oportunidades sem precedentes, em especial pela carência de líderes em praticamente todos os setores, mas a oportunidade será sempre maior para quem for capacitado. A situação pede sangue jovem em posições de responsabilidade.

Hoje em dia, as grandes oportunidades exigem muito mais eficiência do que era aceitável no passado. Na Idade da Máquina, a produtividade trouxe a demanda por um melhor desempenho individual. Os princípios para a busca da eficiência são descritos neste livro. Nenhum deles é difícil de desenvolver ou aplicar.

Chegando ao fim do capítulo, chamo a sua atenção para um fator que considero determinante para o sucesso ou fracasso em qualquer área. Trata-se de um princípio tão simples que pode ser subestimado por muitos, em especial pelos jovens inexperientes.

Podemos definir esse princípio como "fé e persistência, aceitando as derrotas como simples experiências, das quais sempre se tira uma lição

> Todo mundo enfrenta oposições. Não espere ser exceção à regra e aceite-as como um sinal de que precisa melhorar.

importante". Muita gente desiste, ao sofrer um revés.

A vida é cheia de obstáculos que devem ser superados com perseverança e determinação. Não espere ser exceção à regra geral e nunca enfrentar oposição. Todo mundo enfrenta. Aceite a oposição como um sinal de que precisa melhorar.

Foi para mim um privilégio conhecer e privar da companhia de tantos homens e mulheres que alcançaram grandes realizações durante a minha carreira pública. Todos precisaram de perseverança e determinação para enfrentar os obstáculos.

Quando a derrota chegar – e ela vai chegar –, encare a situação como uma barreira colocada em seu caminho para fazer você saltar mais alto. Cada barreira superada representa força e habilidade conquistadas! Não fique com raiva de quem se opõe a você. Agradeça, pois assim você terá que desenvolver imaginação e estratégia.

O mundo é belo, e a vida está repleta das coisas de que você precisa, inclusive riqueza e felicidade. Não abra mão do que lhe agrada nem se deixe abater pelas circunstâncias.

Aceite com espírito esportivo o doce e o amargo da vida, lembrando que fazem parte do equilíbrio. Sucesso sem derrota seria um convite à autocracia e, consequentemente, ao tédio. Derrota sem o efeito contrário do sucesso destruiria a ambição. Receba a sua porção de cada, mas não espere sucesso sem derrotas temporárias, pois isso não existe.

Ed Sullivan, conhecido jornalista de Hollywood, encerra este capítulo para você. Ele escreveu sobre as oportunidades de progredir na vida. Seus conselhos podem ser valiosos para os jovens que pensam que é possível vencer em Hollywood ou em qualquer outro lugar sem pagar o preço do sucesso.

"Há alguns dias, um professor de Boston recomendou aos formandos que desistissem de suas ambições. O orador de uma turma da New York University ecoou o mesmo refrão. Já vi muito mais coisas na vida do que aqueles dois, viajei mais, conheci maior variedade de pessoas e observei mais. Portanto, deixe-me falar com você, recém-formado.

Por exemplo, ao se formarem 500 mil estudantes, serão 500 mil contra você, certo? Errado. Do total, 50% vão desqualificar-se, por preguiça, falta de ambição, fuga à responsabilidade... Concluí que uma parte do mundo quer o sucesso, mas a outra parte não. Assim, a concorrência reduz-se à metade. Doenças, rebeldia, bebida, jogo afastam boa parte dos restantes.

A melhor ilustração do que digo é uma famosa corrida de cavalos, a Kentucky Derby. Para uma competição, foram indicados 110 cavalos. Os melhores treinadores cuidaram dos animais. Dos 110, apenas dez participaram da corrida. O mesmo acontece na vida: na hora H, poucos se apresentam.

Portanto, não se preocupe com a concorrência. Haverá muito menos do que você espera. E também não se preocupe se, ao concluir o Ensino Médio, não conseguir entrar para uma universidade. A University of Southern California já conferiu o grau de mestre em Ciência a um moço que nem tinha cursado o Ensino Médio até o fim: Walt Disney.

E, não fazia muito tempo, o moço e seu irmão Roy andavam tão mal de finanças que entravam no restaurante e pediam uma refeição para dois.

Você talvez pense que a atual geração é extraordinária, digna de medalhas cunhadas em sua honra. Não é bem assim. Muitos homens e mulheres bem-sucedidos na indústria do cinema vieram de lares humildes e trabalharam muito. A vida sempre foi difícil para os pobres.

O ator Paul Muni foi um garoto pobre. Os produtores Sam Goldwyn, David O. Selznick e Louis B. Mayer também. Goldwyn trabalhou como vendedor em uma luvaria; Selznick era filho de um ricaço que faliu; e Mayer, poderoso na Metro Goldwyn Mayer, nunca se esqueceu dos tempos em que a família não tinha o que comer. Walt Disney foi ridicularizado e recusado por empresários insensíveis.

Se alguns dos que se tornaram bem-sucedidos tivessem desistido, ninguém falaria deles hoje. Não lhes faltou ambição, coragem ou persistência. Ninguém os ajudou a subir, arranjou empregos para eles nem lhes ensinou a conservar o emprego, assim como ninguém pode lhe dizer o quê e como fazer. Você tem de aprender por si, adaptar-se às condições. E isso é uma questão pessoal.

Se você se interessa por pugilismo, deve ter ouvido falar das lutas entre Joe Louis e Max Baer, e entre Henry Armstrong e Barney Ross. Baer desistiu e permaneceu de joelhos enquanto o juiz contava de um a dez. No caso Armstrong-Ross, Ross levou uma surra terrível, mas impediu seus treinadores de interromperem a luta.

Na vida, você pode ficar de joelhos, como Max Baer, ou imitar Barney Ross. Pode desistir ou prosseguir. Você decide a quem imitar.

Vivemos em uma era de grande liberalismo. Os legisladores ocupam-se dos problemas dos pobres, criando programas sociais, como o Civilian Conservation Corps e o Works Progress Administration. O mundo incomoda-se com a miséria. Governantes desaprovam as ditaduras e defendem as nações mais pobres. Tudo isso é animador.

Assim, dirijo-me a você, que está começando: não se assuste com as aparências. A previsão do tempo ainda é de céu claro. Vá em frente, e as recompensas serão enormes. Apenas não peça demais da vida. No fim, se conseguir um pouco de sucesso e muito amor, já terá o direito de entrar para o rol dos vencedores."

CAPÍTULO 19

COMO ADMINISTRAR O TEMPO

Antes de pensar em marketing pessoal, organize um programa de administração do seu tempo. Tal como um orçamento, essa programação é importantíssima, e você vai se surpreender com a quantidade de tempo que vem desperdiçando. Toda empresa bem administrada conta com um sistema de orçamento. O seu marketing pessoal é um empreendimento – para você, o mais importante do mundo – e só pode ser administrado com eficiência se o uso do tempo estiver organizado, para aumentar o retorno.

Além de eficiente, o horário mostrado a seguir pode ser cumprido facilmente pela maioria das pessoas.

8 horas de sono.
8 horas de trabalho.
4 horas para lazer e saúde.
2 horas para estudo e capacitação.
2 horas para serviço voluntário.

---

24 horas

Antes de planejar o marketing pessoal, analise a sua vida e organize o seu tempo.

Chamo a sua atenção para os dois últimos períodos de duas horas. São essas as horas mais proveitosas, porque o modo como forem utilizadas vai determinar, mais do que qualquer outro fator, a eficácia do seu marketing pessoal.

Repare que o horário reserva duas horas para estudo e capacitação, aumentando a sua eficiência. As pessoas, em sua maioria, esquecem de incluir isso em seu planejamento. Ou, na verdade, nem têm planejamento.

Observe também que a programação guarda duas horas para serviços voluntários. Aí se inclui o tempo necessário para que você faça melhor e em maior quantidade o que lhe foi pedido no trabalho. A proporção é de um quarto da jornada de trabalho. Se você seguir os horários sugeridos, vai conseguir produzir um quarto a mais do que produz atualmente. Não quero dizer, porém, que você deve trabalhar doze horas, e não oito. Quero dizer que vai fazer em oito horas o que hoje precisa de doze para fazer.

> ORGANIZAR SEU TEMPO É TÃO IMPORTANTE QUANTO ORGANIZAR SEU ORÇAMENTO.

Existem muitas maneiras de produzir nessas duas horas adicionais, sem ser necessariamente no ambiente de trabalho, gerando assim:

1. colaboração com chefes e colegas;
2. procedimentos de conduta pessoal para uma personalidade mais agradável;
3. dedicação e capacitação;
4. definição de um objetivo ou uma meta de trabalho, tal como os vendedores têm uma cota de vendas;
5. entusiasmo e interesse genuínos em relação ao trabalho.

O horário mostrado a seguir representa mais ou menos como o indivíduo médio instintivamente usa o tempo.

O HORÁRIO QUE NINGUÉM DEVE SEGUIR

8 horas de trabalho, de olho no relógio e pensando no fim do expediente.

8 horas de sono.

8 horas de desperdício de energia em comida, bebida e sexo em excesso e outros hábitos destrutivos.

---

24 horas

Verifique atentamente esse horário e compare com o que você segue. Essa é a parte mais importante da sua autoanálise. Use de coragem e franqueza, e não cometa o erro de conceder-se o benefício da dúvida. Analise-se sem dó nem piedade. Lembre-se, mais uma vez, de que você é o que é e está onde está por causa da sua conduta. Descubra se as suas atitudes estão empurrando você escada acima, rumo ao sucesso, ou escada abaixo, rumo ao fracasso.

Por meio da autoanálise, você pode identificar alguns hábitos que estejam atrasando a sua caminhada vitoriosa. Além disso, pode descobrir o que falta no seu marketing pessoal. Se você não for uma exceção, verá quais são os hábitos que precisa mudar.

Ninguém deixa de pagar o preço do sucesso!

Esse preço foi descrito claramente, mas uma parte essencial dele é resumida neste capítulo.

POR MEIO DA AUTOANÁLISE, VOCÊ PODE IDENTIFICAR ALGUNS HÁBITOS QUE ESTEJAM ATRASANDO A SUA CAMINHADA VITORIOSA E DESCOBRIR O QUE FALTA NO SEU MARKETING PESSOAL.

Antes de receitar, o bom médico faz um exame minucioso para identificar a doença do paciente. O diagnóstico é a parte mais importante de seu trabalho. O mesmo se aplica ao marketing pessoal. É preciso descobrir os pontos fracos e formar hábitos que os corrijam.

Este livro provavelmente será de pouca valia àqueles que, por preguiça ou indiferença, deixarem de fazer a autoanálise aqui descrita.

Eu não poderia fechar este capítulo sem pedir ao leitor para analisar o último período de oito horas encontrado na divisão do tempo que não deve ser seguida. Já ajudei muita gente a se livrar da miséria e da escassez por meio da análise deste período de oito horas, que representa uma parte essencial da vida. A forma de preencher esse tempo determina se o fracasso vai virar sucesso ou se o sucesso vai virar fracasso.

Vamos deixar claro que não sou um radical nem tenho nada contra quem quiser relaxar de maneira menos convencional, porque lazer e relaxamento são tão importantes quanto trabalho e estudo. Os próximos parágrafos deste capítulo servem como advertência para os que dedicam todo o período de oito horas ao que chamam de lazer e relaxamento.

Vivemos uma era de grandes mudanças, de atividade máxima. Mas o excesso de velocidade pode levar à loucura. Muitos dos que tentavam dar eficácia a seu marketing pessoal foram apanhados por esse redemoinho, que os fez girar cada vez mais depressa, até perderem o equilíbrio.

Os amantes do prazer não somente consomem oito horas nesse redemoinho como invadem o período reservado ao sono, reduzindo-o em duas a seis horas. Isso prejudica o período de trabalho, que perde em eficiência o equivalente a duas a seis horas!

Conheço muitos jovens, na casa dos 20 anos, que parecem velhos e têm pouca resistência. Eles encurtam a vida e roubam de si mesmos o recurso mais valioso para seu marketing pessoal.

A organização do corpo humano exige, de cada vinte e quatro horas, oito de sono. A organização da sociedade pede que, de cada vinte e quatro horas, oito sejam dedicadas a algum tipo de serviço útil. Esses dois períodos não podem ser reduzidos nem transferidos para outra finalidade, sob pena de se dar chance ao fracasso. O terceiro período de oito horas é o único que permite remanejamento, sob qualquer circunstância.

O terceiro período de oito horas guarda a chave do futuro, pois sua utilização afeta os outros dois períodos, para o bem ou para o mal. É ele o que exige mais atenção, pois sua flexibilidade é um convite à desorganização. Todos somos vítimas do hábito – uns mais, outros menos.

Pela própria natureza, os dois períodos de oito horas destinados ao trabalho e ao sono forçam a aquisição de hábitos saudáveis. Se o indivíduo resolve desfalcar o período de sono, mais cedo ou mais tarde a natureza intervém, e ele adoece. E o mesmo faz a lei da necessidade econômica, pois é preciso pagar pela comida, pelas roupas e pela habitação.

O terceiro período de oito horas, porém, é maleável, e cada um decide se prefere o desperdício ou a preparação para a eficiência e a capacidade de ganhar dinheiro.

Analise o que você faz no terceiro período de oito horas, pois nele está o segredo do seu futuro, seja qual for a sua área de atuação. Esse período representa a única esperança para quem quer enriquecer. É o ponto de partida para quem deseja independência e liberdade.

Ao analisar-se para descobrir quais são os obstáculos ao seu progresso, você vai descobrir que a maior parte deles – se não todos – resulta do hábito de desperdiçar as oito horas do terceiro período.

Se você recebe salário e quer uma promoção e um aumento, vai encontrar a resposta nesse mesmo período de oito horas, e em nenhum outro momento.

Todos nós cedemos ao poder da sugestão, e a maior parte dos nossos hábitos resulta da influência de pessoas que nos rodeiam. Vivemos uma época em que hábitos destrutivos estão por toda parte. O preço da eliminação desses hábitos é a eterna vigilância, e deve ser pago por todos que quiserem fazer um marketing pessoal efetivo.

Festinhas regadas a bebidas são muito excitantes. Para alguns, porém, francamente destrutivas! Se não tiver força de vontade para dizer "não" aos amigos, é melhor procurar outras companhias, cujos hábitos apontem em outra direção, mais proveitosa. Essas festas, tão populares, cobram seu preço de duas maneiras: perda de eficiência e, consequentemente, da capacidade de ganhar dinheiro; perda da saúde, mais cedo ou mais tarde.

Os jovens, confiando na força da juventude, às vezes cometem agressões contra sua vitalidade, sem prejuízos aparentes. Mas chega o tempo em que essas dívidas devem ser pagas. A natureza está atenta! Ela toma nota de tudo e força as pessoas a manterem os próprios registros. O preço das imprudências da juventude é cobrado em forma de doença na velhice. Há pouco tempo, visitei no hospital um ex-colega de escola. Ele ainda não envelheceu, mas sua conta estava tão devedora que a natureza executou a dívida. Ele sofre de paralisia parcial do cérebro. Em outras palavras: está a caminho da insanidade.

Tudo isso pode parecer uma pregação contra a bebida, mas é muito mais. Aquele conhecido meu tinha sido prejudicado por mais de dez anos de excessos na comida, na bebida e no sexo, usando as oito horas livres e roubando uma parte dos outros dois períodos. Fui ao hospital para ajudá-lo financeiramente. Os excessos prejudicam a saúde e as finanças.

Eu nunca quis ser pregador nem revolucionário. Este é um livro sobre marketing pessoal, e nada pode ser comercializado efetivamente se o produto não tiver valor. Meu objetivo, nestas páginas, é descrever "serviços de valor". Espero que alguma ideia lance um pouco de luz sobre a sua situação e aponte o caminho de um marketing pessoal mais efetivo.

Durante minha carreira, observei os métodos empregados por milhares de indivíduos bem-sucedidos para progredir na vida. Seria impossível descrever todos eles, mas escolhi um cujos princípios vou descrever em detalhes.

O escolhido foi Henry Ford, conhecido por atingir seus objetivos sem violar os direitos de ninguém. Ele utilizou os mesmos princípios que devem ser adotados por quem quiser chegar ao sucesso. Tive o privilégio de conviver com ele por vários anos, e estou certo de ter compreendido os princípios que fundamentam seu sucesso.

Não leia apressadamente a história de Ford. Vale a pena uma leitura bastante atenta, pois nela está contido o material com que você pode construir o seu sucesso. Minha intenção não é glorificar a imagem de

Ford, mas de colocar à disposição do leitor uma descrição precisa dos planos e princípios que criaram o homem de negócios mais bem-sucedido dos Estados Unidos.

Em especial, estude cuidadosamente o conceito alcançado por Ford nos princípios da realização individual. Ao terminar a leitura do livro, volte à análise de Ford e compare a históra dele com a sua, em relação aos princípios, com honestidade e franqueza. Se usar a consciência, pode descobrir as principais diferenças entre você e Henry Ford. A descoberta, se bem-feita, talvez assuste e surpreenda!

Vale a pena tentar.

Este livro sobre promoção pessoal não estaria completo sem uma descrição do método pelo qual o líder da indústria passou da pobreza à riqueza. Ao ler a análise das incríveis realizações de Henry Ford, lembre-se de que, no início, ele não era considerado gênio, tinha pouca escolaridade e foi pioneiro em um setor novo, que causou desconfiança no país inteiro, com sua "carroça sem cavalos".

Não se engane, pensando que Ford tenha vivido em uma época mais favorável do que a atual. A verdade é exatamente o oposto, e, embora possa parecer coincidência, a influência de Ford sobre a civilização teve muito a ver com a criação das oportunidades que existem hoje. Sua atuação ajudou a aproximar o campo da cidade por causa do maravilhoso sistema de estradas que foram construídas. Ninguém criou tantos empregos. Ele provou que um cidadão americano pode começar do nada, sem apoio financeiro ou de pessoas influentes, e acumular uma vasta fortuna, sem violar os direitos alheios. Acima de tudo, quero enfatizar que os princípios adotados por Ford, em sua escalada para a riqueza, podem ser entendidos e utilizados por quem quiser.

> HENRY FORD É A PROVA DE QUE UM CIDADÃO PODE COMEÇAR DO NADA, SEM O APOIO DE PESSOAS INFLUENTES, E ACUMULAR UMA VASTA FORTUNA, SEM VIOLAR OS DIREITOS ALHEIOS.

Já pensou nisso?

Ford é um *self-made man* no verdadeiro sentido da expressão. Se existe um homem que venceu na vida pelas próprias ideias, esse homem é Ford. Sua história foi incluída neste livro porque representa um dos melhores trabalhos de marketing pessoal já feitos. Seus métodos de venda nunca estiveram ligados a escândalos. Além de exercer uma influência positiva, ele estabeleceu um alto padrão de ética nos negócios que vale a pena ser imitado. Cada centavo de sua fortuna é usado construtivamente.

Comecei minha análise de Ford descrevendo o princípio responsável, mais do que qualquer outro, por seu estupendo sucesso: a perseguição de um só fim. Era o que ele tinha como capital operacional, para começar, mas foi o suficiente. Você, que pretende imitar Ford, lembre-se disso e lembre-se também de que está lendo uma análise do cidadão número 1, do homem de negócios mais bem-sucedido de todo o mundo.

> EIS AQUI UMA BRINCADEIRA PARA VOCÊ FAZER COM O SEU PATRÃO: CHEGUE MAIS CEDO E SAIA MAIS TARDE; USE AS FERRAMENTAS DELE COMO SE FOSSEM SUAS; TOME A INICIATIVA DE DIZER UMA PALAVRA BOA A ELE E AOS COLEGAS; QUANDO HOUVER TRABALHO EXTRA, OFEREÇA-SE PARA FAZER. NÃO DEMONSTRE SURPRESA QUANDO ELE LHE OFERECER A CHEFIA DO DEPARTAMENTO OU SOCIEDADE NA EMPRESA. ESSA É A MELHOR PARTE DA BRINCADEIRA.

CAPÍTULO 20

O MELHOR PLANO PARA CONSEGUIR UM EMPREGO

Existe um método infalível para encontrar um emprego para o qual se está qualificado. Vou descrever o método em detalhes, mas repare que eu não disse "plano para manter emprego". Conseguir um emprego é uma coisa; manter é outra. Visto que a maior parte deste livro é dedicada à descrição dos princípios que garantem a permanência no emprego, não vou repetir o que já disse sobre o assunto.

Frequentemente me perguntam como consegui que indivíduos tão bem-sucedidos me doassem seu tempo e seus conhecimentos para que eu organizasse a Lei do Triunfo. Respondo assim: "É fácil conversar com as pessoas quando o assunto é de seu interesse e a conversa é sobre elas mesmas!"

O mesmo se aplica à busca de um emprego. É fácil conseguir, desde que o candidato esteja capacitado e adote a abordagem certa, ao apresentar-se.

Nas páginas seguintes, eu me dirijo a homens e mulheres interessados em um emprego, ou em algum tipo de contato pessoal que exija a cooperação de uma ou mais pessoas. Meu conselho serve apenas como orientação geral. Os detalhes precisam ser adaptados às necessidades individuais e não devem ser seguidos ao pé da letra. O seu bom senso vai indicar o caminho.

Digamos que você queira trabalhar na Standard Oil Company e que não tenha preferência por determinado cargo, desejando apenas uma oportunidade de demonstrar o seu potencial.

Aí vai a descrição passo a passo da abordagem que, adaptada à sua personalidade, dificilmente deixará de proporcionar-lhe a oportunidade desejada.

PRIMEIRO: decida que cargo prefere. Então, elabore uma lista de qualificações que você possui e considera adequadas ao cargo. Caso aconteça de, ao ver a lista pronta, você concluir que não tem capacitação suficiente, prepare-se. Estude e observe pessoas que ocupem com sucesso uma posição semelhante até sentir que está "no ponto".

SEGUNDO: siga a lista dos 17 princípios de sucesso apontados a seguir e atribua-se uma nota, de zero a cem, em cada um. Explique as notas detalhadamente, para fundamentar a sua opinião.

(Dê uma nota de 0 a 100%.)

OBJETIVO DE VIDA DEFINIDO	Sob este título, descreva o seu principal objetivo na vida, demonstrando a ligação com o cargo que pretende na Standard Oil Company. Caso pretenda fazer do cargo um trampolim para outro mais elevado, esclareça isso e explique por quê.	___ %
AUTOCONFIANÇA	Explique o motivo da nota que se atribuiu neste princípio, demonstrando claramente saber a diferença entre autoconfiança e presunção.	___ %
INICIATIVA	Cite situações em que agiu sem supervisão, por iniciativa própria, e diga até que ponto este é um hábito seu.	___ %
HÁBITO DE ECONOMIZAR	Deixe claro que tem o hábito de economizar tempo e dinheiro e que reconhece a necessidade desse tipo de autodisciplina, como meio de alcançar o seu objetivo maior.	___ %

IMAGINAÇÃO	Relate ocasiões nas quais usou a imaginação. A melhor maneira de exemplificar é contando quanto de imaginação usou para familiarizar-se com as exigências do cargo que pretende.	____ %
ENTUSIASMO	Esclareça até onde vai o seu entusiasmo. Demonstre que sabe a diferença entre entusiasmo ativo e passivo e que o seu maior interesse é pelo cargo na Standard Oil Company. Exponha as razões.	____ %
AUTOCONTROLE	Justifique a sua nota e explique como aplica este princípio, como meio de equilibrar cabeça e coração. Em outras palavras: explique como usa a autodisciplina para ajudar a cabeça a administrar as emoções. Acima de tudo, demonstre que, com autocontrole, você evita envolver-se em controvérsias alheias; que pensa por si, sem se deixar influenciar por indivíduos que se intitulam líderes ou divulgadores.	____ %
HÁBITO DE FAZER MAIS DO QUE RECEBE	Esta é a sua grande oportunidade de obter o cargo que procura. Explique com detalhes por que desenvolveu o hábito de trabalhar mais e melhor do que seria correspondente ao seu salário. No que se refere à busca e à conservação de emprego, este é o princípio mais importante. Portanto, reforce bem as razões pelas quais você fez deste princípio parte da sua filosofia de vida.	____ %
PERSONALIDADE AGRADÁVEL	Ao explicar as razões da nota atribuída a este princípio tão importante, dê pelo menos cinco exemplos que confirmem a sua personalidade agradável. Em especial, descreva detalhadamente a sua atitude em relação aos outros. Mencione cordialidade, cooperação e a disposição para negociar com amigos, parentes e colegas de trabalho.	____ %
RACIOCÍNIO PRECISO	Veja como este princípio aplica-se à sua relação com o cargo. Exponha as razões pelas quais acredita ser capaz de raciocinar com precisão no que se refere ao cargo pretendido. Cuide para que as suas razões sejam facilmente perceptíveis.	____ %

Concentração de esforço	Exponha claramente as razões da nota para a sua capacidade de concentrar-se nas tarefas e levá-las até o fim. Não se esqueça de indicar que desenvolveu o hábito de concentrar determinação na busca do seu objetivo de vida.	____ %
Cooperação	Descreva com clareza os seus motivos para seguir o hábito de trabalhar em harmonia com outras pessoas. Enfatize que faz isso habitualmente, e não uma vez ou outra, apenas.	____ %
Capacidade de aprender com os próprios erros	Ninguém é infalível. Portanto, assuma que comete erros, mas deixe claro que faz questão de não os repetir. Descreva como consegue aprender com os próprios erros e com os erros alheios. Demonstre que conhece a diferença entre fracasso e derrota temporária. Diga que considera a derrota temporária uma inspiração para recomeçar, com mais determinação.	____ %
Tolerância	Ao explicar a sua nota neste item, indique claramente o significado de tolerância como "mente aberta em relação a todos os assuntos e todas as pessoas". Descreva com detalhes como pratica a tolerância.	____ %
Aplicação da Regra de Ouro	Atribua-se uma nota na aplicação desta importante lei da conduta humana. Explique por que tem o hábito de colocar-se no lugar do outro, sempre que uma decisão tomada por você puder de algum modo afetar esse outro.	____ %
Hábitos saudáveis	Ao explicar a sua nota, indique que não sofre com sintomas imaginários de doenças; que pratica exercícios e hábitos alimentares saudáveis; que todo o seu organismo funciona perfeitamente; e que não sofre de mau humor causado pela prisão de ventre.	____ %

Aplicação da Mente Superior	Pelo princípio da Mente Superior, uma ou mais pessoas podem coordenar esforços, em espírito de perfeita harmonia, por um propósito definido. Demonstre que compreende o valor dessa coordenação de esforços e que segue o hábito de observar esse importante princípio. Explique como pretende utilizá-lo no exercício da função.	____%

Depois de avaliar-se em relação aos 17 princípios da realização pessoal, escreva uma carta como a do modelo apresentado a seguir – com as adaptações necessárias – e envie ao gerente do departamento em que você quer trabalhar da Standard Oil Company.

Sr. Walter Teagle, gerente
Standard Oil Company
Nova York

Caro senhor Teagle:

Junto a esta carta, envio uma descrição detalhada das razões pelas quais mereço o cargo de _____ na sua empresa. Segue também uma autoavaliação quanto aos 17 princípios do sucesso, sempre com uma explicação detalhada sobre os conceitos atribuídos.

Candidato-me ao cargo sob uma condição: um mês de trabalho não remunerado. Se, ao fim de um mês, não tiver demonstrado, sem sombra de dúvida, possuir o perfil que uma grande corporação como a Standard Oil procura, eu me afasto. Comprometo-me ainda a pagar à empresa uma quantia razoável, para compensar o custo da supervisão a mim oferecida durante os 30 dias de experiência (esqueça essa última oferta, se preferir).

Caso o senhor queira um período de teste superior a um mês, estou de acordo. Peço apenas que me permita dedicar ao trabalho o número de horas e o esforço que eu julgar necessários para provar que não sou simplesmente mais um em busca de emprego. Na verdade, o que procuro não é emprego, mas a oportunidade de conquistar o cargo de ____ na sua empresa.

Está disposto a conceder-me essa oportunidade?

Cordialmente,

____

Cuide para que a carta esteja muito bem redigida e contenha a sua avaliação quanto aos 17 princípios da realização, bem como os aspectos que, em sua opinião, qualificam você para o cargo.

Se quiser candidatar-se a várias empresas, envie cartas semelhantes, mas tenha o cuidado de investigar cada empresa – método de atuação, problemas, etc. – para ter a certeza de que se qualifica para o cargo.

Ao fazer a autoavaliação quanto aos 17 princípios, use a imaginação e explique-se, de modo que o destinatário da mensagem logo possa perceber o seu conhecimento a respeito das exigências do cargo.

Ao candidatar-se a um emprego, é praticamente certo que obterá uma resposta positiva, se transmitir a impressão de que pretende, em primeiro lugar, demonstrar a sua capacidade.

A sua proposta só será bem recebida caso você tenha escolhido um cargo para o qual seja necessária uma pessoa com a sua personalidade, formação e experiência. Investigue bastante para ter essa certeza. Então, dirija-se a quem tiver o poder de decisão a respeito.

Não cometa o erro de superestimar-se nos 17 princípios. Pelo menos em alguns, atribua um conceito mais baixo e explique por que o fez. Conheci um jovem que, por absoluta falta de modéstia, considerou-se 100% em todos. Talvez ele devesse saber que nem Henry Ford alcançaria conceito tão elevado.

Se você fizer um bom trabalho, terá uma maravilhosa carta de apresentação. As explicações contidas na autoavaliação representam o mais forte argumento a seu favor.

No dia em que despachar a carta de apresentação, envie ao mesmo destinatário o seguinte telegrama:

Walter Teagle, gerente
Standard Oil Company
Nova York
Despachei hoje uma correspondência importante e espero que lhe seja entregue prontamente por sua secretária.

Não se esqueça de anexar à carta uma fotografia recente.

Acrescente também os nomes e endereços de cinco pessoas – de preferência empresários ou banqueiros – que possam fornecer referências sobre você.

Informe a sua idade, sua nacionalidade e sua formação.

Se a sua carta de apresentação for bem preparada e você escolher cuidadosamente as empresas às quais vai endereçá-las (dez é um bom número), com certeza conseguirá o que quer. Em outras palavras: se atirar em dez direções, provavelmente vai acertar.

Quero enfatizar que uma carta de apresentação para buscar um emprego exige imaginação e iniciativa. Só não pode ser alterada a oferta de serviços por um mês ou mais, como experiência. Os outros detalhes podem ser modificados, para atender às suas necessidades.

Quero dizer também que sempre houve e sempre haverá lugar para quem é capaz e dispõe-se a dar mais do que recebe. Turbulências econômicas vão e vêm, mas quem se propõe a trabalhar desse modo sempre encontra uma colocação. E mais: esse é o caminho mais seguro para uma promoção.

> QUANDO SE CANDIDATAR A UM EMPREGO E RECEBER UMA RESPOSTA POSITIVA, PREPARE-SE PARA CUMPRIR TUDO QUE PROMETEU. A FALTA DE SINCERIDADE É LOGO DESCOBERTA E NÃO AJUDA EM NADA.

Se você fizer uma autoavaliação cuidadosa em relação aos 17 princípios do sucesso e concluir que merece nota baixa em algum deles, terá feito uma importante descoberta. E se tomar as devidas providências, essa terá sido uma boa preparação para superar os pontos fracos. A autoavaliação é um verdadeiro checkup e pode tornar-se o "ponto de virada", desde que faça você se encarar e reflita a sua verdadeira personalidade.

A autoavaliação é extremamente útil, seja para procurar emprego ou não. Todo mundo precisa dela, em especial nos tempos atuais, quando tanta gente tenta receber sem dar, e milhares abrem mão da iniciativa, da autoconfiança e da firmeza de propósito para viver à custa do governo. Se você pretende sobreviver da caridade alheia, sem produzir, essa análise de nada adianta. Ela se destina apenas a quem quer garantir a autodeterminação e conquistar o que deseja da vida.

Com esse plano simples, você tem em mãos o melhor de todos os métodos possíveis para conseguir um cargo, desde que tenha qualificação. A psicologia que serve de base ao plano foi testada milhares de vezes, e eu nunca soube que deixasse de produzir os resultados desejados. O espírito do plano é mais importante do que a maneira de definir sua aplicação. Eis mais uma verdade: é tão raro alguém se apresentar para um emprego com esse tipo de abordagem que os que o fazem se beneficiam da lei do contraste. Nenhum executivo se recusaria a investigar os méritos de alguém que se dispõe a demonstrar sua capacidade antes de receber pagamento por isso. Você sabia que algumas das maiores corporações do mundo inteiro empregam regularmente "caça-talentos", que saem em busca de jovens determinados, capazes de trabalhar exatamente da maneira aqui descrita? Quando tal pessoa é encontrada, logo a contratam, e as portas do sucesso ficam sempre abertas para ela.

Uma palavra final: se você acha úteis os 17 princípios, quando procura uma oportunidade de demonstrar as suas habilidades, imagine como eles serão úteis se você os aplicar com inteligência, depois que fizer parte da empresa! Não se limite a empregar esses princípios universais do sucesso para arranjar emprego. Vá além e utilize-os para conseguir o que quiser da vida, como fez Henry Ford. Em outro capítulo, veja a autoavaliação de Ford e compare-se com ele. Veja quais são as diferenças. Muito provavelmente, não estarão tanto em inteligência e formação, mas no uso e na aplicação dos 17 princípios do sucesso. É muito provável também que, se você usar e aplicar na sua vida os 17 princípios tal como Ford fez, poderá chegar tão longe quanto ele chegou.

> NÃO EXISTE PESSOA PREGUIÇOSA. O QUE PARECE SER UM PREGUIÇOSO É APENAS UM INFELIZ QUE AINDA NÃO ENCONTROU O TRABALHO PARA O QUAL É TALHADO.

> VALE A PENA LEMBRAR QUE O CLIENTE É O FATOR MAIS IMPORTANTE DO NEGÓCIO. SE NÃO CONCORDA, TENTE, POR ALGUM TEMPO, PROSSEGUIR SEM CLIENTES.

III

O QUE VOCÊ PODE APRENDER COM HENRY FORD

Quem nunca ouviu falar de Henry Ford? É fato conhecido que, partindo da pobreza e do analfabetismo, ele chegou ao topo por esforço próprio. Poucos conhecem, porém, os princípios que garantiram liberdade espiritual e econômica a grandes empresários. A terceira parte deste livro dedica-se a uma análise completa da figura de Ford e do método pelo qual ele atingiu a autodeterminação. Sua trajetória foi utilizada como ilustração de uma das mais importantes realizações da história dos Estados Unidos. O relato explica como Ford se tornou rico e poderoso e como manteve a posição alcançada, apesar de sutis, mas consideráveis, tentativas de derrubá-lo.

O INDIVÍDUO EDUCADO É AQUELE QUE APRENDEU A CONSEGUIR O QUE LHE É NECESSÁRIO SEM VIOLAR OS DIREITOS ALHEIOS. A EDUCAÇÃO VEM DE DENTRO. CONSEGUE-SE COM EMPENHO, ESFORÇO E PROPÓSITO.

CAPÍTULO 21

FIRMEZA DE PROPÓSITO

Por mais de um quarto de século, assisti à escalada de Henry Ford, da pobreza à riqueza. Por sugestão de Andrew Carnegie, adotei Ford como professor, há muitos anos.

Uma vez ao ano, eu analisava Henry Ford cuidadosamente, ponto a ponto, e acredito ter feito descobertas jamais mencionadas por seus biógrafos. Vou dizer quais foram elas.

Henry Ford foi a maior fonte de conhecimento útil que já encontrei. Não sou dado à idolatria, mas aproveito todas as oportunidades de observar os esforços dos profissionais mais bem-sucedidos da América – em especial daqueles ligados a Henry Ford, que por ter ampliado em muito suas atividades encontrou e superou a maior parte dos obstáculos possíveis no caminho de um ser humano.

Ford representou uma comprovação. Por meio de suas realizações, testei os princípios fundamentais que constituem minha filosofia do sucesso. Sem o privilégio de observá-lo e estudá-lo em suas incríveis operações industriais, a elaboração da filosofia teria demorado pelo menos outros 25 anos. Se ficasse pronta!

Essa declaração serve para justificar o fato de eu haver considerado Henry Ford a pessoa de quem recebi mais ensinamentos úteis, entre todas as outras que entrevistei. Não quero dizer que o considere um homem perfeito, mas as qualidades e o tino para os negócios superam em muito seus defeitos.

Henry Ford ensinou-me a importância de definir e focar um propósito principal como objetivo de vida, deixando os outros propósitos subordinados àquele. O próprio Ford fez isso por mais de um quarto de século, ao fabricar e vender um carro confiável, acessível ao bolso do trabalhador.

Quem já ouviu falar de Henry Ford conhece sua conduta. Nem todos, porém, interpretaram corretamente o papel exercido pela escolha do objetivo na construção de sua fortuna, e poucos o imitaram. Serei eternamente grato a ele, pois essa única lição serviu de base a uma sólida filosofia para o sucesso.

Não fosse a influência de Henry Ford, eu provavelmente não teria feito os sacrifícios e esforços necessários à conclusão da minha pesquisa. Durante os anos de trabalho, a incrível tenacidade de Ford serviu-me de inspiração, forçando-me a prosseguir, nos momentos em que sentia vontade de desistir.

A utilidade do meu trabalho deve ser creditada sobretudo a Henry Ford porque, de todas as pessoas bem-sucedidas que observei, ele foi quem mais contribuiu. Graças a sua indicação, entrei em contato com Alexander Graham Bell, Elmer R. Gates, Thomas A. Edison e Luther Burbank, que me mostraram as amplas possibilidades guardadas no subconsciente. Anos de experiências, tanto independentes quanto em colaboração com aqueles homens, levaram-me a descobertas acerca das potencialidades do subconsciente que me permitiram começar a entender o funcionamento dessa força misteriosa. A ajuda que eu puder prestar às pessoas tem origem no que aprendi com Henry Ford e na influência que ele exerceu sobre mim, em especial no que se refere a adotar e seguir com persistência um propósito central definido na vida.

O fato de eu chegar à descoberta de eventos de vital importância, aliado à psicologia da firmeza de propósito, como resultado da observação de Henry Ford, parece-me mais que simples coincidência. Cheguei à conclusão de que tanto as grandes descobertas quanto todas as realizações dignas de nota receberam a influência de alguém. Às vezes, deixamos de dar crédito a quem merece; em outras ocasiões, interpretamos mal a causa da realização. Para agradar ao nosso ego, preferimos acreditar que somos os grandes criadores!

No meu caso, escolho admitir francamente que todo o conhecimento útil adquirido por mim veio de outras pessoas – mais brilhantes do que eu.

A psicologia de um propósito central definido

Vou descrever da maneira mais resumida possível o que acontece na mente de quem adota e segue um propósito central definido.

1. O propósito definido, quando combinado à certeza de alcançá-lo e sustentado como desejo dominante na mente consciente, é captado pelo subconsciente e utilizado como padrão e roteiro, segundo o qual é convertido em seu equivalente físico.

> NINGUÉM PODE ALCANÇAR UM SUCESSO SIGNIFICATIVO SEM ORGANIZAR SEUS ESFORÇOS E TRABALHAR SEGUNDO PLANOS DEFINIDOS EM BUSCA DE UM OBJETIVO DEFINIDO.

2. O meio que o subconsciente utiliza para captar o propósito definido é a autossugestão. Um propósito forte e seguro – mantido com persistência na mente consciente – induz à ação, pelo princípio da autossugestão.

3. O subconsciente é o intermediário que a mente finita utiliza para transmitir suas ideias à inteligência infinita, unindo-se a ela.

4. A inteligência infinita, por algum estranho princípio ainda não identificado pela ciência, tende a converter em seu equivalente físico qualquer desejo transmitido ao subconsciente, desde que combinado à emoção da fé.

5. Um propósito central definido, quando transmitido ao subconsciente com a emoção da fé, é processado e convertido em seu equivalente físico, por meio do mesmo princípio da oração (quando atendida).

6. O subconsciente funciona como meio ou intermediário pelo qual o processo mental da oração pode ser – e às vezes é – convertido em seu equivalente espiritual e, pela inteligência infinita, convertido em seu equivalente físico.

7. No que se refere à realização, um propósito central definido, aliado à fé, equivale a uma oração.

8. Ideias e orações só são reconhecidas e processadas pelo subconsciente se estiverem combinadas a emoções ou sentimentos. As ideias resultantes de puro raciocínio são ignoradas pelo subconsciente.

Nesses oito itens está descrita, da maneira mais reduzida possível, a essência do que aprendi sobre o funcionamento do subconsciente. Pelo menos indiretamente, devo essas descobertas à influência de Henry Ford. Estou convencido de que as incríveis realizações de Ford devem-se ao entendimento e à aplicação dos princípios aqui descritos. Cheguei a tal conclusão com base em seus depoimentos e na observação de seus esforços e dos resultados obtidos. A realização financeira de Ford não se deve à sorte ou ao acidente, e ele jamais agiu de modo que não pudesse ser imitado por qualquer indivíduo de inteligência razoável, com a aplicação dos mesmos princípios.

Biologicamente, não existe diferença alguma entre Henry Ford e qualquer outro indivíduo de inteligência mediana. Suas realizações extraordinárias resultam inteiramente do conhecimento e da aplicação daqueles excelentes princípios com que o indivíduo mediano não está familiarizado. Acredito que ninguém pode alcançar um sucesso significativo sem, consciente ou inconscientemente, organizar seus esforços e trabalhar segundo planos definidos em busca de um objetivo definido.

A firmeza de propósito é essencial para a organização eficiente dos esforços do indivíduo. Quando a atenção, os objetivos e os esforços são divididos, mostram-se inúteis. É então que tantos fracassam sem saber por quê.

O simples ato de decidir-se por um objetivo torna a realização relativamente mais fácil. A firmeza da decisão traz o objetivo para um contexto de sucesso. O reconhecimento dessa verdade, pela observação dos métodos empregados por Henry Ford, foi para mim de um valor inestimável. Eu não estava sozinho, porém. Milhares de pessoas analisaram os mesmos fatos, embora poucas tenham chegado à mesma interpretação que eu. Isso aconteceu porque sou um observador da vida e do ser humano e dedico a maior parte do meu tempo a estudar os efeitos, analisando as causas. Muitos observaram a fabulosa riqueza de Henry Ford, mas poucos buscaram a razão subjacente. Com sede de conhecimento, procurei e encontrei a causa de sua riqueza.

SE VOCÊ TENTOU E SOFREU UMA DERROTA, SE PLANEJOU E VIU SEUS PLANOS SEREM DESTRUÍDOS, LEMBRE-SE DE QUE OS MAIORES PERSONAGENS DA HISTÓRIA FORAM RESULTADO DA CORAGEM. E A CORAGEM, VOCÊ SABE, NASCE DA ADVERSIDADE.

CAPÍTULO 22

PERSISTÊNCIA

Henry Ford ensinou-me o valor da persistência.

Eu o vi começar do zero, lutando contra a oposição e superando obstáculos que teriam derrubado a maioria das pessoas, logo na primeira batalha. Eu o vi vencer a pobreza, o analfabetismo, a ignorância. Sem persistência, ele jamais ultrapassaria tantas dificuldades.

Ao observar indivíduos que alcançaram posições invejáveis, não me lembro de ter encontrado alguém que seguisse seus planos com tanta persistência quanto Henry Ford.

Tal persistência, porém, não é comum. É do tipo que não admite derrota. Eu nunca soube de alguém que tomasse decisões tão rapidamente e as mantivesse com tanta firmeza.

Certa vez, ao visitar George S. Parker, fabricante das famosas canetas Parker, conheci um de seus vizinhos, ex-engenheiro-chefe da fábrica Ford em Detroit. Ele me contou sobre um incidente típico da persistência de Henry Ford, digna de um buldogue. Ford foi convidado a examinar um projeto elaborado pelo setor de engenharia, para aperfeiçoar o eixo traseiro do carro original modelo T.

Ford ouviu em silêncio os engenheiros, um a um, explicarem o motivo da alteração. Quando o último acabou de falar, ele se aproximou da mesa, pegou os papéis e disse:

– Os senhores sabem que estamos vendendo mais carros do que podemos entregar. Trabalhamos 24 horas por dia. Enquanto for assim, não vamos fazer esta nem qualquer outra alteração no automóvel Ford.

Ford se retirou, e a reunião foi encerrada. Eis uma atitude típica de sua maneira de seguir adiante com um propósito central definido.

Anos mais tarde, a concorrência prejudicou tão pesadamente os negócios de Ford que várias mudanças, inclusive na carroceria dos veículos, tornaram-se inevitáveis. Com grande relutância, é bom que se diga, Henry Ford instruiu seu departamento de engenharia para elaborar projetos de aperfeiçoamento. Desses projetos, surgiu o modelo A, o primeiro carro da Ford a demonstrar alguma preocupação com a aparência. As mudanças ocorreram muito lentamente. Na verdade, lentamente demais; a concorrência tinha avançado tanto que a Ford nunca recuperou por completo o terreno perdido.

Com o passar do tempo, ficou óbvio que o público desejava novos aperfeiçoamentos. Dessa vez, a Ford criou o modelo de oito cilindros e modificou o design. As mudanças de planos de Henry Ford sempre dependeram de longa ponderação. De acordo com sua natureza, os planos seriam mantidos até alcançarem o sucesso, ainda que outros mais práticos estivessem disponíveis. Henry Ford não é o tipo de homem que se rende à oposição ou às críticas. A insistência exagerada pode ser um defeito, mas a falta de persistência representa um defeito muito mais grave.

A INSISTÊNCIA EXAGERADA PODE SER UM DEFEITO, MAS A FALTA DE PERSISTÊNCIA REPRESENTA UM DEFEITO MUITO MAIS GRAVE.

Persistência exige coragem, em especial quando serve de base a uma nova ideia. As pessoas, em sua maioria, não aceitam facilmente ideias novas e chegam a desencorajá-las. Sem persistência, o indivíduo mediano fica vulnerável às críticas e desiste antes que seus planos tenham tempo de amadurecer.

Eu estava presente quando, por três dias, os irmãos Wright se esforçaram para fazer um aeroplano levantar voo. Ele finalmente subiu, deu duas ou três voltas e caiu. Um homem idoso que observava a cena, sentado no estribo do meu carro, cuspiu o fumo que mascava e comentou:

– Exatamente como eu esperava. Se Deus Todo-Poderoso quisesse que o homem voasse, teria dado asas a ele. Isso nunca vai funcionar.

O sujeito considerou o avião um caso perdido. Eu vi apenas uma derrota temporária. Já naquela época, eu era influenciado pela persistência de Henry Ford.

Theodore Roosevelt recebeu duras críticas quando deu início ao programa do Canal do Panamá, considerado insensato pela maioria dos americanos. Houvera duas tentativas anteriores malsucedidas de construir o canal, e a previsão era de que o governo dos Estados Unidos gastaria uma fortuna, para fracassar novamente. Sob a orientação segura do general Goethals, os planos foram levados adiante com persistência, e o investimento se mostrou o melhor da história do país.

Prevendo uma catástrofe financeira, os banqueiros criaram um impasse, com as críticas a Woodrow Wilson, quando ele enviou ao congresso o Federal Reserve Banking Act, que regulamentava a distribuição de dinheiro aos bancos e transferia da iniciativa privada para o governo federal a supervisão do sistema bancário. Poucos anos mais tarde, porém, o esquema se mostrou muito útil para a comunidade financeira. A persistência de Wilson foi mais valiosa do que o ceticismo dos banqueiros.

A persistência é um dos atributos da liderança efetiva. Sem ela, o líder não se sustenta. A persistência gera resistência. O indivíduo persistente, ainda que com um plano ruim, tem mais possibilidades de sucesso do que o indivíduo que conta com um plano perfeito, mas hesita em levá-lo adiante.

A persistência é uma das mais notáveis qualidades de Henry Ford, aplicada por ele até a obstinação. Por causa dessa qualidade, ele sempre soube reconhecer derrotas temporárias, mas sem aceitá-las como fracassos. A pessoa persistente conta com a vantagem de saber distinguir entre derrota temporária e fracasso, utilizando a primeira como degrau para subir mais um pouco a escada da realização. Os inconstantes não fazem essa distinção e, ao mais simples desafio, desistem antes mesmo de sofrer uma derrota temporária.

CAPÍTULO 23

FÉ

Henry Ford me ensinou o valor da fé.

Onde falta fé, falta persistência. A fé é a própria base da persistência.

O QUE É FÉ?

Fé é o estado de espírito que permite ao indivíduo visualizar a realização de grandes e pequenos planos, mesmo antes de começar a trabalhar por eles.

Fé é o estado de espírito que pode ser induzido pela intensidade do desejo, fundamentado na sugestão constante ao subconsciente de que o objeto de tal desejo será plenamente realizado.

A fé começa a tomar o lugar da dúvida quando se reconhece a existência e a disponibilidade da inteligência infinita.

A fé se multiplica pelo exercício. Quanto mais se exercita a fé, mais ela se fortalece.

A fé é o elixir utilizado pela natureza para capacitar o ser humano a transformar o impulso do pensamento em um arranha-céu de riquezas ou em uma cabana de pobreza.

Com sua demonstração de fé, Henry Ford me ensinou a trabalhar com as ferramentas disponíveis e a não aguardar o momento propício para começar a traduzir meus desejos em seu equivalente físico. Assim, descobri que a hora certa, no sentido mais amplo e literal do termo, nunca chega. Para ninguém. Se esperarmos pelas condições perfeitas, para então começar a traduzir nosso propósito central em forma concreta, não vamos começar nunca!

> A HORA CERTA NUNCA CHEGA. O MOMENTO DE COMEÇAR É AGORA.

O momento de começar é agora.

A análise das atitudes de Henry Ford demonstra uma crença constante no hábito de começar do ponto em que estava e sua prática desse hábito. Nos primeiros tempos de atuação na indústria automobilística, ele não teve como deixar de agir assim. A ocasião não era a ideal, quando Ford reservou algumas horas da noite para suas experiências com um pequeno veículo que dispensava a tração animal. Na verdade, fez isso com tanta frequência que perdeu o emprego diurno. Com uma situação financeira muito precária, ele substituiu o dinheiro pela fé e, milagre dos milagres, descobriu que a substituição deu certo!

Quando comecei minha experiência, tive o caminho perturbado por inimigos que tentaram constantemente minar minha reputação e destruir minhas chances de completar e divulgar para o mundo a filosofia do sucesso. Como resultado da influência de Henry Ford, descobri que a persistência não se equipara à fé. Segui com o trabalho, sem olhar para a direita nem para a esquerda, sem responder às críticas nem me explicar. Acreditava que meu plano era suficientemente sólido para dispensar explicações. E não me desapontei.

A partir de 1929, a grande calamidade conhecida como Depressão atingiu o mundo. Bancos foram fechados aos milhares. O número de desempregados chegou a milhões. Fortunas desapareceram. Líderes dos setores empresarial, financeiro, político e religioso afastaram-se. O caos se instalou. Em meio a toda aquela demonstração de medo, Henry Ford foi um dos poucos líderes que se mantiveram no posto e seguiram em frente, sem perder a fé no futuro dos Estados Unidos. Enquanto outros falavam sobre o retorno à riqueza, Ford trabalhava duro e demonstrava prosperidade. Enquanto outros fabricantes de automóveis demitiam, ele contratava na mesma proporção. Somente a fé pôde servir de apoio durante tempos como aqueles, em 1931 e 1932.

Henry Ford não foi nem um pouco afetado pela Depressão. Ele não fez como milhares de pessoas de mente estreita, que correram enlouquecidas aos bancos e retiraram seu dinheiro de lá, forçando as instituições financeiras a fecharem as portas. Ele continuou a tocar os negócios com calma e confiança, como se nada de diferente estivesse acontecendo. Isso exige fé. Henry Ford sempre teve fé. Daí vem sua fortuna.

A fé domina todos os obstáculos que surgem no caminho do ser humano, a não ser a morte. Ou quem sabe a fé não seja capaz de vencer a morte? Alguém está disposto a confiar na fé o suficiente para descobrir quais são suas limitações – se é que existem?

Os princípios das grandes religiões são fundamentados na fé. Jesus Cristo, ao operar os milagres que lhe são atribuídos, usou apenas a fé. Se a fé é o centro da religião, se constitui a essência da filosofia de Cristo, essa constatação não deve apontar o caminho aos que procuram o sucesso nos negócios?

Todos nós possuímos esperanças e desejos, mas eles não podem substituir a fé!

Se Henry Ford tivesse somente esperado ou desejado transformar seu objetivo central em realidade, provavelmente teria tomado o mesmo caminho de outros fabricantes de veículos. Só por causa da fé, ele superou mais obstáculos e oposição do que um indivíduo mediano é capaz de superar.

Todo ano, um pretenso sábio prevê que Ford vai dar um passo largo demais e ser engolido por Wall Street. Enquanto isso, ele segue seu curso e elabora novos planos.

Henry Ford sempre teve consciência de que sua fé o faria superar todos os imprevistos. Consequentemente, viaja nas ondas da emergência, em vez de ser tragado por elas.

A *intelligentsia* faz pouco de Ford, por sua falta de estudo. No entanto, poucos de seus críticos acumularam 1 bilhão de dólares – se é que algum conseguiu isso. Com fé, Henry Ford sempre soube alcançar o que quis, em termos financeiros ou materiais, sem violar os direitos alheios. Isso corresponde a muito mais "formação" do que podem orgulhar-se 99% dos habitantes do mundo. Outros fariam o mesmo, se tivessem a mesma capacidade de acreditar!

> INDIVÍDUO EDUCADO É AQUELE QUE SABE ALCANÇAR O QUE QUER SEM VIOLAR OS DIREITOS DOS OUTROS.

Indivíduo educado é aquele que sabe alcançar o que quer sem violar os direitos dos outros. O que mais alguém com meia dúzia de diplomas estaria capacitado a conseguir? Ninguém que tenha conhecido Henry Ford questionaria sua qualificação para adquirir bens materiais. Ele sempre trabalhou com um objetivo central definido e sempre conquistou o que pretendia. O que mais teriam a oferecer-lhe universidades como Yale, Harvard, Princeton ou qualquer outra?

Um tolo pode fazer uma pergunta que nem o indivíduo mais bem informado seja capaz de responder. Mas um tolo não vence a pobreza, o analfabetismo e a ignorância, acumulando uma fortuna de 1 bilhão de dólares, sem prestar serviços úteis.

Henry Ford é um homem de formação. Aprendeu pela meditação, pelo raciocínio e pela experiência que, dentro do razoável, o ser humano não conhece limites, a não ser os limites que ele impõe à própria mente. Ele foi além da maioria porque removeu as limitações que essa maioria estabelece para si.

Henry Ford cresceu em uma fazenda. Sua fé inabalável se desenvolveu por meio da observação da maneira regular e organizada como a natureza funciona. Ao olhar para o céu, ele via milhões de estrelas e planetas movendo-se no espaço, com ordem e precisão. Assim, concluiu que a natureza tem um propósito, fazendo o solo, com sua produção abundante e eficiente, suprir todas as necessidades do ser humano.

Quando houve a Depressão, Henry Ford observou, como qualquer ser pensante poderia ter feito, que não havia depressão no reino da natureza. Viu o sol continuar a brilhar, aquecendo as raízes da grama e fazendo germinarem as sementes. Viu que, em 1930 e 1931, a natureza seguiu seu curso, sem alteração alguma em relação à quebra de Wall Street. Dessa observação, Ford concluiu que as depressões são causadas pelo homem. Por experiência própria, sabia que o homem faz e desfaz. Assim, prosseguiu com seus negócios, sabendo que a tempestade ia passar e que o caos daria lugar à harmonia logo que as pessoas recuperassem o equilíbrio.

Hoje sabemos que ele tinha razão.

É impossível derrotar um homem de tanta fé!

Quando um plano falhava, era substituído por outro, que daria certo. Um homem com tal fé está bem preparado, ainda que jamais tenha entrado em uma escola. Henry Ford sempre soube, como todo indivíduo fervoroso, que o sucesso se baseia em confiança e fé. E que a prolongada depressão econômica foi o resultado do abandono desses dois pré-requisitos do sucesso.

Os críticos de Henry Ford deveriam dedicar seu tempo a estudá-lo e copiar suas atitudes, apesar de seus defeitos. Houve um tempo em que também me senti inclinado a criticá-lo. Hoje, porém, tento humildemente aplicar ao meu trabalho alguns dos princípios que tornaram Henry Ford uma das figuras mais notáveis de toda a história da indústria dos Estados Unidos. De todos os norte-americanos que acumularam grandes fortunas, não conheço um só cujas realizações ensinem tanto quanto as de Ford. Para mim, ele é um dos dois homens mais interessantes do mundo. O outro é Mahatma Gandhi, o patriota da Índia Oriental.

A propósito: Henry Ford e Mahatma Gandhi possuem muitas qualidades em comum, entre elas, a fé inabalável. Com a fé, Gandhi levou mais de 200 milhões de pessoas a coordenar suas mentes em um espírito de harmonia permanente. Essa foi uma façanha inédita.

> A fé é uma qualidade rara. Todos os que a possuem devem ser observados e imitados.

A fé é uma qualidade rara. Todos os que a possuem devem ser observados e imitados.

Em sua trajetória, mais de uma vez Henry Ford teve de pôr o talento à prova, enfrentando adversários que combinavam poder e riqueza. Sempre saiu vencedor. Sua fé se mostrou mais forte do que a esperteza dos outros. Alguns banqueiros de Wall Street me relataram situações nas quais tiveram contato com Ford. Ele confrontou concorrentes astutos e manteve os negócios porque tinha fé na própria capacidade. Muitas vezes encontrou a derrota, mas sempre saiu dela com novos conhecimentos. Com esses conhecimentos, construiu uma verdadeira fortaleza onde, até o momento em que escrevo este livro, ninguém – seja em grupo ou sozinho – conseguiu penetrar.

> Qualquer um pode crescer fazendo coisas comuns, desde que com espírito elevado, com o desejo genuíno de prestar serviço útil, em qualquer setor.

CAPÍTULO 24

DECISÃO

Henry Ford me ensinou o valor de uma decisão tomada prontamente.

Ao comparar seus métodos com os de outros indivíduos que conheci, observei que quem demora a tomar decisões e apressa-se a modificá-las raramente alcança um sucesso significativo, seja qual for a área de atuação. Com Ford, aprendi este princípio:

NA DÚVIDA, FAÇA ALGUMA COISA; NEM QUE SEJA DAR UMA VOLTA NO QUARTEIRÃO PARA PENSAR.

Inspirado pelas incríveis atividades de Henry Ford, aprendi que a indecisão é uma das principais causas da miséria e leva ao desapontamento e à autopunição.

Em situações de emergência, a indecisão destrói a capacidade de liderar. Pouco depois do início da Depressão, comecei a perceber sinais de indecisão em líderes de praticamente todos os setores. Pessoas que em condições normais agiriam rápido e com determinação puxavam a coberta sobre a cabeça, tremiam e permaneciam estáticas. Ao que parece, tinham adotado esta máxima: “Na dúvida, não faça nada”.

O indivíduo decidido provavelmente erra mais do que o indivíduo que hesita ou não decide. No entanto, ainda que erre em nove de dez decisões, obterá resultados extraordinariamente melhores do que os alcançados por quem espera pelas decisões alheias.

O que é uma decisão? É um raciocínio completo! Pessoas decididas pensam, inevitavelmente. O ato de decidir envolve ponderação, um processo ignorado pela maioria.

Uma das descobertas mais estranhas que fiz foi até que ponto as pessoas vão para fugir de uma decisão. Elas chegam a ter mais trabalho para evitar pensar do que teriam pensando.

Quem sabe decidir com inteligência não apenas é dono do próprio destino como controla o destino de muita gente. Vamos analisar o princípio por meio do qual se pode alcançar uma decisão inteligente.

1. Antes de decidir, certifique-se de estar a par de todos os fatos disponíveis ligados à decisão ou que possam ter influência sobre ela.

2. Aprenda a distinguir entre fatos e boatos. Às vezes, é difícil reconhecer uns e outros.

3. Aprenda a distinguir entre fatos importantes e fatos sem importância.

4. Quando for impossível coletar todas as informações necessárias à tomada de decisão, use experiência e bom senso para tirar conclusões, completando a lacuna. Todas as decisões tomadas dessa maneira devem ser encaradas com reserva e submetidas a mudança imediata, caso sejam descobertos dados incorretos mais tarde.

Essas quatro regras simples, desde que seguidas habitualmente, serão úteis para que as decisões sejam tomadas não apenas com presteza mas também com inteligência.

Decisões tomadas "por palpite", quando há fatos disponíveis, são inaceitáveis. Henry Ford fez isso pouquíssimas vezes! O mesmo se pode dizer do indivíduo que pensa por si.

Conselhos são o artigo mais abundante e mais barato que existe sobre a face da Terra. Todo mundo tem para oferecer, de graça. A ninguém cabe o direito de opinar sobre o que quer que seja, exceto quando houver uma cuidadosa análise prévia dos fatos – ou do que o indivíduo acreditar que sejam fatos. Os conselhos, em sua maior parte, valem exatamente o mesmo que o "aconselhador" cobra por eles: nada!

Por meio do raciocínio, separa-se a realidade da ficção. Acontece que, na maioria dos seres humanos, a faculdade de raciocinar, recebida da natureza, praticamente se atrofia por falta de uso. Em Henry Ford, porém, bastante usada, ela se desenvolveu, tornando-se forte e apurada.

Alguns leitores talvez estejam pensando em decisões equivocadas de Henry Ford. Praticamente todos devem querer chamar minha atenção para seu ataque aos judeus e sua famosa viagem no Peace Ship, quando ele fretou um navio para levar a Estocolmo pacifistas que tentaram acabar com a guerra. E talvez queiram me perguntar: "O que tem a comentar sobre essas decisões?"

Tenho muito a comentar. Na verdade, a limitação do espaço não me permite dizer tudo. Em primeiro lugar, o ataque de Henry Ford aos judeus acabou provando que ele é uma daquelas pessoas suficientemente corajosas e justas para mudar de opinião, ao perceber o erro. Não existe garantia de um julgamento acertado em todas as decisões. O ser humano sempre corre o risco de julgar mal e errar.

Quanto ao Peace Ship, não tenho certeza de que tenha sido tão malsucedido quanto muitos acreditam. Ele não "retirou os rapazes da trincheira antes do Natal", como pretendia, mas provavelmente o que fez teve o efeito de levar milhões de pessoas a pensar na guerra. Somente isso justifica a empreitada. Talvez essa fosse a verdadeira intenção de Henry Ford.

> É PREFERÍVEL TENTAR E FALHAR MIL VEZES A FALHAR POR NÃO TENTAR.

Digamos, porém, que as duas decisões tenham sido equivocadas. Dois erros em milhares de acertos não representam um mau resultado, não acha? Henry Ford não é um homem infalível. Ninguém é! Todos nós cometemos enganos, mas o problema da maioria é só pensar ou agir quando não tem alternativa. Pessoalmente, prefiro tentar e falhar mil vezes a falhar por não tentar.

O imortal Emerson afirmou: "A coerência é o fantasma das mentes pequenas". Talvez Henry Ford nem sempre tenha sido coerente. Na verdade, tenho certeza de que não foi. Mas venceu a pobreza e acumulou uma fortuna sem violar os direitos de quem quer que fosse. Além disso, proporcionou fortunas enormes aos que se associaram a ele e possibilitou a criação de centenas de milhares de empregos bem pagos. Esses fatos são a mais clara evidência de que Henry Ford sabe pensar. Bons pensadores são sempre pessoas decididas!

CAPÍTULO 25

CORREÇÃO

Henry Ford me ensinou o valor de agir corretamente.

Por mais de um quarto de século, eu o vi dominar o medo da crítica, aceitando o sucesso e a derrota com a mesma tranquilidade. Jamais ouvi dizer que ele tivesse reclamado da conduta dos adversários ou que tivesse se voltado contra eles. Quando se deu seu desentendimento com os irmãos Dodge, ele se livrou de uma situação embaraçosa com o mínimo possível de prejuízo para os adversários. Se Henry Ford alguma vez deu entrevista à imprensa sobre a transação, não tenho conhecimento.

Muita gente entrou para a empresa de Ford logo depois que ela foi criada, investindo poucas centenas de dólares ou contribuindo com serviço – ou ambas as coisas –, e saiu com grande fortuna. Henry Ford não tentou impedir essas pessoas de ganhar muito mais do que haviam investido nem de deixar a empresa quando assim quiseram. Ele demonstrou desprendimento verdadeiro, apesar das referências a sua frieza.

Às vezes, ouço um ex-representante, ex-vendedor ou ex-empregado comentarem sobre a rudeza de Ford no trato com seu pessoal. Pelo que sei, seu jeito rude foi a forma que encontrou de aumentar a eficiência da equipe.

Estou certo de que até 1930, quando foi alcançado o ponto de saturação da indústria automobilística, os distribuidores foram obrigados por Ford a andar mais depressa do que gostariam. Talvez muitos deles precisassem mesmo desse tipo de disciplina. Aliás, a maioria das pessoas precisa.

Em nome da verdade, deve-se lembrar que, quando a Chevrolet atingiu a capacidade máxima de distribuição, a competição no setor automobilístico tornou-se ainda mais acirrada. Henry Ford sabia que tinha de aumentar a atividade dos distribuidores para enfrentar a concorrência. Deve-se lembrar também que o incentivo de Ford foi bom para todos: quanto maior o número de carros vendidos, maior o lucro dos distribuidores. Os esforços para produzir e distribuir carros com eficiência devem ser considerados um serviço prestado.

Henry Ford nunca foi do tipo cordial. Não possui uma personalidade flexível, e sua postura é decididamente firme, quando se trata de passar do planejamento à ação. Com tudo isso, porém, mostra-se uma pessoa generosa, pois seu principal objetivo foi criar e vender um carro eficiente que estivesse dentro da capacidade financeira da classe média. Nunca ouvi dizer, e duvido que alguém tenha ouvido, que Ford fosse desonesto. O máximo que os inimigos apontam é seu jeito rude. Quando se pensa na extensão dos negócios de Henry Ford, fica fácil entender que ele não pode dar atenção a tudo que é dito a seu respeito. A eficiência pressupõe uma política de negócios, bem como planos definidos para executar tal política. Ford sempre atuou assim. Se agisse de maneira diferente, não chegaria ao sucesso.

Logo no início de sua carreira empresarial, Henry Ford percebeu o que poucos percebem: a terrível ineficiência de fabricantes e vendedores. Assim, resolveu que não seria mais uma vítima dessa ineficiência. Sabia que estava vivendo na Idade da Máquina, quando prevaleceria a lei da sobrevivência do mais adequado. E sabia, é claro, que adequação significava eficiência de todos os envolvidos. Então, com notável sucesso, criou planos para isso.

Nessa política, não falta sequer um fator de desprendimento. Quando uma empresa tem 150 mil funcionários em sua folha de pagamento e compra anualmente milhões de dólares em matéria-prima, é obrigada a escolher entre a eficiência ou a falência.

Muitos empresários considerados mais cordiais do que Ford não sobreviveram à Depressão. Daí concluo o seguinte: existe certa lassidão, e o que parece cordialidade é, na verdade, ineficiência.

Henry Ford sempre pagou altos salários, exigindo em troca um serviço excelente. Não vejo aí sinal algum de incorreção, a não ser que eu desconheça o significado da palavra.

Pedintes profissionais censuram Ford severamente por ele não contribuir para instituições de caridade. Suspeito de que haja algum interesse oculto em tais críticas. Um homem que oferece emprego regular, bem pago e em condições acima da média a milhares de pessoas faz direta e eficientemente o que profissionais da caridade tentam fazer por meio de doações. Segundo a crença de Henry Ford, a melhor forma de caridade é mostrar ao indivíduo o caminho da oportunidade, do trabalho e da autodeterminação, sem destruir-lhe o respeito próprio. Na minha opinião, eis aí a mais prática forma de caridade e um bom exemplo de generosidade.

> A MELHOR FORMA DE CARIDADE É MOSTRAR AO INDIVÍDUO O CAMINHO DA OPORTUNIDADE, DO TRABALHO E DA AUTODETERMINAÇÃO, SEM DESTRUIR-LHE O RESPEITO PRÓPRIO.

Na verdade, ao se tornar fabulosamente rico por seus métodos de eficiência, Henry Ford fez com que outros acumulassem mais dinheiro do que acumulariam sem sua ajuda. Assim, seu sucesso foi o sucesso daqueles que ganharam trabalhando em suas fábricas ou distribuindo seus automóveis.

Desconfio de que haja certa inveja nessa conversa sobre a rudeza de Henry Ford. Invejar os bem-sucedidos faz parte da natureza humana.

Acredito que o mundo dos negócios tenha alcançado um estágio no qual seria melhor imitar Henry Ford em muitos aspectos, em vez de criticá-lo. No futuro, a empresa bem-sucedida será administrada de maneira similar à política de Ford, que preconiza oferecer o máximo, em troca do dinheiro do consumidor. Para isso, fabricante e comerciante devem eliminar o desperdício e os altos custos da má administração.

Não apenas o setor industrial e o de negócios têm a aprender com Henry Ford. Educadores podem tirar proveito da observação de seus métodos. Se aplicada à educação, sua política de negócios possibilitaria reduzir o número de anos passados nas salas de aula, no estudo de matérias abstratas sem valor prático para o aluno.

Políticos também deveriam analisar e aplicar os métodos de eficiência de Ford. Já se disse - e, cá entre nós, eu acredito - que se Henry Ford fosse o ministro da Fazenda e recebesse carta branca, faria os Estados Unidos economizarem mais de 500 milhões de dólares por ano, reduzindo a burocracia à metade e acabando com a duplicação de cargos muitas vezes desnecessários. Claro que ele pisaria nos calos de alguns, e estes não ficariam satisfeitos. Mas pode-se afirmar que as reclamações não partiriam de quem paga impostos e apoia um bom governo.

Quando ouvir acusarem Henry Ford de não agir corretamente, pergunte por quê. Provavelmente, trata-se de alguém que se sentiu atingido pela eficiência dele ou que resiste a qualquer estratégia para fazer as pessoas produzirem mais.

CAPÍTULO 26

ORÇAMENTO E ADMINISTRAÇÃO DO TEMPO

Henry Ford me ensinou a importância de calcular as despesas e administrar o tempo.

Ao observá-lo, descobri que os indivíduos financeiramente independentes alcançam essa desejável condição organizando seu tempo, de modo que renda mais. Estou convencido de que nenhum assalariado conquista a independência financeira simplesmente guardando uma parte do que recebe. A maioria das pessoas mais desperdiça as 24 horas do dia do que trabalha. Isso se aplica em especial aos executivos e pequenos empresários.

A partir do fim da Primeira Guerra Mundial, o desperdício de tempo praticado por esses profissionais passou a ser enorme, beirando o exagero e fazendo vítimas, não apenas em termos do dinheiro que deixam de ganhar, como em termos de saúde. O tempo desperdiçado tem um custo altíssimo. Alguns podem argumentar que a boa saúde exige tempo para relaxar. A esses, respondo que Henry Ford sempre aproveitou bem seu tempo e nem por isso perdeu a saúde.

Ford relaxa. A principal diferença entre seu método de relaxamento e o dos gastadores de tempo é que estes últimos prejudicam a mente e a saúde, enquanto Ford aproveita para enriquecer a mente sem causar danos à saúde.

Não sou biógrafo nem representante de Henry Ford. Simplesmente, há

25 anos observo seus hábitos e sua política de negócios, e aprendo com eles.

A autodisciplina baseada no orçamento das despesas e na administração do tempo, desde que estrita e adequadamente cumpridos, é essencial à independência financeira. No entanto, esse é um preço que a maioria não se dispõe a pagar. Isso explica, em parte, o enorme número de pessoas que nunca alcançam a independência financeira. Muitas preferem comentar sobre o triunfo de Henry Ford: "Que sorte!" Poucas têm a força de seguir o curso que ele escolheu, mesmo depois de estudar a causa da "sorte". Tenho me dedicado a analisar tão cuidadosa e precisamente quanto possível os métodos de vida e as políticas de negócios de Ford. Como resultado, obtenho lições valiosas.

Há pouco tempo, em um dia quente de junho, eu trabalhava neste livro, quando um conhecido me convidou para um passeio de barco. Pensei em aceitar, mas na parede diante de mim estava afixada uma cópia do meu planejamento diário, indicando que eu não podia ir. Fiquei decepcionado? Nem um pouco. Gosto do que faço, e meu trabalho cumpre muito bem o papel de diversão. Graças à autodisciplina, em vez de me preocupar com a perda de uma oportunidade de desperdiçar tempo, olho para um mundo povoado de homens e mulheres necessitados do tipo de inspiração prática que – espero – pode ser encontrada nos meus escritos. Isso mais uma vez graças a Henry Ford, com quem aprendi a autodisciplina por meio da administração do tempo seguida à risca.

Hoje sou tão feliz quanto era antes de aprender a administrar o tempo, mas sinto-me muito mais realizado, pois sei que a felicidade duradoura acontece quando prestamos serviços úteis.

Portanto, o orçamento dos gastos e a administração do tempo não somente levam à independência financeira, mas, mais importante, levam à felicidade.

É SIMPLESMENTE IMPOSSÍVEL ALGUÉM CONQUISTAR FAMA E FORTUNA SEM LEVAR CONSIGO OUTRAS PESSOAS.

CAPÍTULO 27

HUMILDADE

Henry Ford me ensinou a humildade de coração.

Seus hábitos, seu estilo de vida, sua atitude em relação aos outros não mudaram, desde os tempos de pobreza. O sucesso não lhe subiu à cabeça. O que pode parecer severidade não passa de uma personalidade inflexível.

Muitas pessoas influentes são assim.

Henry Ford não alimenta ideias falsas a respeito da própria importância. Leva uma vida simples e não foge ao convívio com os financeiramente menos favorecidos. Não é um grande conversador. Na verdade, é exatamente o oposto, e vem daí sua fama de frio e egocêntrico.

Acredito também que Henry Ford, desde que se tornou conhecido, usa a timidez como uma espécie de defesa necessária contra os que o procuram. As mais de 30 mil pessoas que lhe escrevem por ano, pedindo ajuda financeira de uma forma ou de outra, representam uma pálida ideia das razões pelas quais ele achou necessário fechar-se em uma concha. Mas as cartas não se perdem por completo. Ford junta tudo e vende para usinas de reciclagem!

De modo geral, Henry Ford provou ser um homem de equilíbrio incomum, que jamais se exalta sem razão.

Sua humildade é fruto do conhecimento e da aplicação de leis intangíveis da natureza. A proximidade com o inventor Thomas Edison, com o botânico e cientista Luther Burbank, o naturalista e escritor John Burroughs e outros do mesmo quilate indica sua admiração por quem respeita as leis da natureza. Talvez a associação a esses cientistas e naturalistas seja a razão de sua humildade.

Henry Ford sabe que existe uma Inteligência Infinita permeando cada átomo de matéria e cada unidade de energia, ocupando assim todos os espaços do universo. Ele sabe também que essa inteligência pode ser induzida a ajudar os seres humanos a resolverem seus problemas, desde que eles se adaptem a isso. Por ter mantido o coração humilde, Ford não encontrou dificuldade para sintonizar as forças da Inteligência Infinita. Por sua humildade, nunca foi vítima do orgulho, que muitas vezes destrói o indivíduo. Inteligência Infinita e orgulho não andam juntos. Muitos dos que conquistaram o poder financeiro aprenderam tarde demais essa lição. Com frequência, o orgulho é apenas vaidade! Se Henry Ford carrega algum traço de vaidade, nunca ouvi dizer nem percebi. A vaidade normalmente se mostra. Vaidade e humildade são condições opostas. Onde uma predomina, a outra desaparece.

Talvez nem todos os leitores deste livro considerem Henry Ford um homem humilde. Os críticos de suas atividades levaram muita gente a desenvolver uma opinião equivocada sobre ele. Além disso, o silêncio e a indiferença de Ford não ajudam a corrigir o equívoco.

Quem compreende as leis da natureza mantém a humildade no coração. Tive o privilégio de conhecer os hábitos e as tendências de John Burroughs e de Thomas Edison ainda melhor que os de Henry Ford. Todos eles foram abençoados pela humildade de coração. Quem sabe – e sabe que sabe – sempre é mais humilde do que quem possui apenas um conhecimento superficial.

> SE QUISER, ARRANJE DESCULPAS PARA OS ERROS ALHEIOS,
> MAS SE QUISER ALCANÇAR UM POSTO DE LIDERANÇA,
> RESPONSABILIZE-SE INTEIRAMENTE PELAS SUAS TAREFAS.

CAPÍTULO 28

O HÁBITO DE FAZER MAIS DO QUE É PAGO PARA FAZER

Henry Ford me ensinou que vale a pena oferecer mais serviço do que seria correspondente ao pagamento recebido.

Essa verdade me foi transmitida por várias pessoas que observei, mas ninguém a comprovou tão amplamente quanto Ford. Acima de tudo, ele mostrou que o princípio pode ser aplicado com o mesmo sucesso por patrões em sua relação com empregados, ou pelos empregados ao se relacionarem com os patrões.

O primeiro desentendimento sério entre Henry Ford e seus colaboradores aconteceu porque estes não compreendiam o princípio adotado por ele. No início da carreira de Ford, antes do advento do Modelo T, alguns de seus colaboradores queriam que fosse criado um carro maior e mais caro. Segundo eles, quanto maior o carro, maior o lucro. Ford enxergou a situação por um ponto de vista inteiramente diferente. Ele acreditava – e manteve sua opinião – que seria muito mais conveniente um carro pequeno vendido ao mínimo preço possível. Sobre essa política, ele construiu reputação e fortuna.

Quando outros fabricantes de automóveis elevaram os preços, Ford reduziu o preço dos seus. Quando outros patrões diminuíram os salários dos empregados, Ford aumentou os salários dos seus. Em uma contradição quase perfeita com as de outros empresários, o acerto dessa estratégia pode ser medido pelo sucesso de sua aplicação.

Ao analisar relatórios financeiros da indústria automobilística, reparei que muitos traziam, na parte de baixo da folha, a indicação: "O relatório acima é exclusivo da Ford". Na verdade, seria difícil copiar as operações da Ford na elaboração de qualquer relatório financeiro, já que Henry Ford sempre adotou métodos originais e pouco ortodoxos em seus negócios. Ele é a proverbial exceção à regra em praticamente todos os setores da vida: recusa-se a seguir ao pé da letra qualquer método que possa melhorar.

Observei algumas pessoas que, como Henry Ford, seguem o hábito de prestar serviço em maior quantidade e melhor qualidade do que corresponderia ao pagamento que recebem. Todas alcançaram um sucesso notável. Além disso, livraram-se do rigor dos procedimentos, encontrando formas novas e melhores de fazer negócios.

O industrial William Wrigley Jr. foi um dos que acumularam grande fortuna seguindo essa política. E. M. Statler, empresário do ramo de hotelaria, adotou o mesmo princípio, com o mesmo sucesso, na administração de seus hotéis.

Segundo Henry Ford, quem não dá mais do que recebe fica sem um terreno válido para buscar uma promoção ou um aumento de salário. Se o empregado produz estritamente o que corresponde a seu salário, o trabalho está bem pago. Ford faz o que prega, em sua relação com os funcionários e com o público.

> O EMPREGADO QUE NÃO DÁ MAIS DO QUE RECEBE POR SEU SALÁRIO FICA SEM UM TERRENO VÁLIDO PARA BUSCAR UMA PROMOÇÃO OU UM AUMENTO.

Em todo o mundo, grandes e pequenos empresários veem com surpresa as realizações de Ford. Como ele pôde? Sabe-se que foi muito pobre. Sabe-se que não teve estudo. Sabe-se que começou com pouquíssimo dinheiro. Apesar de tudo, superou obstáculos que derrubariam qualquer um e alcançou o máximo da realização financeira. Os que invejam Henry Ford não percebem que seu sucesso é resultado da observação rigorosa de princípios que também funcionariam para eles. E mais: os princípios que fundamentam a fortuna de Ford são relativamente simples e de fácil aplicação. Talvez isso explique por que poucos adotaram seu método pouco ortodoxo. Muita gente tem medo de experimentar uma ideia. Ford não tem medo; ele sai de seu caminho para descobrir coisas novas.

Segundo Henry Ford, a maior parte dos métodos empregados pelas empresas norte-americanas é obsoleta e ineficiente.

Elbert H. Gary, advogado e industrial, disse-me, certa vez, que a United States Steel Corporation gastava milhões de dólares por ano tentando eliminar o atrito e a discórdia entre seu pessoal. Henry Ford descobriu e aplicou com sucesso novos métodos para reduzir esses eventos ao mínimo. Qualquer um que conheça um pouco das operações de Ford sabe que seus métodos funcionam. Seus mais severos críticos afirmam que funcionam bem demais, mas destroem a individualidade dos empregados. Duvido. Mesmo tendo um conhecimento limitado das vastas operações de Henry Ford, sei que sua folha de pagamento inclui milhares de funcionários, que recebem salários muito acima do que receberiam em qualquer outra empresa.

Não subestime esse fato tão importante.

No sentido estrito do termo, não é responsabilidade de Ford enviar fiscais às casas de seus funcionários para ver se estão em boas condições de higiene, se há saúde e felicidade. No entanto, conforme seu hábito de ir além, ele faz isso, valorizando-os para a empresa e para si mesmos. Outros patrões consideram que a vida particular dos empregados não é problema deles e pouco se importam com as condições de seus lares.

No entanto, algumas pessoas são tão descuidadas, nos hábitos pessoais, que algum tipo de controle externo se faz necessário. É assim que Henry Ford age, para o bem dos próprios empregados, e nada há de descabido ou idealista nisso. Simplesmente faz parte de sua política valorizar os funcionários, para a empresa e para si mesmos.

Henry Ford é um homem extremamente prático, que conhece o ser humano e a vida e aplica seu conhecimento de maneira vantajosa para ele e para os empregados. Nada vejo aí que justifique críticas. Pelo contrário: perfeitamente justificada está sua atitude.

Por mais de vinte e cinco anos, estudei a política e os métodos de Ford e jamais identifiquei uma situação em que seu modo de agir tivesse efeitos negativos sobre os empregados ou o público. Por mais que, sob uma análise cuidadosa e imparcial, seus métodos se revelem radicais ou não convencionais, eles provam que em primeiro lugar na mente de Henry Ford está o bom serviço.

Alguns fabricantes de automóveis literalmente roubam os compradores, ao associarem à venda peças e serviços de manutenção. Henry Ford estabeleceu um precedente: todo proprietário de um carro Ford receberia o mesmo tipo de serviço a um preço razoável e uniforme. Vários representantes perderam a franquia por tentarem cobrar acima da tabela por serviços e peças. Talvez o grande público não tenha conhecimento desses fatos, e muitas empresas deveriam aprender com eles.

Analise todos os aspectos da política de negócios de Ford, e vai perceber que se baseia totalmente no hábito de oferecer ao consumidor o máximo de serviço pelo mínimo custo possível. Essa filosofia foi adotada desde o início, e vários executivos e gerentes de vendas perderam seus cargos, por não concordarem com ela.

Henry Ford mereceu o sucesso que alcançou, assim como muitos que fracassam merecem o fracasso! Claro que estes não percebem essa verdade. A maioria olha em volta, à procura das causas. Esquecem-se apenas de olhar para onde está a resposta: neles mesmos.

O sucesso de Henry Ford nada tem de mistério ou milagre. Se você pudesse perguntar a ele, ouviria exatamente isso. Ele nunca atribuiu os bons resultados alcançados à própria inteligência ou a vantagens especiais. Ford sabe que seu sucesso se deve à aplicação de princípios sólidos que dão certo com qualquer um, e sempre me surpreendeu o fato de tão poucas pessoas seguirem tal exemplo. Desde que Henry Ford se iniciou na indústria automobilística, fabricantes de veículos surgiram e desapareceram em grande quantidade. Esse fracasso se deve, em grande parte, ao descaso e à não observância da política empresarial de Ford.

> As causas do seu sucesso ou do seu fracasso não estão à sua volta. Estão dentro de você.

Muito raramente, alguém dotado de imaginação e poder de observação aplica a política de Henry Ford em outro setor, com o mesmo sucesso. Um desses indivíduos foi o senhor Whalen, fundador da United Cigar Stores; outro foi John D. Rockefeller Sr., fundador da Atlantic and Pacific Tea Company. Eles adotaram os princípios de Ford muito antes que este alcançasse fama e fortuna. A Standard Oil Company é líder no setor, apesar da concorrência acirrada. Seu modo de atuação é o mais próximo da política de Henry Ford que me ocorre à mente. A Standard Oil Company obrigou as outras companhias a irem além, em matéria de serviço prestado ao consumidor, como se pode comprovar em qualquer de seus postos.

Marshall Field e John Wanamaker aplicaram o mesmo princípio, criando, assim, duas das maiores redes varejistas dos Estados Unidos. Em suas lojas, o comprador recebe muito mais do que está acostumado em outros estabelecimentos. A política de Henry Ford não está patenteada. Todos podem usá-la.

Feliz de quem sabe que a maneira mais certa de receber é prestar de antemão um serviço útil. Procuro fazer isso. Falar é fácil, porém. Muita gente possui um decálogo de princípios, mas não pratica. Optei por seguir os princípios que aprendi com Henry Ford porque vejo como lhe foram úteis.

Entramos em uma época favorável ao serviço superior ao pagamento. Eu diria mesmo que tal atitude é indispensável. No futuro, quem não agir assim passará pela triste experiência de ver suas oportunidades tomadas pelos concorrentes mais avançados.

O pequeno comerciante desaparece rapidamente. Vem perdendo

lugar para empresários mais imaginativos que previram essa mudança radical e organizaram-se para oferecer tal tipo de serviço.

Quem oferece mais serviço do que é pago para fazer é recompensado proporcionalmente.

> ALGUMAS PESSOAS ALCANÇAM O SUCESSO POR TEREM QUEM AS APOIE E INCENTIVE. OUTRAS ALCANÇAM O SUCESSO A DESPEITO DE TUDO. FAÇA A SUA ESCOLHA.

CAPÍTULO 29

FORD, O GRANDE VENDEDOR

Henry Ford me ensinou os princípios da arte de vender.

Em um período de trinta anos, vi Ford fazer chegar a todos os cantos da Terra o produto de seu objetivo central. Somente um Grande Vendedor obteria resultado tão surpreendente.

A arte de vender consiste, em grande parte, em conhecer e mostrar ao potencial comprador os verdadeiros méritos dos bens ou serviços oferecidos.

Estou convencido de que, para alcançar o sucesso em qualquer setor, o indivíduo precisa ser um Grande Vendedor. Para chegar a tal conclusão não somente observei Henry Ford mas também analisei outros donos de grandes fortunas.

AS QUALIDADES QUE FAZEM DE HENRY FORD UM GRANDE VENDEDOR

Acredito que Henry Ford não é mais inteligente do que a maioria. Acredito igualmente que seu sucesso se deve, sobretudo, ao uso eficiente do cérebro. Tenho certeza de que conheço pelo menos uma centena de pessoas que, caso seguissem os princípios de Ford, chegariam a um sucesso equivalente ao dele – se não superior. Vamos examinar os princípios que permitiram a Henry Ford acumular uma fortuna de 1 bilhão de dólares.

Avaliação de Henry Ford quanto aos princípios fundamentais do sucesso

1. Objetivo principal definido	Quem aspira à perícia em vendas sempre trabalha na base de cotas, com vistas a um objetivo definido.	100%
2. Autoconfiança	Nenhum vendedor chega à excelência sem autoconfiança. Henry Ford encontrou e superou inúmeros obstáculos porque sabia a diferença entre derrota temporária e fracasso. Muitos vendedores não entendem essa diferença e, por isso, cedem à derrota, em vez de usá-la como degrau para subir mais ainda.	100%
3. Hábito de poupar	Desde o início, Henry Ford adotou o hábito de elaborar orçamento e administrar o tempo. Assim, acumulou reservas suficientes para absorver o impacto de enganos e experimentações.	100%
4. Hábitos saudáveis	Henry Ford não trabalhou arduamente; ele trabalhou com inteligência. Isso significa esvaziar a mente e relaxar, junto a pessoas que tenham algo a ensinar. Assim, aprendeu boa parte do que precisava saber. Ford sempre teve hábitos moderados, comendo frugalmente alimentos simples. Nunca sofreu de hipocondria. Sua mente lhe presta serviço, em vez de assustá-lo.	100%
5. Imaginação	Uma imaginação rica é o mais importante recurso do Grande Vendedor. Henry Ford usou o único meio possível para desenvolver a imaginação: a utilização sistemática.	90%

6. INICIATIVA E LIDERANÇA	Quem espera que alguém lhe apresente um plano e ajude a implementá-lo nunca desenvolve a excelência em vendas ou em qualquer outro setor. Henry Ford usa a imaginação para planejar e toma a iniciativa de pôr o plano em prática. Ele não espera pelas instruções do gerente de vendas.	100%
7. ENTUSIASMO	Existem dois tipos de entusiasmo: ativo e passivo. O entusiasmo de Henry Ford, expressado mais por ações do que por palavras, é uma mistura dos dois. Esse tipo de entusiasmo mantém a imaginação em atividade, embora não pareça.	60%
8. AUTOCONTROLE	Henry Ford manteve o rumo na maior parte de suas ações porque adquiriu a habilidade de equilibrar razão e emoção. Para alguém com tantas atividades e realizações, ele cometeu poucos erros.	100%
9. HÁBITO DE FAZER MAIS DO QUE RECEBE	Henry Ford se destacou nesta prática. Ele inverteu a regra, ao instituir o pagamento mínimo de 5 dólares por dia. Com isso, cada funcionário passou a ser o próprio supervisor, e Ford passou a receber mais serviço e mais eficiência, em um ambiente mais harmônico.	100%
10. PERSONALIDADE AGRADÁVEL	O baixo desempenho de Henry Ford neste princípio é compensado pelo desempenho excepcional na maior parte dos outros princípios. Apesar dessa característica, Ford demonstrou personalidade suficiente para induzir outras pessoas a seguirem sua liderança, com lealdade e harmonia.	30%
11. RACIOCÍNIO PRECISO	Nos Estados Unidos, poucos possuem a precisão de raciocínio de Henry Ford. Tal característica é responsável, em grande parte, pela enorme fortuna que ele acumulou. Foram poucos os seus erros de raciocínio não corrigidos pelo próprio raciocínio.	90%
12. CONCENTRAÇÃO DE ESFORÇOS	A mais destacada qualidade de Henry Ford é a capacidade de manter-se fiel a um plano até alcançar o sucesso. Ele toma decisões rapidamente e, quando necessário, altera-as, mas muito lentamente. Ele jamais abandonou seu objetivo principal.	100%

13. Cooperação	O trabalho em equipe é essencial à venda. Henry Ford criou e manteve a maior agência distribuidora de veículos de seu tempo. Digam o que disserem os críticos acerca de sua mão de ferro, assim ele manteve a organização unida, fez fortuna e ajudou outros a ganhar dinheiro. O recurso mais importante de Ford é sua força distribuidora de vendas.	70%
14. Capacidade de aprender com falhas e erros	Henry Ford cometeu alguns grandes erros que vieram a público, e talvez tenha cometido muitos pequenos erros de que as pessoas nem ouviram falar. Mas aprendeu com os erros, como indicam seus esforços para corrigi-los.	100%
15. Tolerância	Tolerância significa "mente sempre aberta para todas as questões". A mente de Henry Ford nem sempre foi aberta, mas, quando percebeu isso, ele corrigiu o defeito.	90%
16. Aplicação da Regra de Ouro	Alguns discordaram do conceito atribuído a Henry Ford neste quesito, considerando-o alto demais. No entanto, se fizermos uma análise da política de Ford como um todo, veremos que a avaliação faz sentido. A extensão de suas operações é enorme, e ele não sobreviveria, caso se deixasse influenciar por estratégias que favorecessem indivíduos, em vez de seguir uma política mais abrangente, baseada em planos que ofereçam vantagens iguais às pessoas afetadas por suas operações.	90%
17. Mente Superior	O princípio da Mente Superior é a base do excepcional poder de Henry Ford. Mente Superior quer dizer "coordenação de esforços em espírito de harmonia". Ford criou um dos mais poderosos grupos de Mentes Superiores do setor industrial. Unidades de sua aliança de Mentes Superiores são encontradas praticamente em todos os cantos da Terra. Ford demonstrou sabedoria, ao cercar-se de pessoal capaz de fazer o que ele desejava. O que lhe faltava, em relação aos princípios do sucesso, foi realizado pelas unidades de seu grupo de Mentes Superiores.	100%

Como vendedor, Henry Ford é um típico *go-giver:* Ao ajudar-se, ajuda os outros.

Mais de 200 fabricantes de veículos, preocupados exclusivamente com o próprio lucro, surgiram e desapareceram, desde que Ford iniciou seus negócios. Enquanto os outros aplicavam os lucros em programas de expansão, Ford aplicava em um fundo de reserva. Uma comparação ponto a ponto com os fabricantes de automóveis que fracassaram nos 20 anos anteriores à preparação deste livro demonstra que Henry Ford é quase completamente o oposto deles.

Durante os longos anos da minha pesquisa, tive o privilégio de observar Henry Ford e testar cada um dos princípios de sua filosofia, da qual ele é o mais perfeito exemplo. A filosofia de Ford serviu de base para a construção de uma das maiores fortunas acumuladas por um empresário norte-americano. De todas as pessoas bem-sucedidas que conheci, ele foi quem mais me ensinou, por causa de seu hábito pouco convencional de experimentar e trilhar novos caminhos.

Estude cuidadosamente os conceitos atribuídos a Henry Ford em cada um dos princípios fundamentais do sucesso, e terá um resumo da história de suas extraordinárias realizações financeiras. Existem ainda dois fatos que, para mim, não são simples coincidência. Um deles todo mundo conhece: Ford acumulou uma grande fortuna; o outro é que somente o Mahatma Gandhi conseguiu conceitos mais elevados do que ele nos princípios fundamentais do sucesso. Está aí uma sugestão significativa!

CAPÍTULO 30

A CONQUISTA DO PODER

Ao observar Henry Ford, descobri que só se conquista o poder por meio do princípio da Mente Superior. Eu já disse que Ford é um Grande Vendedor e que ele não chegou à excelência graças ao magnetismo de sua personalidade, mas pela habilidade de coordenar esforços, em um espírito de harmonia. Isso só é possível pela compreensão e pelo uso do princípio da Mente Superior.

Quem primeiro me chamou a atenção para esse princípio, atribuindo a ele sua fortuna, foi Andrew Carnegie. Ele também me chamou a atenção para Henry Ford, recomendando que eu o observasse atentamente, se quisesse analisar os métodos de "um homem que um dia iria dominar o setor automobilístico".

Que profecia acertada!

A descoberta do princípio da Mente Superior foi resultado de minha primeira entrevista com o senhor Carnegie, quando lhe perguntei qual era a principal causa de seu sucesso. Primeiro, ele me pediu que definisse o termo "sucesso". Ao me ouvir dizer que considerava o dinheiro uma evidência concreta do sucesso, Carnegie respondeu:

– Em poucos minutos, posso lhe dizer como acumulei dinheiro, se é isso que você considera sucesso. Mas, para começar, eu não acumulei dinheiro; minha fortuna foi construída com os esforços do meu grupo de Mentes Superiores, formado por cerca de 20 executivos.

Ele, então, citou nominalmente os membros do grupo, especificando o papel de cada um no princípio da Mente Superior e enfatizando a importância da harmonia de espírito e de ação entre eles. Ainda apontou o fato de a discórdia, ainda que presente apenas no subconsciente de um dos membros do grupo da Mente Superior, ser capaz de destruir o poder do princípio. É preciso, portanto, cuidar desse ponto importante.

A partir daquela primeira entrevista com Andrew Carnegie, estudei os métodos de centenas de indivíduos bem-sucedidos e descobri que o princípio da Mente Superior se interliga à política de negócios, em todos os setores.

Tal princípio é o centro das incríveis realizações de Henry Ford. Ele conta com dois grupos principais de Mentes Superiores: um deles é responsável pela produção e outro é responsável pela distribuição eficiente de produtos. O grupo encarregado da distribuição dos automóveis – as agências – tornou-se o mais eficiente do mundo. Ao organizar sua força, Ford definiu um mercado para seu produto. Além disso, por manter contato com essa organização, sabe aproximadamente quantos veículos vai vender por ano e pode providenciar a matéria-prima necessária. Assim, não é de se admirar que consiga fabricar carros melhores do que os dos concorrentes, e por um preço menor.

Com base em uma análise cuidadosa da população da área de cada revendedor e com a cooperação do grupo de Mentes Superiores, por muitos anos, Henry Ford conseguiu determinar com precisão quantos carros teria que distribuir. A cota de vendas do revendedor era fixada no escritório de Detroit, e ele devia cumpri-la ou dar lugar a outro. Desculpas e explicações de nada adiantavam.

Essa política foi responsável pela fama adquirida por Ford, de impiedoso com os revendedores. Mas foi essa mesma política que fez muitos deles enriquecerem, é bom lembrar! E acho que ficaram bem satisfeitos.

Por causa desse grupo de revendedores, Henry Ford conseguiu evitar uma tentativa dos banqueiros de Wall Street, de controlar os negócios de sua empresa. Ainda bem que o incidente ocorreu quando o mercado automobilístico era suficientemente flexível para permitir que as cotas de vendas fossem aumentadas e cumpridas sob pressão.

Pelas declarações que fez durante o julgamento de sua ação contra o *Chicago Tribune*, vê-se que Henry Ford não usou o princípio da Mente Superior por acaso, embora outras pessoas tenham feito isso. Ele obedeceu a um planejamento. Nunca perguntei a Ford como ou onde havia descoberto as possibilidades daquele princípio, mas tenho motivos para acreditar que foi em seu convívio com Thomas Edison. Todas as vezes em que Edison se referiu às realizações de Ford, ligou-as ao princípio da Mente Superior, do qual os dois entendem a fase psíquica e a econômica.

O SUCESSO SE ALCANÇA PELO PODER, E SÓ SE CHEGA AO PODER POR MEIO DE CONHECIMENTO ORGANIZADO E INTELIGENTEMENTE DIRECIONADO.

Vou repetir: o sucesso se alcança pelo poder.

Só se chega ao poder por meio de conhecimento organizado e inteligentemente direcionado, o que exige coordenação de esforços em espírito de harmonia, entre duas ou mais mentes. Claro que o leitor atento compreenderá a importância do que foi dito sobre o assunto e perceberá claramente que, para acontecerem grandes realizações de qualquer natureza, é necessária a aplicação do princípio da Mente Superior.

Algumas vezes, ouvi dizer que a empresa de Ford iria à falência e que ele acabaria perdendo o que ganhou. Para isso acontecer, a indústria automobilística teria que sofrer um colapso. E, ainda assim, Ford recuperaria rapidamente as perdas, voltando seu talento para outra área

CAPÍTULO 31

AUTOCONTROLE

Henry Ford me ensinou o valor do autocontrole, mas não me ensinou a aplicar o princípio do autocontrole. Isso cada um deve aprender por si.

Durante vários anos, observei Ford em seu maravilhoso e invejável estado de equilíbrio. Mesmo quando a imprensa publicou matérias pagas bem redigidas contendo críticas a ele – sabe-se lá por qual razão –, Ford não respondeu. Alguém com menos autocontrole teria revidado.

O autocontrole de Henry Ford se evidenciou em suas relações com indivíduos que aplicaram em sua empresa poucos milhares de dólares e saíram de lá com milhões. Quando deixou de haver harmonia, indenizou um por um. Que eu saiba, porém, jamais os censurou ou falou mal deles – o que até seria compreensível, já que enriqueceram graças aos esforços de Ford.

Em minha opinião, a mais completa demonstração de autocontrole dada por Henry Ford está em seu estilo simples de vida. Ele nunca concordou em exibir sua riqueza; continuou a viver como nos velhos tempos de Detroit. E mais: criou o filho de modo que apreciasse o valor do trabalho.

Outra notável demonstração de autocontrole de Henry Ford foi quando organizações trabalhistas tentaram insuflar a revolta entre seus empregados. Em vez de postar guardas armados nos portões de suas fábricas, para manter os sindicalistas afastados, ele usou a cabeça, criando um obstáculo intransponível: voluntariamente, melhorou as condições de trabalho e aumentou os salários, chegando a um patamar superior ao pretendido.

Henry Ford exerceu coerentemente o autocontrole, ao viver a seu jeito e preservar o direito de pensar por si. As pessoas, em sua maioria, preferem render-se à opinião corrente, seguindo ideias e ações alheias.

Mais uma demonstração de autocontrole de Ford: o domínio sobre as emoções. É comum as pessoas serem comandadas pelas emoções. As de Ford, porém, sempre estão controladas.

Em capítulos anteriores, vimos que Henry Ford acredita em si, nos outros e na Inteligência Infinita. Algumas experiências desconcertantes com pessoas ambiciosas poderiam ter destruído essa fé, mas com grande autocontrole ele a manteve, recusando-se a estender sua decepção a todos os seres humanos. Não é segredo que Ford deu emprego a muitos ex-detentos. Um deles revelou sua condição, durante a entrevista, e foi interrompido por Ford, que disse:

– Não se preocupe com isso. Comece do ponto onde está.

E não se falou mais no assunto. Mais tarde, aquele homem teve que deixar a empresa, mas nunca foi discriminado.

Com extraordinário autocontrole, Henry Ford manteve-se em seu posto, assumindo todas as responsabilidades de uma grande empresa, em uma idade em que a maioria das pessoas financeiramente independentes se aposenta. Ele aprendeu a rara arte de encontrar prazer no trabalho.

Esses são apenas alguns exemplos do incrível autocontrole de Henry Ford. Seu jeito me inspirou a melhorar. No início da minha experiência, eu costumava dar vazão aos sentimentos. Ao observar Ford, porém, descobri que seria mais útil concentrar ideias e esforços em um objetivo central, sem desviar a atenção, do que revidar a críticas.

Outra lição que aprendi no contato com Henry Ford foi esta: no mundo, há mais gente disposta a destruir do que a construir. Mas aprendi também que, mais cedo ou mais tarde, os destruidores são destruídos pelas próprias ideias e ações.

> PENSE BEM ANTES DE FALAR, PORQUE AS SUAS PALAVRAS PODEM PLANTAR A SEMENTE DO SUCESSO OU DO FRACASSO NA MENTE DE QUEM ESCUTA.

CAPÍTULO 32

ESFORÇO ORGANIZADO

Henry Ford me ensinou o valor do esforço organizado!

Ao começar a atuar, ele estabeleceu um objetivo central e dedicou todo o seu tempo a atingi-lo. Conseguiu investir tempo e dinheiro em uma linha de esforço altamente concentrado.

A divisão de esforços é um dos pontos fracos dos malsucedidos. Aprendi isso ao analisar mais de 25 mil homens e mulheres tidos como fracassados.

No início da carreira, Henry Ford reconheceu as vantagens do esforço organizado. Ele sabia que o tempo médio de vida do ser humano é curto demais para que ele queira ser "pau para toda obra". Isso me faz lembrar o que disse Andrew Carnegie em uma entrevista, há vinte e cinco anos: "Ponha todos os ovos em uma só cesta. E tome conta para que ninguém a derrube". Com isso, ele enfatizou a importância da concentração de esforços, seja qual for o setor.

> A DIVISÃO DE ESFORÇOS É UM DOS PONTOS FRACOS DOS MALSUCEDIDOS. CONCENTRAR ESFORÇOS É FUNDAMENTAL.

Frequentemente, penso nas lições que Henry Ford me ensinou e tento descobrir qual delas me foi mais útil. É difícil escolher, mas acho que talvez tenha sido seu exemplo de esforço organizado.

Dediquei a melhor parte da minha vida a reunir, classificar e organizar, em uma filosofia simples, os fatores que contribuem para o sucesso. A tarefa foi grandiosa. Tive de ler e assimilar o conteúdo de muitos livros sobre biologia, química, astronomia, geologia, economia, religião, administração, filosofia e matérias correlatas.

Senti a necessidade de conhecer as descobertas em todos os setores direta ou indiretamente ligados à realização financeira. Para isso, li tudo que encontrei sobre a estimulação da mente – dos registros incompletos das teorias de Sócrates à filosofia de Emerson.

Durante pesquisa tão trabalhosa, senti também a necessidade de estudar e analisar os métodos de praticamente todas as pessoas financeiramente realizadas que ficaram conhecidas nos Estados Unidos, nos últimos 25 anos. Queria saber como haviam enriquecido.

Depois de reunir, organizar e classificar os dados necessários, precisava testá-los, para ver se eram confiáveis, o que representaria anos de um trabalho tedioso.

Eis aí uma tarefa para o esforço organizado! Em especial porque, quando me iniciei na carreira, meu trabalho não rendia dinheiro, a não ser em raras situações.

Às vezes, eu sentia vontade de desistir. Não fosse o interesse pela filosofia de negócios de Henry Ford, a tarefa teria ficado incompleta.

Lembro-me do momento em que Andrew Carnegie me preveniu de que seriam necessários vinte anos, no mínimo, de trabalho concentrado e não remunerado para completar o estudo. Ele sugeriu mesmo que eu talvez não vivesse o bastante para colher os frutos do trabalho, já que os filósofos, em sua maioria, custam a ser reconhecidos.

A intenção de Carnegie foi a de me desestimular, já que, pelo ponto de vista dele, eu não obteria benefício algum daquela tarefa. Para mim, permanece um mistério profundo: como tive ânimo para prosseguir, superando tantos e tão variados obstáculos?

Seja qual for a resposta, a verdade é que a influência de Henry Ford me serviu de forte inspiração para buscar uma forma altamente organizada de esforço concentrado, até que a filosofia estivesse elaborada.

Desde que comecei, o mapa-múndi sofreu várias alterações. Hábitos e costumes se modificaram com rapidez incrível. O mundo ardeu em chamas e quase foi consumido por assassinatos em grandes proporções, legitimados sob o nome de guerra. Os efeitos estão por toda parte. Leis foram instituídas e revogadas, com a subsequente ascensão e queda da legitimidade de várias atividades. O crime assola a civilização, e a justiça é forçada a recuar. A Idade da Máquina chegou ao apogeu. As igrejas perderam muito de sua influência. A política e os governos se tornaram redutos da ilegalidade. E como se não bastasse, vieram a Depressão e a recessão.

Essas foram algumas mudanças na história da humanidade que passaram diante dos meus olhos, desde que comecei a pesquisar as causas e os efeitos que criam ou destroem homens e mulheres.

Antes da primeira entrevista com Andrew Carnegie, nunca imaginei que passaria mais de um quarto da vida elaborando uma filosofia de sucesso. Sua influência foi tão poderosa que iniciei a longa jornada em busca do conhecimento necessário à tarefa.

Carnegie não apenas plantou em minha mente aquela ideia que germinou, transformando-se no trabalho da minha vida, mas sugeriu que eu estudasse Henry Ford, o homem destinado a exercer sobre mim uma influência muito mais forte e proveitosa do que ele mesmo.

Praticamente todos os indivíduos bem-sucedidos que colaboraram comigo tinham a oferecer algo além do relato de suas experiências: apresentaram-me a alguém com quem fiz contato, resultando em mais informações úteis.

Talvez seja uma grande surpresa para Henry Ford saber que me transmitiu tantos ensinamentos úteis durante um período de vinte e cinco anos. Acredito, porém, que o susto seja atenuado pelo fato de este seu aluno se esforçar ao máximo para fazer jus ao professor.

O que mais desejo e espero é ser tão eficiente na missão de libertar homens e mulheres das limitações que impuseram a suas mentes quanto

Henry Ford foi, ao produzir e comercializar automóveis. Se eu fracassar nessa missão, a responsabilidade será toda minha. Como indivíduo, posso falhar na aplicação dos princípios de Ford, mas os princípios não falham, pois fazem parte dos fenômenos da lei da natureza.

> TRATA-SE DE UM TRAÇO PECULIAR DA NATUREZA HUMANA, MAS É VERDADE: OS INDIVÍDUOS MAIS BEM-SUCEDIDOS TRABALHAM COM MAIS AFINCO PARA SERVIR DO QUE PARA GANHAR DINHEIRO.

CAPÍTULO 33

INICIATIVA PESSOAL

O objetivo principal ao qual Henry Ford dedicou a melhor parte da vida foi criado e amadurecido por iniciativa dele.

No início da trajetória profissional, Henry Ford fez um inventário de sua vida até então e do que pretendia para o futuro. Assim, descobriu muitos obstáculos em seu caminho para o sucesso. Ninguém sugeriu aquele inventário nem ajudou na tarefa. A ideia foi inteiramente dele.

A autoanálise e a análise do ambiente revelaram muitas fraquezas que tinham de ser eliminadas ou superadas. Foi o que Ford imediatamente começou a fazer.

Ao perceber que não possuía um objetivo central definido, Henry Ford se atirou à tarefa de criar um. Com um gosto natural pelas máquinas e por meios de transporte, começou as experiências com um veículo que dispensasse a tração animal. Ele teve essa ideia ao observar uma máquina de debulhar sobre rodas, movida a vapor.

Mas veja bem: isso aconteceu em uma época em que tais experiências eram consideradas verdadeira maluquice. Assim, Ford precisou de muita iniciativa para lutar contra a opinião pública. Fazendeiros objetaram vigorosamente à presença da "geringonça" que assustava seus cavalos. Alguém com menos iniciativa do que ele teria desistido, rendendo-se à oposição e à crítica.

Por experiência própria, sei que muitos desvios nos convidam a deixar a estrada que leva ao nosso objetivo principal. Cada encruzilhada representa uma possibilidade de desistência para quem não possui muita iniciativa, seja natural ou adquirida.

Todo obstáculo serve como desculpa para desistir, e é o que faz a maioria, por falta de persistência e iniciativa. Essas, porém, são duas das mais destacadas qualidades de Henry Ford, e acredito que sejam responsáveis, em grande parte, por suas incríveis realizações. Somem-se a essas qualidades a firmeza de propósito e a concentração de esforços, e teremos os quatro atributos que fizeram de Henry Ford um homem riquíssimo.

Uma análise cuidadosa confirma que, com essas quatro qualidades, Ford venceu a pobreza, a falta de estudo e a ignorância, três dos mais ferrenhos inimigos do ser humano. Assim, ele evoluiu:

1. sabendo exatamente o que queria;
2. planejando a aquisição do que queria;
3. seguindo com persistência os planos e suas alterações;
4. concentrando esforços e recursos em seu objetivo central.

Esses quatro itens descrevem as extraordinárias qualidades que fizeram de Henry Ford um mistério no mundo dos negócios. Na verdade, porém, ele nada tem de misterioso, e foi quem analisei mais facilmente, entre os milhares de indivíduos que tive o privilégio de estudar. Ford sempre se expõe e usa de franqueza. Não guarda segredos pessoais. Sua vida é um livro aberto, e qualquer um pode ler.

Henry Ford compreende causa e efeito. Tanto na vitória quanto na derrota ele procura, encontra e analisa cuidadosamente as causas. Conheci outras pessoas bem-sucedidas, mas não tão meticulosas.

Agora, você já sabe qual é a minha interpretação das realizações de Henry Ford. Desejo ardentemente que esse conhecimento lhe seja tão útil quanto foi para mim. O mundo passa por um período muito difícil, em que milhões de pessoas sofrem derrotas temporárias, desapontamentos e, infelizmente, a perda da fé.

Àqueles que têm a impressão de carregar um fardo pesado demais, digo que não estão sozinhos em seu desespero. Outros caminham a seu lado nesta versão moderna do Jardim de Getsêmani, carregado de angústia.

Séculos atrás, na Pérsia, um filósofo que era também poeta e conselheiro particular de sua majestade o rei Ciro disse: "Lembro-me, oh, rei, de que existe uma roda em torno da qual giram as questões humanas, e seu mecanismo impede que as pessoas sejam sempre felizes".

A RODA DA FORTUNA GIRA SEM PARAR. PERSISTA E VÁ EM FRENTE, SABENDO QUE UM DIA ELA VAI GIRAR A SEU FAVOR.

A roda existe, mesmo. Apesar de intangível, é real e poderosa. A roda da fortuna gira sem parar. Assim como impede que as pessoas sejam sempre felizes, impede que elas sejam sempre infelizes.

Milhões de indivíduos encararam e ainda encaram o período lento da grande roda da fortuna da vida. Tenha paciência! Tenha fé! Persista e vá em frente, sabendo que a roda gira, embora às vezes a rotação pareça lenta.

Um dia, ela vai girar a seu favor.

Humildade de coração é uma qualidade maravilhosa e desejável. A pobreza favorece a humildade. Talvez a roda da fortuna tenha girado mais devagar de propósito, trazendo a depressão econômica, para forçar o mundo a ser mais humilde.

Agora, quando estou quase acabando de escrever este livro, os Estados Unidos atravessam um período de estagnação financeira conhecido como recessão. A situação se instalou imediatamente após os desentendimentos entre Franklin Delano Roosevelt e a Suprema Corte, em seu segundo mandato.

Em razão da extensão dos efeitos da infeliz atitude do presidente, sinto-me obrigado a encerrar este capítulo dizendo o que eu faria, se estivesse no lugar dele. Esta declaração é um bom desfecho, pois contém uma análise detalhada de um princípio essencial a qualquer um que queira alcançar o sucesso na vida.

Nenhum livro sobre marketing pessoal estaria completo ou seria atual sem uma análise do extraordinário princípio aqui descrito e recomendado como base sobre a qual deve ser construído o sucesso duradouro.

Os próximos capítulos são especialmente adequados ao fechamento da minha análise sobre Henry Ford. Eles sugerem a ampla adoção de um princípio que, mais do que outros, foi o responsável pela imagem positiva de Ford, a ponto de mantê-lo nas graças do público por mais de quarenta anos.

INCRÍVEL COINCIDÊNCIA, *AMERICAN* TERMINAR COM *I CAN* (EU POSSO!).

ENQUANTO NÃO APRENDER A SER TOLERANTE COM QUEM ÀS VEZES TEM OPINIÃO DIFERENTE DA SUA, ENQUANTO NÃO CULTIVAR O HÁBITO DE FAZER COMENTÁRIOS GENTIS SOBRE AQUELES QUE VOCÊ NÃO ADMIRA, ENQUANTO NÃO SE ACOSTUMAR A VER O QUE AS PESSOAS TÊM DE BOM E NÃO DE RUIM, VOCÊ NÃO TERÁ SUCESSO NEM FELICIDADE.

IV

UMA REGRA PARA FAZER AMIGOS QUE RESISTIU A MAIS DE 4 MIL ANOS DE TESTES

A parte restante deste livro descreve um princípio tão importante em todas as relações humanas que não poderia haver fechamento melhor.

Antes que você leia, quero lembrar que foi sobretudo graças à estrita observação desse princípio que Franklin D. Roosevelt se tornou ídolo do povo norte-americano durante seu primeiro mandato.

Quero chamar a sua atenção para o fato de Roosevelt ter negligenciado a aplicação do princípio durante o segundo mandato como presidente, o que lhe custou boa parte da popularidade alcançada no primeiro.

Em outras palavras, o presidente conquistou o coração do povo dos Estados Unidos – em um dos melhores trabalhos de convencimento da história do país – abrindo mão de privilégios políticos e pessoais em favor do povo como um todo. Se tivesse continuado, no segundo mandato, a servir o povo com o mesmo espírito de generosidade demonstrado no primeiro, teria, sem dúvida, entrado para a história como uma das mais importantes personalidades do país!

Ao ler os últimos capítulos deste livro, será interessante analisar cuidadosamente as informações a respeito de Henry Ford e Franklin D. Roosevelt. Se a análise for bem-feita, você chegará à conclusão de que Ford, apesar da desvantagem inicial, já que começou pobre e analfabeto, seguiu religiosamente o princípio aqui descrito, alcançando, assim, uma posição de poder que jamais perderá. Você vai concluir também que Roosevelt, a despeito da vantagem inicial, por ter nascido rico e possuir uma personalidade rica, viu declinar sua popularidade, por negligenciar o mesmo princípio. Uma comparação das trajetórias dos dois homens será útil a todos que quiserem o sucesso, quer sua preferência vá para um ou outro.

CAPÍTULO 34

SE EU FOSSE PRESIDENTE

Se eu fosse presidente dos Estados Unidos, serviria ao povo com uma ideia capaz de tirar a nação do caos e do conflito, trazendo harmonia e compreensão. Levaria a ideia a todas as pessoas, pelos vários meios de comunicação. Meu discurso começaria assim:

Amigos, chegou a hora de pensar claro e falar francamente. Com a sua permissão, em um exemplo de franqueza, digo que chegamos à encruzilhada da civilização, e devemos escolher um caminho. Hoje, nossa dívida chega a quase 40 bilhões de dólares, e o montante cresce a cada dia. Não preciso lembrar que acabamos de atravessar a pior crise econômica que o país já viveu, e essa experiência nos reduziu substancialmente à mesma base financeira e espiritual. Para recuperar nosso patrimônio e liquidar aos poucos o déficit público, devemos ressuscitar nossas forças espirituais, deixar de lado diferenças de opinião sobre política e economia e unir forças. Em outras palavras: temos de cooperar em espírito e atitude, reconhecendo que somos os guardiões dos nossos irmãos – gostando disso ou não.

É tempo de entendermos que somente com essa forma de cooperação, que desperta esperança, fé e confiança mútua, podemos ser o

povo mais rico e livre da Terra. É tempo também de reconhecermos a necessidade de um renascimento espiritual de todo o país, sem o qual a simples recuperação financeira não nos fará bem. É tempo de pararmos de falar em recuperação financeira e começarmos a falar em recuperação espiritual, pois o mais humilde cidadão do país precisa perceber que estamos espiritualmente falidos.

Em vez de nos preocuparmos com os problemas de outras nações, com suas possíveis guerras e seus conflitos internos, vamos pôr ordem na casa. Para começar, vamos favorecer um melhor espírito de compreensão entre empregados e patrões, atualmente envolvidos em uma espécie de guerra que, se não for interrompida, pode destruir não apenas os diretamente interessados, mas mais de 100 milhões de inocentes ligados a eles – homens, mulheres e crianças, em geral conhecidos como "o povo".

O país onde vivemos ainda é uma república, e somos livres, com o direito de ajudar a estabelecer e manter os princípios políticos e econômicos que devem sustentar esta e outras nações. Tenho certeza de que nenhum verdadeiro cidadão quer ver seu país sob o controle de um só indivíduo ou de qualquer forma de minoria.

Sei que vocês, todos vocês, estão dispostos a esforçar-se ao máximo e ajudar a girar a roda do destino, de modo que continuemos a ser um povo livre.

Eu me dirijo a cada um, pessoalmente, porque quero apresentar um plano que contém a solução do nosso problema. Esse plano não é criação minha. Utilizado há mais de 4 mil anos, está mais do que provado.

O plano não possui a menor ligação com política nem impõe sacrifícios. Sua execução não exige sacrifícios pessoais nem infringe preceitos religiosos. O plano oferece sucesso definitivo, em termos pessoais e financeiros, a todos os cidadãos do país. Vai eliminar imediatamente o conflito entre capital e trabalho. Assim que entrar em operação, vai proporcionar a todas as igrejas uma recarga de energia espiritual. Vai estabelecer um ótimo exemplo a ser seguido por outras nações – um exemplo capaz de proporcionar a elas os mesmos benefícios econômicos e a mesma ampla liberdade que queremos para nós. Não é exagero dizer que o plano proposto traz tanta esperança que pode facilmente afastar as ameaças de guerra que assolam muitos países da Europa.

A essência do plano é o compromisso coletivo assumido pelo nosso povo, como em uma nova Declaração de Independência, de retornar ao princípio original, sobre o qual esta nação foi criada, e de adotar – e utilizar, portanto – a Regra de Ouro como base de todas as suas relações de negócios, profissionais, políticas e pessoais.

Não se assustem, amigos, com a simplicidade do plano, pois aí reside sua força. Trata-se de um plano tão simples que mesmo o indivíduo mais humilde será capaz de adotá-lo e colocá-lo em prática. Adultos e jovens conseguirão igualmente. Todas as raças e todos os credos terão acesso a ele. O uso do plano não requer consentimento de quem quer que seja. E ninguém pode ser impedido de aproveitar seus benefícios, tanto econômicos como espirituais pela própria natureza.

Para pôr esse plano em prática com a máxima rapidez, devo pedir a cooperação organizada, decidida e específica dos governadores de todos os estados e das igrejas de todas as denominações. Sinto-me privilegiado por poder recorrer às igrejas, já que elas serão as grandes beneficiadas pela elevação espiritual dos fiéis que se comprometerem a viver de acordo com a Regra de Ouro.

Para a imediata adoção desse plano, reservo o período entre 25 de dezembro e 1º de janeiro, todos os anos, que passa a ser conhecido como "Semana da Regra de Ouro". Peço a todos os cidadãos que, durante a primeira Semana da Regra de Ouro, assinem um documento comprometendo-se a adotar e utilizar essa lei universal como base de todas as relações humanas.

Outros discursos se seguiriam a esse, até o povo estar consciente e passar a viver sob essa importante regra de conduta do ser humano. Eu me dirigiria em especial aos trabalhadores, chamando sua atenção para os benefícios pessoais a serem alcançados.

As ideias regem o mundo. Essa ideia, porém, não é nova. Na verdade, vem sendo pregada há tanto tempo que muita gente comete o erro de incluí-la no rol das ideias que "não pegam".

O mundo precisa reviver esse princípio.

Se essa ideia tivesse um décimo do espaço dedicado ao debate acerca dos prós e contras dos programas com o objetivo de recuperar e reformar a economia – o *New Deal* – ou um décimo do tempo que o presidente gasta em discussões políticas, as principais dificuldades do país estariam resolvidas em poucos anos.

Em meu apelo ao povo, eu deixaria de lado os exploradores do trabalho humano, políticos profissionais e agitadores simpatizantes dos soviéticos, conquistando a confiança dos trabalhadores. Diria a eles a verdade sobre a organização política e econômica desta nação, a mais rica e livre do mundo, que nos deu o direito de expressar nossas opiniões. Descreveria francamente as razões pelas quais esta nação sempre foi – e precisa continuar sendo – capitalista. Admitiria sinceramente que o país tem duas capitais: uma puramente econômica por natureza, com sede em Wall Street; e outra, puramente política, com sede em Washington.

> É NECESSÁRIO REAVIVAR O PRINCÍPIO DE QUE SÃO AS IDEIAS QUE REGEM O MUNDO.

Eu apontaria a importância da parceria entre as pessoas que administram o capital e as que são assalariadas, e enfatizaria o fato de que o trabalho representa o corpo físico de uma nação, enquanto o capital é a seiva vital que mantém o corpo vivo e saudável.

Eu diria aos trabalhadores que, sem o capitalismo, o sistema político do país teria que ser modificado. Explicaria a eles que todo movimento organizado para retirar do capital mais do que é investido nele resulta em destruição. Chamaria sua atenção para o fato de que a felicidade de cada um resulta de esforço individual e autodeterminação, e não do esforço coletivo. Diria ainda que eles têm todo o direito de organizar-se e negociar como grupo, mas faria uma advertência: na sua relação com o capital, usem a mesma filosofia que deve ser utilizada pelo indivíduo que conquista o poder e enriquece sem violar os direitos alheios.

Eu relembraria a importância de os homens que construíram este país terem saído das classes trabalhadoras, tão humildes quanto eles. Apontaria suas conquistas, perguntando: alguém gostaria de perder o que conquistou? E quanto aos trabalhadores da União Soviética, da Itália e da Alemanha, com muito menos direitos, alguém gostaria de trocar de lugar com eles? Mostraria arquivos do Departamento de Justiça e do Departamento de Estado, revelando as exatas condições dos países nos quais a ditadura confiscou empresas e como isso afetou a força de trabalho. Levaria os trabalhadores em uma viagem imaginária pela Rússia, para que vissem "quantas galinhas havia na panela e quantos carros na garagem" do povo. Identificaria agentes russos que hoje trabalham secretamente em nosso país para subverter nosso sistema industrial. Mostraria membros do Serviço Secreto em ação, em todos os seus movimentos. Convocaria porta-vozes e simpatizantes do governo para que, a cada discurso contra o sistema industrial, outro, melhor e mais lógico, fosse feito a favor do sistema.

Eu organizaria as igrejas, pedindo que se esforçassem mais para ajudar nosso povo a sair da falência espiritual. Incentivaria os fiéis a dedicarem pelo menos um dia por semana a alguma forma de serviço nas igrejas, com o objetivo de devolver os Estados Unidos a seu povo. Pediria aos jornais que cedessem uma coluna da primeira página para transmitir uma mensagem diária sobre os méritos do "país mais rico e mais livre do mundo". Solicitaria aos melhores redatores que usassem aquele espaço para mostrar ao povo as maravilhas de que desfrutamos e as razões pelas quais essas maravilhas têm de ser protegidas. Convocaria os melhores escritores do país a escreverem livros exaltando o espírito de liberdade de que gozamos neste país. Escolheria pelo menos uma empresa importante de cada estado, incentivando a administração e os empregados a adotarem e usarem a Regra de Ouro, tanto em suas relações entre si como nas relações com o público. Então, pediria ao público que desse preferência a tais empresas, provando que toda ação correta produz recompensas financeiras diretas, imediatas e duradouras.

Eu destruiria, de uma vez por todas, o lugar-comum de que a Regra de Ouro não se aplica "às pessoas e condições atuais". Pediria às instituições de ensino do país que começassem a transmitir os princípios do sucesso – os mesmos que levaram Carnegie, Rockefeller, Edison e outros do mesmo quilate a alcançar fama e fortuna, partindo de uma situação desfavorecida. Chamaria a atenção das pessoas para o fato de que onde, no passado, havia uma oportunidade, hoje existem cem. Apontaria também as grandes oportunidades não apenas ocasionais e individuais, mas para milhões de homens e mulheres de todas as idades, responsáveis pelo progresso e pelo desenvolvimento industrial que atingimos neste país, com a ajuda do capital econômico de Wall Street.

Eu me desculparia por haver cometido o erro de chamar os líderes do setor industrial dos Estados Unidos de "membros da família real da economia", incentivando todos os trabalhadores a buscarem a liderança em seu setor. Diria ao povo norte-americano que, desde os primórdios da civilização até os dias de hoje, os grandes líderes e os indivíduos bem-sucedidos em todas as áreas sempre ofereceram mais serviço, em quantidade e qualidade, do que corresponderia ao pagamento recebido. Enfatizaria que nunca se soube de alguém que alcançasse o sucesso permanente sem dar o melhor de si não apenas em qualidade e quantidade de serviço, mas em doses generosas de espírito amigável.

ONDE HAVIA UMA OPORTUNIDADE NO PASSADO, HOJE EXISTEM CEM.

Todos nós precisamos de informação, esclarecimento, verdade! Precisamos saber o que temos e como conseguimos. Precisamos conhecer melhor a história de Andrew Carnegie, Henry Ford, J. P. Morgan, dos Du Ponts e de outros responsáveis pela América industrial, que criaram todos os empregos do país. Os fazendeiros precisam saber que seu excesso de produção é comprado pelo sistema industrial criado pelos homens que agitadores pagos tentam destruir. Em resumo, precisamos saber que esta é uma nação capitalista e industrial e que, se nosso sistema for derrubado, levará com ele a liberdade.

Nós nos orgulhamos do privilégio de termos uma imprensa livre e o direito de nos expressarmos, mas nos esquecemos dos perigos que acompanham esse privilégio. Por estranho que pareça, neste exato momento, a liberdade de expressão é utilizada para minar as bases da liberdade individual. Vamos, por todos os meios, manter a liberdade de expressão e de imprensa, usando-as porém para alardear os benefícios e as maravilhas proporcionados pelos direitos de que dispomos. A natureza possui um modo peculiar de nos tomar o que não usamos. Prenda um braço, deixe de utilizá-lo, e logo verá que ele se enfraquece e atrofia. Opere sistematicamente uma ferramenta pesada, e a natureza dará força ao braço. Deixe de cuidar de um jardim, e a natureza o tomará de volta, transformando-o em um matagal.

Se nos acomodarmos, os agentes estrangeiros usarão a liberdade de expressão como arma para nos confundir e enganar.

Existem pecados por omissão e por permissão. Neste país, de modo geral, cometemos os dois, mas, em especial, a omissão. Nosso principal pecado por omissão é este: não possuímos um plano para defender nossa liberdade de pensar e agir em massa. Menos de 5 milhões de indivíduos organizados em sindicatos estabelecem os preços dos alimentos e de outros artigos, enquanto outros 125 milhões nada podem fazer, a não ser pagar.

Neste momento, o país precisa interessar-se mais pelos próprios assuntos, aproveitando ao máximo a liberdade de expressão, de que tanto nos orgulhamos.

CAPÍTULO 35

A Regra de Ouro em ação

Eu uso um belo relógio, altamente preciso. Se o desmontasse, colocando todas as peças dentro de um chapéu, e agitasse, as peças não se uniriam novamente, reconstituindo-se, ainda que eu repetisse o gesto por toda a vida. A razão para isso é o fato de a montagem do relógio estar baseada em um plano cuidadosamente elaborado e muito bem testado. Meu relógio marca as horas porque, primeiro, existiu na cabeça de alguém que entendia do assunto um plano que foi definido para a montagem das peças.

Tive o privilégio de analisar milhares de pessoas – algumas estavam entre as mais ricas e bem-sucedidas dos Estados Unidos, outras eram um verdadeiro fracasso. Em todos os casos, as pessoas bem-sucedidas tinham seguido um plano definido, e as malsucedidas não dispunham de planejamento algum. Com base nessa observação, concluí que tanto o sucesso como o fracasso têm uma causa. Na verdade, a observação me ensinou que o sucesso obedece a 17 princípios fundamentais, e os bem-sucedidos sempre combinam alguns deles em seus empreendimentos.

Um desses princípios – a Regra de Ouro, mencionada e sugerida em tantas pregações – vem sendo atualmente negligenciado pela maioria.

Essa regra simples da conduta humana quer dizer o seguinte: o que fazemos ao outro ou pelo outro fazemos a nós ou por nós. Compreenda isso, e a Regra de Ouro assumirá um significado totalmente diferente.

Não vou fazer aqui o "sermão da Regra de Ouro", mas oferecer em primeira mão informações confiáveis sobre sua atuação. Para isso, devo utilizar exemplos pessoais, pois só posso ter certeza absoluta dos meus motivos e das minhas emoções; minha opinião sobre os verdadeiros motivos e sentimentos alheios baseia-se obrigatoriamente em observações.

A visão que apresento nada tem a ver com a moral nem com o futuro. Trata somente do aqui e agora. Oferece uma solução para os problemas urgentes da vida, que todos enfrentamos no dia a dia. E oferece ainda o melhor caminho para a felicidade, por uma razão muito simples: para que um indivíduo chegue ao sucesso com base nessa regra, outro não precisa fracassar.

Decidi escrever isto por causa da guerra inútil que se trava entre capital e trabalho. Digo que se trata de uma guerra inútil porque, ao fim, ambos os lados estarão derrotados. Existe uma lei, tão imutável quanto a Lei da Gravidade, que diz: quem destrói o próximo destrói a si mesmo. Você já tinha pensado nisso?

O QUE FAZEMOS AO OUTRO OU PELO OUTRO FAZEMOS A NÓS OU POR NÓS.

Vamos rever os anos que passaram tão rapidamente e analisar alguns dos resultados da aplicação da Regra de Ouro.

Em 1918, ao fim da Primeira Guerra Mundial, Arthur Nash, um alfaiate de Cincinnati, viu seus negócios à beira da falência. Faltava-lhe capital operacional. As despesas devoravam os lucros. Em desespero, sem ter como conseguir mais dinheiro, quando tudo o mais havia falhado (repare nas palavras "quando tudo o mais havia falhado"), ele resolveu experimentar a Regra de Ouro como último recurso.

Chamando os empregados, falou sobre as dificuldades nos negócios. Disse que havia uma chance em 10 mil de salvar a empresa e que iria agarrar-se a ela. Ofereceu então sociedade aos empregados: todos teriam participação nos lucros, desde que deixassem de lado horários, conveniências e confortos pessoais, dedicando-se inteiramente ao trabalho. “Se isso não salvar a empresa, nada salvará, mas acredito que, se unirmos corações, mentes e almas, vamos vencer.”

Os empregados também acreditaram. Uniram corações, mentes, almas e mãos. E isso não foi tudo. Deram uma busca em gavetas, contas de poupança e lugares secretos e juntaram suas parcas economias, investindo tudo na empresa. Isso ajudou, mas o fator mais importante foi o espírito com que se dedicaram ao trabalho – o verdadeiro espírito do desejo de fazer os negócios melhorarem. E melhoraram. Na verdade, jamais tinham ido tão bem.

Tive o privilégio de ser o primeiro a escrever sobre o assunto em uma revista e, acredite se puder, Arthur Nash e seus empregados, que nada mais fizeram do que praticar a Regra de Ouro, ganharam a primeira página dos maiores jornais do país e espaço generoso em todas as publicações. A publicidade obtida pela original experiência não tem preço, mas o espaço custaria 1 milhão de dólares.

Quando Arthur Nash morreu, daí a alguns anos, estava rico, e seu negócio de alfaiataria gerava um lucro superado por pouquíssimas empresas. O que ele fez pelos empregados fez por si. Todos foram responsáveis.

Não existe aí segredo algum. O episódio virou história, uma história bem divulgada e conhecida. Muitos anos já se passaram. A Regra de Ouro não foi patenteada e pode ser adotada por qualquer um – patrão, empregado ou quem quiser. Talvez seja este o problema: a Regra de Ouro está liberada. Quem sabe, se houvesse uma lei que a proibisse, mais gente resolveria aplicá-la?

Alguns anos atrás, Henry Ford surpreendeu o mundo dos negócios ao anunciar que, daquele dia em diante, nenhum funcionário de sua empresa ganharia menos de 5 dólares por dia. Todo mundo opinou sobre a nova política de Ford, mas ninguém previu as consequências. Os concorrentes tacharam a atitude de “traição”. Segundo eles, tamanha audácia seria um convite à ruína, tanto daquele setor quanto de outros setores. Mas estavam errados! Em vez de prejudicial, a decisão se mostrou uma das mais sábias tomadas por Ford. Vamos resumir os benefícios colhidos por ele. Primeiro, atraiu bons empregados, pois todos queriam trabalhar para um patrão que, espontaneamente, pagava bem. Em segundo lugar, reduziu as despesas operacionais da empresa, pois cada funcionário se tornou automaticamente o próprio supervisor. Nenhum deles fingia cumprir as tarefas nem entregava trabalho aquém do esperado, seja em qualidade ou quantidade, para não correr o risco de perder o emprego. Os benefícios não terminam aí, porém. Por mais de 20 anos, o plano praticamente protegeu a empresa de Ford contra questões trabalhistas, já que ele oferecia mais do que o sindicato pedia. Mesmo agora, na época em que escrevo este livro, quando os líderes trabalhistas parecem ter perdido o senso das medidas, John L. Lewis – um deles – teve o cuidado de escolher a General Motors, e não a Ford, como a primeira fábrica de automóveis a ser abordada.

Quando Henry Ford elevou o salário dos funcionários, talvez não quisesse exatamente administrar seus negócios de acordo com a Regra de Ouro, mas o resultado foi o mesmo. O que contou foi a ação. Em uma das minhas viagens, li um lema de poucas palavras que me impressionou como nenhum outro: "Ações em vez de palavras."

Se vista como um conjunto de palavras, a Regra de Ouro não passa de uma sucessão de sons sem benefício prático. Quando traduzida em ações, porém, a história é muito diferente.

Quanto mais observo as pessoas – tanto as bem-sucedidas quanto as malsucedidas financeiramente –, mais me convenço da frequência com que esse lema é interpretado ao contrário: "Palavras em vez de ações". Se vista como um conjunto de palavras, a Regra de Ouro não passa de uma sucessão de sons sem benefício prático. Quando traduzida em ações, porém, a história é muito diferente.

A Regra de Ouro, se transformada em ações, equivale a oferecer mais serviço do que se recebe em pagamento. Para que se obtenha o benefício máximo dessa importante regra da conduta humana, é assim que deve ser. Todo líder precisa aprender e ensinar a seus seguidores essa verdade.

Fiz uma descoberta surpreendente acerca do poder da Regra de Ouro, algo que desconhecia e de que jamais tinha ouvido falar: quando em dificuldade, a melhor atitude do indivíduo é ajudar outro que passe por dificuldade semelhante. Em praticamente todos os casos, ele acaba descobrindo que se ajudou. "Ajuda o barco do teu irmão a atravessar o rio, e quando menos esperares o teu terá feito a travessia", diz o provérbio hindu.

Abrangentes e variados são os efeitos do serviço prestado com base na Regra de Ouro. Unidos, todos os sindicatos do mundo não seriam capazes de garantir a um indivíduo as vantagens que ele pode obter ao adotar a Regra de Ouro e viver de acordo com ela, dando tudo de si – não uma vez ou outra, mas como um princípio. Quem age assim não precisa da ajuda de associações trabalhistas nem de força alguma para obter o que a vida tem de melhor.

As pessoas que vivem literalmente de acordo com a Regra de Ouro possuem um poder fantástico de atrair e agradar e não encontram dificuldade para obter cooperação sem precisar pedir. Não faz muito tempo, fui convidado por Herman Schatzman, da Western Union Telegraph Company, para fazer uma longa viagem de carro durante a qual fizemos contato com muita gente, em circunstâncias variadas. Surpreso e curioso ao ver a cortesia com que as pessoas se aproximavam dele, eu resolvi investigar a causa. Certa vez, ele se dirigiu a uma estrada particular guardada por um policial. Schatzman tomou a iniciativa de falar:

– Estamos interessados em ver esta área. O senhor faria a gentileza de abrir o portão?

O policial se dirigiu para o portão, mas hesitou e, voltando-se, perguntou:

– Quem vocês pretendem visitar? Aqui só podem entrar pessoas autorizadas.

Schatzman respondeu imediatamente:

– Quero mostrar este lugar bonito ao meu amigo.

Sem mais perguntas, o policial abriu o portão, e nós entramos. Percebi que o homem nos olhava intrigado, obviamente se perguntando por que havia desrespeitado o regulamento, deixando-nos passar. Eu também me perguntei. Mas antes do fim do dia descobri o segredo.

Algum tempo depois, em uma área movimentada de Newark, em Nova Jersey, Schatzman passou pelo dissabor de ter um pneu estourado. Para piorar, estávamos diante da entrada principal de uma empresa, obstruindo a passagem. A uns 30 metros de distância, um policial orientava o trânsito. Ao nos ver em apuros, aproximou-se, olhou o pneu murcho, e tenho certeza de que estava pronto para nos mandar sair dali quando Schatzman falou, com um largo sorriso:

– Não é uma sorte furar um pneu em um lugar movimentado como este?

O policial mudou de expressão, retribuindo o sorriso:

– É você quem diz, irmão!

Em seguida, para minha surpresa, sinalizou o local, desviando os carros, e orientou-nos até a entrada de garagem mais próxima. A troca demorou cerca de uma hora, mas em momento algum o policial nos apressou. Terminada a operação, ele se aproximou sorrindo generosamente e desejou que tivéssemos mais sorte da próxima vez.

Mais tarde, Schatzman passou por um sinal de trânsito poucos segundos depois de acesa a luz vermelha. Estava quase na metade do cruzamento, quando se ouviu um apito estridente, e um policial fortão se aproximou com aquele jeito de "te peguei". Novamente Schatzman tomou a iniciativa.

– Bobagem minha não ter visto o sinal vermelho. Quando o olhei de longe, estava verde.

O policial o observou por alguns segundos, sorriu e nos fez retroceder, sem dizer coisa alguma.

Depois de acompanhar Schatzman por boa parte do dia e vê-lo

tratar com cortesia motoristas de táxi, policiais e diversas outras pessoas nem sempre tão gentis, descobri um segredo muito simples: ele gosta de gente. E reflete esse gosto não somente em ações, mas também em pensamentos. Às vezes, quando eu criticava alguma pessoa famosa cuja conduta não aprovava, Schatzman sempre apontava alguma qualidade que eu tinha ignorado.

Esse homem tinha uma personalidade tão completamente carregada de ideias positivas e construtivas acerca dos outros que todos logo captavam essa sua atitude e a refletiam de volta para ele. Esse é um dos traços estranhos e imponderáveis da natureza humana: as pessoas agem em relação a nós, em pensamentos e ações, de maneira correspondente aos nossos pensamentos. Com os animais acontece a mesma coisa. Um cachorro percebe imediatamente se o estranho gosta ou não de cachorros e costuma retribuir o sentimento. Os pensamentos são transmitidos de um cérebro a outro por uma espécie de telégrafo. Naquele dia, enquanto rodava pelo país com Herman Schatzman, pensei que seria proveitoso para todas as empresas se aquele espírito de amor ao próximo e a recusa em falar mal dos outros pudessem ser introduzidos na mente de patrões e empregados.

Aquele espírito simples, apenas, seria capaz de encerrar disputas trabalhistas, como as que ameaçam a base deste país. E mais: homens e mulheres teriam uma paz de espírito e um equilíbrio até então desconhecidos de quem carrega na mente ambição, maldade, ódio e inveja.

Antes do fim daquele dia filosofei um pouco, perguntando-me por que nenhum dos nossos maravilhosos sistemas de ensino pensou ainda em ensinar a meninos e meninas as vantagens da gentileza. Não pude deixar de me perguntar também por que os líderes das finanças e do trabalho não descobriram as múltiplas bênçãos que poderiam atrair para si e para seus seguidores, com a simples atitude de pensar no outro em termos de bondade humana.

Acredito que uma das maiores fraquezas da maioria dos seres humanos é sua tendência a procurar a causa de suas dificuldades em toda parte, menos no próprio estado de espírito. Acredito também, sem sombra de dúvida, que estamos onde estamos e somos o que somos, nos aspectos financeiro e espiritual, como resultado dos pensamentos que dominam nossas mentes.

CAPÍTULO 36

ATITUDE MENTAL ADEQUADA

Não faz muito tempo, tive o privilégio de passar a tarde com Esperanza Garrigue, uma professora de canto nova-iorquina internacionalmente conhecida. Na ocasião, ela me fez um interessante relato de seus primeiros contatos com Graham McNamee, que gostaria de ser cantor, mas não tinha dinheiro para pagar as aulas. Madame Garrigue observou o rapaz cuidadosamente. Ele queria tanto ser cantor que não se importaria de passar fome. Ela concluiu que valia a pena investir nele e aplicou-se ao máximo.

Quando se tornou um conhecido locutor de rádio e o dinheiro começou a entrar, McNamee procurou Madame Garrigue para saldar sua dívida com ela. Ao ouvi-la recusar a oferta, ele sugeriu outra forma de pagamento: proporcionar a um jovem a mesma oportunidade que ele tinha recebido. Depois de 150 dólares gastos em anúncios, eles finalmente encontraram o que procuravam – por incrível que pareça, um rapaz que trabalhava no próprio estúdio da rádio, como office boy. Depois de seis anos de treinamento, o rapaz foi lançado como cantor. A dívida de McNamee estava paga. Não é de admirar que ele esteja fazendo fortuna como locutor de rádio. Não é de admirar que o público goste dele. Talvez pouca gente saiba por que a voz de McNamee soa tão agradável. Eu mesmo não sabia, até conhecer sua filosofia de relacionamento com as pessoas, mas a verdade é que ele dá cor à voz com uma atitude mental que reflete a Regra de Ouro. Ele tem ideias boas a respeito dos outros e vive a Regra de Ouro em pensamentos e ações. Por isso prospera. Não me refiro apenas a riquezas materiais, mas também a riquezas espirituais. Graham McNamee vive em paz consigo porque está em paz com o próximo.

"O homem colhe o que semeia." Milhares de sermões foram pregados a partir dessa frase tão curta, mas poucos transmitiram o verdadeiro significado da filosofia nela contida. Nos dias de hoje, a maior fortuna da América, se não do mundo, provavelmente pertence a John D. Rockefeller, o fundador da Standard Oil. Por mais de um quarto de século, os Rockefellers, pai e filho, dedicaram a maior parte de seu tempo a distribuir dinheiro. Para que essa distribuição fosse bem-feita, uma grande equipe de cientistas e experts em negócios foi contratada por meio da Rockefeller Foundation. Sua tarefa era cuidar para que o dinheiro fosse usado para o bem do maior número possível de pessoas. As polpudas doações, que chegam a cerca de 1 bilhão de dólares, em nada prejudicaram a situação da empresa, que continuou a crescer e prosperar. Tudo que os Rockefellers tocam vira ouro. Existe um fato interessante a respeito de suas doações: a intenção não é receber algo em troca. Os que pretendem pôr em prática a Regra de Ouro devem analisar as últimas palavras do período anterior. O patriarca talvez tenha empregado métodos cruéis contra os concorrentes, durante seus primeiros tempos de atuação, quando ainda não possuía fortuna tão grande. O fato é que os Rockefellers foram generosos no uso do dinheiro, e alguma força não identificada tem sido generosa com eles, devolvendo-lhes muito mais do que vêm distribuindo.

Charles M. Schwab teve a felicidade de unir-se a Andrew Carnegie quando era ainda muito jovem. O próprio Carnegie me disse que Schwab nunca precisou de supervisor nem de relógio-ponto para registrar suas entradas e saídas. Schwab cuidava de si e sempre estava disponível quando necessário, a qualquer hora. Teria Carnegie exigido esse tipo de serviço? Não! Foi tudo ideia do jovem Schwab. E valeu a pena ir além de suas obrigações? Ele não estaria melhor se fosse apoiado por um sindicato cujos líderes cuidassem para que não trabalhasse mais de oito horas por dia? A resposta a essa pergunta é interessante. Ao estabelecer o próprio horário e dedicar-se muito mais do que o patrão poderia pedir, Schwab estabeleceu o próprio salário, bem acima do que qualquer sindicato poderia determinar. E Carnegie pagava com satisfação – às vezes, cerca de 1 milhão de dólares anuais.

Quando Schwab começou a trabalhar para Carnegie, era pobre e inexperiente. Tinha pouco estudo. No entanto, seu estado de espírito e sua visível atitude mental, rendeu-lhe vantagens e privilégios frequentemente não alcançados por quem insiste em medir o trabalho pelo relógio e pela tabela do sindicato. Como disse Carnegie, esse estado de espírito, que se provou vantajoso para Schwab, é "altamente contagioso". Os colegas de trabalho de Schwab logo captaram sua atitude mental, passando-a adiante e espalhando a harmonia no ambiente de trabalho. A harmonia é um bem intangível, mas gera dinheiro para quem a inspira.

O valor desse princípio é inestimável. Use-o sempre que puder.

Schwab inspirou harmonia e bons sentimentos porque possuía a atitude mental adequada em relação às outras pessoas. Foi essa atitude mental que lhe rendeu a fama de ser um dos maiores vendedores do país. Claro que ele é um grande vendedor, por causa de sua atitude mental, construtiva e contagiosa. As pessoas que convivem com ele captam esse estado de espírito e o refletem, passando-o adiante. Uma jovem que trabalhou como secretária de Schwab disse: "O privilégio de ter contato diário com a mente dele vale mais do que todos os diplomas do mundo. Esse contato nos desperta a vontade de agir corretamente em relação aos outros".

> A HARMONIA É UM BEM INTANGÍVEL, MAS GERA DINHEIRO PARA QUEM A INSPIRA. O VALOR DESSE PRINCÍPIO É INESTIMÁVEL. USE-O SEMPRE QUE PUDER.

Que elogio! No entanto, a atitude

mental de Schwab custou-lhe apenas autocontrole e o desejo genuíno de ser útil. Tal atitude traz muitas vantagens, pois, por ser agradável e atraente, faz as pessoas sentirem vontade de cooperar, além de proporcionar paz de espírito e satisfação pessoal inigualáveis. Schwab converteu sua atitude mental em milhões de dólares e em centenas de milhares de empregos, que correspondem a centenas de milhões de dólares em salários. Na verdade, a atitude Regra de Ouro é uma lâmpada de Aladim que nunca falha.

Quando os seres humanos vão entender a importância da atitude mental? Quando vão perceber que o estado de espírito é o único responsável por sua valorização e seus salários? Quando vão começar a controlar o estado de espírito? Responda a essas perguntas e alcançará a mesma fama e riqueza de Schwab, Rockefeller ou qualquer dos outros que, com certeza, sabem a resposta. Se existe alguma coisa que torna a pessoa indispensável ao patrão ou ao público é sua atitude mental.

Estendendo o assunto, devo chamar a atenção para a atitude mental de Carnegie. Ele sempre soube o valor de uma atitude mental adequada e de uma personalidade agradável, nunca hesitou em pagar um alto preço por essas qualidades. No entanto, poucos patrões teriam pago milhões de dólares a Schwab, por mais que ele merecesse. Na época, a tendência era achatar os salários ao máximo. Carnegie sabia mais, porém. Sabia que a melhor maneira de conquistar e manter gente do tipo de Schwab era permitir que fosse recompensado proporcionalmente a seu valor real. O fato de Carnegie ter feito mais milionários do que qualquer outro envolvido na indústria do aço depõe a favor de sua grande sabedoria.

Com frequência, ouço dizer: "Acredito na Regra de Ouro e gostaria de aplicá-la aos meus negócios, mas isso representaria um suicídio financeiro, porque os outros não vivem sob a mesma regra!" Devo confessar que também cometi o erro de pensar assim.

A verdade é que os indivíduos que vivem sob a Regra de Ouro não podem ser despojados de seus ganhos, ainda que os outros não partilhem da mesma filosofia. A razão para isso é muito simples: quem pratica a

Regra de Ouro desenvolve um aspecto espiritual imponderável, conhecido como atitude mental adequada, atraindo amigos, circunstâncias, ideias e oportunidades favoráveis que, sem ela, sequer seriam notados. Os semelhantes se atraem! Suponha que aqueles com quem você tem negócios se recusem a viver sob a Regra de Ouro. Quem perde são eles! A sua estrita observância dessa filosofia talvez permita que um deles engane você, caso tenha oportunidade. Mas para cada um que fizer isso, dez outros, dispostos a agir corretamente, se sentirão atraídos pela sua atitude, e os seus ganhos serão mais do que suficientes para compensar um eventual prejuízo. É assim que funciona a lei da compensação.

Muitas vezes ouvi dizer que as pessoas demonstram quando estão prontas para determinada situação. Na primeira vez, duvidei de que isso fosse verdade. Isso aconteceu porque eu ainda não conhecia bem a Regra de Ouro nem o significado de "estar pronto". Afinal, tinha vivido até então na certeza de estar pronto para ganhar dinheiro, fazer amigos e ser feliz, mas nada disso vinha acontecendo. Na verdade, porém, eu não estava pronto. Prontidão para receber significa esvaziar a mente e desenvolver a atitude mental adequada. Muita gente comete o mesmo erro, confundindo necessidade com prontidão. Há pouca ligação – se é que existe alguma – entre a necessidade do indivíduo e o que ele obtém. Todos nós precisamos de dinheiro, de amigos, de oportunidades, mas essas conquistas requerem uma atitude mental adequada.

> TODA CONQUISTA REQUER UMA ATITUDE MENTAL ADEQUADA. COMECE A VIVER DE ACORDO COM A REGRA DE OURO E VAI SABER MAIS SOBRE SUA NATUREZA DO QUE EU SERIA CAPAZ DE ENSINAR EM CEM ANOS DE ESFORÇO CONTÍNUO.

Por uma estranha reação química que se passa na mente, ainda não identificada pela ciência, quem vive – e sabe por que vive – estritamente de acordo com a Regra de Ouro cria a atitude mental indispensável à atração de tudo que deseja na vida. Acredito que você só vai entender essa afirmativa depois de absorver a verdade que tento transmitir. A força mágica da Regra de Ouro não pode ser descrita ou transferida por meio de palavras, apenas. Só se aprende essa lei tão importante por meio de ações. Comece a viver de acordo com a Regra de Ouro, e vai saber mais sobre sua natureza do que eu seria capaz de ensinar em cem anos de esforço contínuo. Você nunca vai receber os benefícios dessa filosofia de vida somente acreditando nela ou falando dela.

Mais de vinte e cinco anos atrás, comecei a estudar as causas do sucesso e do fracasso. Passei quase um quarto de século apegado ao objetivo que escolhi, embora o trabalho não me rendesse dinheiro. Muitos amigos disseram que eu desperdiçava tempo, porque era obrigado a exercer paralelamente uma atividade remunerada. O engano dos meus amigos estava em seu conceito de "pagamento". É verdade que ajudei milhares de pessoas a solucionar os próprios problemas, sem receber vantagens financeiras. Mas pense, por um momento, no que aquelas milhares de pessoas me deram. Ao estudar seus problemas e ajudá-las a resolvê-los, adquiri o conhecimento necessário para organizar uma filosofia prática para a realização individual. Essa filosofia atualmente serve a gente de todo o mundo e me garante os ganhos de que preciso. O que recebo não vem daqueles a quem servi diretamente, mas de outros que se dispõem a pagar pelo conhecimento que acumulei ao prestar serviço. É a lei da compensação.

CAPÍTULO 37

ALGUMAS EXPERIÊNCIAS PESSOAIS

Voltando ao assunto da atitude mental como primeiro passo em direção à prontidão para receber as bênçãos da vida, quero descrever minha mais dramática e importante experiência.

Durante a Depressão, fui procurado por dois homens que me convenceram a fazer parte de um ciclo nacional de palestras. Somente mais tarde descobri que eles eram movidos por sentimentos desonestos e egoístas. Queriam usar meu nome para conquistar a confiança das pessoas de quem não teriam como se aproximar. Sua intenção era vender cotas de participação no projeto de um filme. Eles não somente enganaram muitos amigos meus com quem fizeram contato por meu intermédio, deixando-me em posição delicada, como conseguiram que eu e meus parentes colaborássemos com vultosas somas. A família queria denunciá-los, mas eu impedi, salvando-os da cadeia. Preferi assumir a responsabilidade e devolver cada centavo. Durante o tal ciclo de palestras, conheci uma moça que veio a ser minha mulher. Ela trouxe para minha vida qualidades mentais e espirituais tão valiosas que me senti no dever de conceder esse crédito aos dois cavalheiros enganadores. Eles me tomaram dinheiro, mas, intencionalmente ou não, recompensaram-me com algo mais precioso do que todos os tesouros do mundo. Ficariam surpresos caso soubessem que, ao trapacear, perderam uma oportunidade que lhes renderia mais de dez vezes o que conseguiram desonestamente.

Toda adversidade carrega a semente de uma vantagem equivalente.

Essa regra, que não admite exceção, explica por que muitos aparentes fracassos se revelam verdadeiras bênçãos. Thomas A. Edison enfatizou essa verdade quando, perguntado se a surdez não o havia prejudicado, respondeu: "Não. Foi uma bênção, porque me forçou a ouvir o que vem de dentro. Assim, desenvolvi um sexto sentido que possibilitou a maior parte das minhas invenções."

> TODA ADVERSIDADE CARREGA A SEMENTE DE UMA VANTAGEM EQUIVALENTE.

Emerson estava certo ao dizer: "Ninguém pode lhe fazer mal, a não ser você mesmo." Não faz muito tempo, minha mulher criou e aperfeiçoou um jogo destinado a conscientizar o jogador dos perigos dos automóveis. Ela entregou o produto pronto a um dos nossos conhecidos, para que o comercializasse. O dinheiro apurado seria dividido igualmente entre os dois. Quando procurou saber como andavam os negócios, descobriu que o conhecido tinha patenteado o jogo em nome dele e vendido a um grande fabricante.

Você acha que nós o processamos por fraude? Nada disso. Nenhum tribunal resolveria o caso tão satisfatoriamente quanto nós. E foi exatamente o que fizemos. Primeiro, entramos em contato com o advogado que havia registrado a patente e revelamos a fraude, apresentando provas. A patente pertencia, por direito, ao criador do jogo, e o advogado reconheceu isso. Então, formalizamos um acordo por meio do qual ficou acertado que receberíamos uma porcentagem dos royalties – uma pequena parte do que pensávamos que iríamos receber inicialmente. A oferta foi aceita, e a questão se encerrou.

Agora, vamos ver quem perdeu mais na transação. Havia ali, oculto, um aspecto valiosíssimo para minha mulher e para mim. Nenhum tribunal – tampouco o homem que tentara nos enganar – teria condições de identificar tal aspecto. Trata-se de uma evidência de que "toda adversidade carrega a semente de uma vantagem equivalente".

Essa vantagem foi a descoberta de que minha mulher possuía um genuíno talento criativo. Foram necessárias as intenções maliciosas de um homem desonesto para chamar a nossa atenção e revelar esse talento. A partir daí, fizemos outra descoberta, ainda mais importante: aquela criatividade poderia ser transferida para outros canais, o que me seria útil de mil maneiras.

Ficamos ressentidos com o sujeito desonesto, que pretendeu apoderar-se dos direitos sobre a capacidade criativa da minha mulher? Nada disso! Ao contrário, nós o colocamos em uma das primeiras posições da lista de pessoas a quem abençoamos diariamente – gente que, de um modo ou de outro, contribuiu para nosso desenvolvimento e progresso. Logo abaixo do nome dele vêm os nomes dos dois homens que fraudulentamente me tomaram um bom dinheiro e me levaram ao sul, em uma "excursão caça-níqueis" durante a qual conheci a pessoa que me proporcionou uma riqueza somente possível pelo crescimento espiritual.

Quando bem jovem, eu imaginava filósofos do quilate de Ralph Waldo Emerson como indivíduos de cabelos longos, cheios de teorias, mas com pouca habilidade prática para lidar com os problemas da vida. A própria vida, porém, fez-me mudar de ideia. Hoje considero o conhecimento básico de filosofia indispensável a todas as pessoas. Devemos, pelo menos, saber que todo efeito tem uma causa e aprender a julgar as causas pelos efeitos.

CAPÍTULO 38

A GUERRA ENTRE PATRÕES E EMPREGADOS

Na batalha travada entre capital e mão de obra, podemos perceber os benefícios da filosofia. Observe, por exemplo, as atitudes do líder trabalhista John L. Lewis. Obviamente,

seu objetivo é controlar o setor industrial e o governo. Sob as atuais circunstâncias, ele parece estar conseguindo, parece estar em vantagem. O próprio governo, na pessoa de seus líderes, pende para o lado de Lewis. Mas esses fatos tendem a enganar quem não fizer um estudo profundo de causa e efeito.

"O homem colhe o que semeia."

Nessa frase curta encontra-se a explicação do que acontece a Lewis e a seus incentivadores e partidários. Ninguém precisa ser filósofo ou profeta para prever as consequências. Sua saída de cena é tão certa quanto o fato de que todos nós vamos morrer um dia. A razão para isso é que muitos líderes destroem em vez de construir. O tempo é inimigo mortal de quem destrói e amigo de quem constrói. Nem todos os seres humanos juntos mudariam essa lei. Nenhum presidente ou político pode livrar Lewis dessa lei imutável. Guarde bem esta afirmativa: quando a vida política de Lewis se encerrar, como resultado de suas ações, o poder será tomado por aqueles que ele hoje chama de seguidores.

Aos nossos trabalhadores pode faltar escolaridade, mas não o senso prático. Quando caem em si, como sempre acontece durante as crises, eles sabem o que fazer e têm coragem para agir.

Já que falamos de Lewis, vamos tratar de seus opositores. Lewis selou a própria sorte, e nada se pode fazer. Com os patrões, que ele combate com tanta energia, a situação é diferente. Embora muitos tenham cometido graves erros na relação com os empregados, ainda existe salvação. Os que quiserem salvar-se devem imediatamente erguer barreiras permanentes, para proteger-se de Lewis e de sua filosofia – barreiras irremovíveis, seja pelo governo ou pelo próprio Lewis.

Henry Ford quase conseguiu isso, ao estabelecer sua famosa escala de pagamento a partir de 5 dólares por dia, há vinte anos. Walter Chrysler, fundador da Chrysler Corporation, fábrica de automóveis com sede em Detroit, fez uma débil tentativa, ao elevar voluntariamente a folha de pagamento dos trabalhadores de sua empresa em mais de 50 milhões de dólares. Mas nenhum dos dois avançou o suficiente.

À disposição dos patrões – e de Lewis também – existe uma lei que nem o Supremo Tribunal pode revogar ou declarar inconstitucional. Essa lei é, simplesmente, a Regra de Ouro, cujas variadas combinações e aplicações tentei descrever.

Se Walter Chrysler passasse por cima de John L. Lewis e falasse diretamente aos empregados, ao anunciar o aumento de 50 milhões na folha salarial, dizendo-lhes que, daí por diante, seriam parceiros nos negócios, participando dos lucros tal como os acionistas que investiram na empresa, teria detido o líder trabalhista para sempre. Claro que deve haver restrições à participação nos lucros, sendo uma delas a obrigação de adotar a atitude mental adequada: em vez de dedicar ao trabalho determinado número de horas, os empregados seguiriam a forte determinação de dar o melhor de si. Assim, a proposta incluiria uma lista completa das condições para a participação nos lucros. Seria "serviço Regra de Ouro em troca de pagamento Regra de Ouro".

O TEMPO É INIMIGO MORTAL DE QUEM DESTRÓI E AMIGO DE QUEM CONSTRÓI.

Nada impede um patrão de passar por cima de um autointitulado líder trabalhista e tratar diretamente com seu pessoal, com base na Regra de Ouro. Nem todas as medidas tomadas pelo presidente Roosevelt poderiam proibir isso. E nem todos os demagogos da face da Terra – e existem muitos deles – conseguiriam controlar os empregados que agissem em parceria com os patrões, fundamentados na Regra de Ouro.

Alguns podem argumentar: "Não vai dar certo. Patrão algum vai querer pagar salário e, também, dar participação nos lucros". Não concordo com esse ponto de vista. A verdade é a seguinte: os patrões se sentirão forçados a adotar a Regra de Ouro no relacionamento com seus empregados, para não perderem a posição conquistada. Os tempos mudam. A civilização indica claramente uma drástica mudança de rumo; uma mudança que levará as pessoas a se relacionarem com base na Regra de Ouro.

Mas, supondo que esse ponto de vista não passasse de uma teoria idealista demais, vamos analisar a situação por outro ângulo. O patrão que voluntariamente oferecer aos empregados participação nos lucros aumentará seus ganhos. Em primeiro lugar, qualidade e quantidade superiores de serviço, oferecidas pelos empregados sob a Regra de Ouro, garantirão dinheiro extra, para não mencionar a economia representada pela ausência de greves e danos ao patrimônio. Arthur Nash provou isso de maneira inquestionável. Assim, a quantia gasta por muitos patrões para enfrentar Lewis e outros líderes trabalhistas seria suficiente para pagar dividendos aos empregados, desde que houvesse um plano prático de trabalho, baseado na Regra de Ouro.

Henry Ford esteve muito perto de adotar a política da Regra de Ouro, quando lançou o salário mínimo de 5 dólares por dia. No entanto, é óbvio que sua atitude foi inteligentemente planejada para o exato resultado que produziu, ou seja, levar a melhor sobre os sindicatos e aumentar a eficiência dos empregados. Faltou à estratégia o espírito da Regra de Ouro – a força que a teria feito destacar-se, como a Rocha de Gibraltar, contra os adversários que pretendiam controlar a empresa de Ford. No início,

Henry Ford foi inflexível, o que reflete sua incrível determinação. Não havia, porém, a cordialidade do amor fraternal, tão clara nas palavras do Mestre no Sermão da Montanha.

Os 50 milhões de dólares correspondentes ao aumento na folha de pagamento da Chrysler poderiam ter sido jogados ao mar, se pensarmos em seu resultado. Não é segredo que aquela foi uma solução de última hora, uma espécie de suborno, para manter os empregados longe de Lewis. A ação, em si, foi elogiável, mas com um espírito sem a força vital que move montanhas.

Em ambos os casos, conhecidos do público, encontra-se uma pista do que pode ser a saída para os empregadores. Não existe outra possibilidade, a não ser abrir mão da propriedade e, talvez, de certos privilégios. Talvez a frase "Isso não acontece aqui" soe bem como título de best-seller, mas poucos pensadores verdadeiros concordariam. Porque já aconteceu, em vários pontos do país.

No conflito entre capital e mão de obra, os adversários e boa parte do público não parecem ter entendido bem o significado da palavra "capital". Capital e mão de obra englobam três fatores, que são: 1) indivíduos que trabalham com as mãos; 2) dinheiro ou equivalente em forma de crédito; e 3) cérebros que administram e orientam o uso da mão de obra e do dinheiro. O terceiro item é, de longe, o mais importante, pois são raros os cérebros capazes de administrar e orientar os esforços dos empregados e utilizar e conservar inteligentemente o dinheiro. No setor de mão de obra, poucos desses cérebros podem ser encontrados, e entre os chamados líderes trabalhistas não há nenhum. Não chega a 1 para 10 mil a porcentagem de empregados com capacidade ou disposição para assumir a responsabilidade de administrar a empresa em que trabalham, ainda que tal oportunidade fosse oferecida em uma bandeja de prata. Esse fato é tão óbvio que nem precisa de comprovação.

Os cérebros que administram o capital devem não somente orientar com eficiência os esforços dos empregados mas também encontrar mercados para os produtos. Isso exige talento altamente especializado, o que não se encontra no setor de mão de obra, exceto em casos raríssimos. Os produtos precisam ser levados da fábrica para o local onde serão consumidos, o que requer gerenciamento de alta especialização no campo dos transportes.

Parece realmente estranho que trabalhadores sejam levados a acreditar que seus problemas acabam com a simples indicação de Lewis para falar por eles. O máximo que um líder trabalhista pode fazer é receber contribuições sindicais e prejudicar os patrões, atrapalhando seus negócios. Isso, no entanto, não resolve os problemas dos empregados; complica, apenas.

Na verdade, uma cabeça sozinha nunca está completa. As pessoas que alcançam o sucesso depois de superar grandes obstáculos só conseguem isso por meio de alianças. Carnegie se cercou de cientistas, químicos, técnicos e consultores de negócios, todos altamente talentosos – e regiamente pagos, é bom que se diga. Sem essa colaboração, ele não teria acumulado tantos milhões.

Suponha que um líder trabalhista, com o apoio do governo dos Estados Unidos, afundasse as siderúrgicas e as assumisse. E então? Quem administraria? Quem entraria com o dinheiro para operação? Quem venderia a produção às fábricas? Quem transportaria o material? Seria Lewis um administrador tão eficiente quanto Charles M. Schwab, Tom Girdler ou Myron Taylor? No setor de mão de obra, existe alguém capaz disso? Duvido!

Essas são algumas das perguntas a serem respondidas pelo setor de capital e pelo setor de mão de obra, antes que resolvam destruir-se mutuamente.

O que é de todos não é de ninguém! Portanto, o lado que deve tomar a iniciativa de apaziguar o conflito é, sem dúvida, o dos que controlam o capital. Na verdade, eles são os únicos capazes de encerrar o conflito, por serem os únicos realmente capazes de gerenciar a grande estrutura industrial, econômica e financeira sobre a qual a nação se ergue. A mão de obra organizada, com certeza, merece toda a consideração. Trata-se de uma causa tão importante que pede uma liderança da qualidade de Abraham Lincoln, gente com senso de justiça, equilíbrio e, acima de tudo, coração honesto. Atualmente não existe, no seio da liderança trabalhista, quem preencha esses requisitos. Além disso, os líderes, em sua maioria, são considerados, por seus seguidores e pelo público em geral, pouco competentes para negociar de maneira produtiva com indivíduos como os que administram o capital. Essa não é uma declaração agradável de se fazer, mas tem uma compensação: é verdadeira.

Tudo isso não passa de mais uma razão pela qual a iniciativa de apaziguar a disputa deve recair sobre os ombros dos capitalistas. Inteligência superior e poder, venham de onde vierem, carregam a responsabilidade de serem exercidos com respeito e sabedoria.

> INTELIGÊNCIA SUPERIOR E PODER, VENHAM DE ONDE VIEREM, CARREGAM A RESPONSABILIDADE DE SEREM EXERCIDOS COM RESPEITO E SABEDORIA.

Todo problema tem solução. Mas frequentemente acontece de a pessoa mais capacitada a resolver um problema não estar diretamente ligada a ele ou não ser influenciada de perto por ele.

Sim, a chantagem trabalhista tem solução! E vamos usar o nome certo, porque se trata exatamente disto: uma mera chantagem, cruel e desgastante. Dois grupos são os que mais sofrem com isso. Um é formado pelas pobres vítimas, coagidas ou atraídas a pagar, sustentando a chantagem; o outro é o povo, para quem vai a conta quando a fumaça da batalha finalmente se dissipa.

Está mais do que na hora de os dois grupos pensarem juntos e encerrarem essa disputa boba. Proponho que todo patrão anuncie imediatamente que, daqui por diante, terá sua empresa gerenciada por um grupo bem escolhido, no qual haverá representantes de quem entra com o dinheiro e de quem entra com o trabalho, sob a política da Regra de Ouro, para uma justa distribuição dos lucros. Proponho também que cada patrão indique um conselho consultivo, formado por pessoas conhecidas da comunidade, agindo desinteressadamente, para unir-se aos dois outros grupos – do capital e do trabalho – na negociação, como representante do público.

Se um industrial fizer tal anúncio, apoiado em ações, os líderes trabalhistas serão mais ou menos tão bem-vindos junto aos empregados quanto seria Leon Trotsky, que foi expulso da Rússia, se pisasse lá novamente.

No setor de capital, existem muitas pessoas inteligentes! Então, por que nenhuma delas demonstra isso, despertando para espantar de vez os chantagistas que recolhem fortunas, anualmente, dos setores de capital e mão de obra?

Eis aqui uma chance para um líder do setor empresarial imortalizar sua empresa e tornar-se inesquecível, convencendo empresários do setor industrial e o público em geral. Mas isso se faz com ações, e não com palavras.

CAPÍTULO 39

O Novo Mundo

Quando o mar da vida mais uma vez se acalmar, e o mundo retornar ao trabalho, retomando a ordem de paz e prosperidade, surgirão novos líderes e um novo tipo de liderança. No campo dos negócios, da indústria, da religião, da política – em todos os setores da atividade humana, enfim –, os líderes vão preferir dar a mão aos seguidores a acumular fortunas.

Uma nova religião está em processo de construção

Quando essa calma chegar – e ela vai chegar –, trará uma nova religião. Uma religião de vida, e não de morte; uma religião que vai ensinar as pessoas tanto a viver quanto a morrer; uma religião cujos seguidores vão exercer a fé por meio do espírito e da prestação de serviço útil, e não da adoração de um ancestral morto; uma religião cujos líderes vão ensinar a beleza do esforço conjunto e o amor entre os seres humanos, em lugar do medo e da superstição; uma religião cujos fiéis serão aqueles que consideram antigos dogmas e antigos credos inadequados a suas necessidades e acreditam na eficácia das ações.

Quando essa calma chegar, a política e a ciência de governar serão eliminadas da categoria de atos desonestos e transações escusas, e o povo vai encontrar mulheres e homens que terão assimilado o espírito da nova era – gente que entenda a Regra de Ouro e viva de acordo com ela.

Quando essa calma chegar, as nações serão governadas por homens e mulheres que resolverão as diferenças por meio da negociação, e não da guerra. E a guerra será reconhecida e rotulada pelo que é realmente: assassinato! Então, o nome de Woodrow Wilson tomará seu lugar de direito ao lado dos nomes de Washington e Lincoln, e o mundo prestará homenagem ao homem que defendeu a negociação, e não a guerra, para resolver as diferenças entre as nações; ao homem que, afinal, empreendeu a "guerra para acabar com as guerras" e buscou um acordo internacional que garantisse a paz permanente.

Quando essa paz se estabelecer, aqueles que enganam, roubam e mancham a reputação dos companheiros, para acumular fortunas de que não precisam e que não conseguirão gastar, serão tratados com o desprezo que merecem.

Sonho! Utopia!

Talvez, se a ideia for analisada com base no nível de inteligência em que se encontra o mundo atualmente. Mas níveis de inteligência mudam. Pense no assunto daqui a dez anos. Não vai parecer tão utópico.

Se alguém lhe dissesse, no início do século 20, que um grande grupo de pessoas seria transportado pelo ar a uma velocidade de mais de 200 quilômetros por hora, você chamaria o sujeito de visionário. E se, um pouco antes, dissessem a você que o rádio encheria o ar de belas músicas, a sua reação seria exclamar: "Maluquice!"

Vivemos em um mundo de rápidas mudanças. Ignorância e superstição desaparecem. O homem deixou de temer o fogo do inferno depois da morte. Deus não é mais considerado cruel, voluntarioso ou arbitrário. A verdade sobre a vida começa a ser conhecida, e com ela surgem novas ideias sobre Deus e a vida após a morte.

A verdade liberta. Esta é uma era de experimentação e descobertas. O mundo aprende a livrar-se dos grilhões da ignorância, da superstição e do medo que sempre provocaram guerras. Hoje, o ser humano começa a erguer-se livre, acima das correntes que ele mesmo criou.

Não é de admirar que dogmas e credos percam a popularidade, enquanto a própria vida e suas necessidades se tornam mais interessantes. "O homem colhe o que semeia." Muitos líderes religiosos do passado foram os mais ativos em espalhar a semente do medo, que hoje o mundo inteiro colhe.

Antigos fanáticos perpetuaram seus credos usando o medo como arma, e até o século 18 conseguiram retardar o avanço da civilização, desencorajando os cientistas que procuravam adquirir e transmitir a verdade e o conhecimento. E mais: desacreditaram filósofos e pensadores que pretendiam esclarecer a humanidade. O imortal filósofo Ralph Waldo Emerson, à época de sua morte, era considerado *persona non grata* por muitos líderes ortodoxos. Os intelectuais Thomas Paine e Robert Ingersoll sofreram a fama de malditos – Paine em especial, já que na época de Ingersoll a opinião pública tinha se tornado um pouco mais liberal e corajosa.

A religião do futuro será de fé, e não de medo; de vida, e não de morte. Os sacerdotes ensinarão mais e pregarão menos, baseando suas teorias em princípios científicos, e não em leis da natureza. A briga entre religião e ciência vai cessar. Os sacerdotes do futuro buscarão transmitir a realidade da vida, provando que só existe um Deus; que esse Deus permeia todo átomo de matéria e toda unidade de energia do universo; que Ele pode ser alcançado por quem quiser aproximar-se – não por um preço, mas por entendimento e harmonia, desejo e oração.

Esta é uma era de revelação da mente humana, e com o melhor conhecimento da vida surgirão líderes capazes de nos elevar em sabedoria e compreensão. A nova era ainda vive em estado embrionário. Criam-se escolas e universidades em todo o mundo. Os cientistas fazem a sua parte, e os sacerdotes, é bom que se reconheça, adaptam-se, seguindo a tendência. Amanhece nas montanhas do Leste. Uma nova luz brilha no céu. Surge um novo dia – um dia em que a humanidade controlará suas instituições, em vez de ser conduzida por elas, como um bando de escravos acorrentados. Um dia em que a humanidade vai progredir!

O clero em geral já despertou para a necessidade de modernizar a religião, por causa das mudanças na civilização. Há pouco tempo, tive o privilégio de assistir a uma série de palestras proferidas aos domingos na igreja metodista de Mt. Vernon Place, em Washington, D.C., quando um grupo de estadistas e homens de negócios se reuniu para falar francamente sobre a nova relação que vem se estabelecendo entre a igreja e os vários setores da economia. Praticamente não havia assentos vagos! Os bancos das igrejas também estariam ocupados se uma parte dos serviços religiosos fosse dedicada à solução dos urgentes problemas econômicos e pessoais que atacam o mundo.

A religião, tal como os negócios, vem sofrendo reformas e mudanças radicais, e essa situação tende a se manter. A religião do futuro deve prestar serviço prático à humanidade; deve ajudar as pessoas a satisfazer a suas necessidades materiais e espirituais; deve basear-se igualmente na prática e na fé.

O mundo dos negócios encontrou um jeito de eliminar o medo e a opressão. A religião fez o mesmo. Negócios e religião serão mais interdependentes, daqui por diante.

Por mais de vinte anos, tive vontade de dizer isso, mas fui impedido pelo medo. A idade e a experiência, aliadas à rápida mudança que se instalou no mundo desde o início da Guerra Mundial, fizeram a coragem vencer o medo. Além disso, as transformações ocorridas no período confirmaram as afirmações.

O medo é o pior inimigo do ser humano. Como um demônio, ele pousa sobre o ombro do indivíduo e sussurra: "Você não pode escrever isto. Cuidado com a opinião pública. Não exponha ideias novas nem defenda estratégias diferentes para os negócios, porque vão rir de você."

O medo da pobreza e o medo da crítica são dois dos piores adversários do ser humano, pois roubam sua iniciativa: paralisam a mão e a mente do gênio que poderia fazer a civilização avançar mil anos em uma geração; enfraquecem a imaginação criativa, que acaba atrofiada por falta de uso e de expressão.

A era em que vivemos precisa de gente corajosa, disposta a descobrir e revelar a verdade, por bem ou por mal, doa a quem doer.

> O MEDO É O PIOR INIMIGO DO SER HUMANO, POIS ROUBA SUA INICIATIVA. A ERA EM QUE VIVEMOS PRECISA DE GENTE CORAJOSA.

Quando passar o sofrimento causado pela Depressão, ainda recente, o mundo experimentará uma nova forma de liberdade, muito melhor, baseada na fé, e não no medo, na verdade, e não na ignorância, no conhecimento, e não em suposições. A nova liberdade atenderá às necessidades e proporcionará os luxos suficientes para satisfazer o indivíduo, em troca de um número menor de horas de trabalho. É terrível o empregado ter de trabalhar de oito a dez horas por dia, recebendo apenas o suficiente para vestir-se, comer e garantir a moradia. Quatro horas de trabalho por dia bastam para suprir as três necessidades básicas da vida.

A nova era de liberdade entregará ao trabalhador uma fatia mais justa de sua produção. Os patrões pensarão mais na felicidade dos empregados do que nos dividendos – se não por escolha, por necessidade.

O setor de mão de obra estará livre não só dos típicos exploradores de antes, mas também dos chamados líderes trabalhistas, mais exploradores do que líderes. Além disso, as organizações sindicais do futuro vão operar sob um sistema que reconheça um conjunto de três interesses: 1) mão de obra; 2) capital; e 3) as pessoas, a quem capital e mão de obra servem. E mais: vão necessariamente operar sob um sistema que reconheça o bom desempenho e o recompense adequadamente, substituindo o atual sistema, que dá ao empregado pouco eficiente (desde que pague as contribuições) o mesmo pagamento e os mesmos privilégios concedidos aos mais eficientes.

Em todos os setores da vida, escravos e senhores são cada vez mais uma relíquia de um passado bárbaro.

O CRIME QUE COMETEMOS CONTRA AS CRIANÇAS

A nova liberdade, em sua forma mais plena, vai proteger os filhos de pais ignorantes que usam a força bruta para corrigir, plantando neles a semente do medo. As crianças serão educadas pela sugestão e pelo exemplo construtivo, e não pelo castigo. Terão liberdade de pensamento e de ação. Sua mente não sofrerá restrições ou deformações impostas por ensinamentos que despertem o medo de Deus e dos homens. Essa nova liberdade deve começar pelas crianças; não será tolerada a prática de intimidá-las, a ponto de impedir que tomem posse da própria mente.

As emoções – o medo, em especial – plantadas na mente da criança por meio de histórias multicoloridas que apelam à imaginação e instalam-se no subconsciente podem permanecer lá por toda a vida!

É um crime plantar na mente de uma criança qualquer ideia negativa, seja qual for sua natureza ou o propósito. Nenhum ser humano tem o direito de podar as chances de sucesso de uma criança, só por ser responsável por seu nascimento. As crianças não pertencem aos pais. Eles apenas têm sua custódia – a mais preciosa das missões temporárias.

O destino do ser humano pode ser, e geralmente é, traçado por ele, com base em influências recebidas na infância.

Crianças costumam aprender a roubar e mentir como resultado de uma conduta equivocada dos pais. Por não saberem como agir com as filhas, muitas mães fazem com que elas tomem o caminho errado. Quando a criança alcança a idade da compreensão, nenhuma informação sobre a vida lhe deve ser negada. O "mistério" do nascimento deve ser explicado assim que ela tiver idade para entender. Mentiras, como a história da cegonha, criam na mente da criança o impulso de mentir sobre outras coisas. As crianças crescem, aprendem a pensar por si, finalmente descobrem a verdade e, com frequência, desenvolvem um ressentimento marcante e permanente contra quem as enganou.

O COMPLEXO DE INFERIORIDADE DEVE DESAPARECER

A era da liberdade não vai tolerar a prática de incutir nas crianças a ideia de que não passam de miseráveis vindos do pó, concebidos e nascidos no pecado e que, portanto, devem temer a Deus. Ao contrário, elas aprenderão que o ser humano tem sua concepção e seu nascimento à imagem de Deus; que suas realizações dependem da decisão de tomar posse e utilizar a Inteligência Infinita. O fato de os jovens desta geração não aceitarem cegamente os ensinamentos rigorosos dos mais velhos representa um dos gloriosos sinais de que a nova era de liberdade já raiou.

Quero deixar claro que minha única queixa contra o rigor é sua característica de principal fonte de medo em todos os tempos. A acusação não é contra indivíduos, mas contra um sistema que escravizou tanto a mente de líderes como a de seguidores.

A nova era de liberdade vai ensinar aos jovens a beleza e as possibilidades da emoção do sexo, em vez de tratar o assunto como algo feio e pecaminoso. Sexo será uma matéria sem mistério, ensinada nas escolas públicas de um jeito honesto, por mentes honestas. Os jovens aprenderão a verdadeira função do sexo, inclusive os valores que podem ser adquiridos por meio dessa bela emoção, e a verdade sobre a energia sexual. Aprenderão que essa é a mais poderosa emoção humana; que o sexo, aliado a outras emoções, tem um valor terapêutico ainda desconhecido; que o sexo controlado, transformado e direcionado com inteligência é capaz de desenvolver gênios em todas as profissões, além de perpetuar a vida.

O objetivo deste livro é fazer pensar! Ele não foi escrito com o propósito de reformar ou destruir a fé em qualquer religião nem de convencer os leitores a pensar como o autor. Não me acredito infalível. Quero que minhas crenças e opiniões sejam julgadas por pessoas versadas na arte de refletir cuidadosamente.

Este livro é um verdadeiro trabalho de amor. Sinto-me pago cem vezes, por haver entrado em contato com ideias que me encorajaram, afastando o desânimo e o medo. Ideias que sintonizaram meu coração às palavras de Max Ehrmann:

"Que eu faça o meu trabalho a cada dia. Quando for alcançado pela escuridão do desespero, que eu não esqueça a força que me confortou em tempos difíceis. Que eu possa me lembrar das horas felizes, quando percorria as colinas silenciosas da minha infância ou sonhava às margens de um rio tranquilo, em meio à agitação dos anos de mudança. Que eu seja poupado da amargura e das paixões avassaladoras dos momentos de precipitação. Que eu saiba que pobreza e riqueza são condições do espírito. Embora o mundo não me conheça, que meus pensamentos e minhas ações me mantenham em paz. Que eu olhe para cima e saiba para que servem as estrelas. Que eu não julgue, para não me condenar. Que eu não ceda aos clamores do mundo e que siga calmamente o meu caminho. Que meus amigos me amem pelo que sou. Que a delicada luz da esperança sempre ilumine meus passos errantes. Ainda que a velhice chegue, a doença me atinja e eu me afaste dos meus sonhos, ensina-me a agradecer pela vida e pelas boas e doces lembranças. E que o escuro da noite me traga a paz do silêncio".

O FUTURO EXIGE SONHADORES CORAJOSOS

O mundo atual precisa – e exige isso – de pioneiros com a capacidade de inovar em matéria de planejamento, ideias e invenções; de gente com a iniciativa e a coragem necessárias à busca de caminhos diferentes em todos os setores da vida.

Política, religião, finanças, transporte, indústria, setor empresarial, educação, profissões liberais, pecuária e agricultura, urbanismo, arte, música, literatura, jornalismo, cinema e teatro vão precisar desses novos líderes e desbravadores.

A Depressão foi um marco, a morte de uma era e o nascimento de outra.

Esse novo mundo vai precisar de sonhadores que se empenhem na concretização de seus sonhos!

Os sonhadores sempre foram os formadores da civilização.

Com fé, coragem e imaginação, eles reúnem as forças intangíveis e invisíveis de oportunidades ainda não percebidas e, com elas, constroem impérios. Convertem florestas e desertos em cidades e transformam barreiras em mercados.

Qualquer um que, no futuro, tenha um sonho grandioso e se apegue a ele muito provavelmente verá esse sonho virar realidade. Vivemos em uma era favorável aos sonhadores que realizam.

OS SONHADORES SEMPRE FORAM OS FORMADORES DA CIVILIZAÇÃO. COM FÉ, CORAGEM E IMAGINAÇÃO, REÚNEM FORÇAS INTANGÍVEIS E, COM ELAS, CONSTROEM IMPÉRIOS.

Cristóvão Colombo sonhou com um mundo desconhecido e o descobriu.

Nicolau Copérnico sonhou com múltiplos mundos e os revelou.

Henry Ford, pobre e sem estudo, sonhou com um veículo que se movesse sem a ajuda de cavalos. Apegou-se a seu sonho, e o resultado disso hoje dá a volta ao mundo.

Thomas Edison sonhou com uma máquina que gravasse e reproduzisse o som da voz humana. Persistiu, apesar de inúmeros fracassos, até ver seu sonho se tornar uma esplêndida realidade.

Whelan sonhou com uma cadeia de tabacarias, e as lojas da United Cigar Stores vieram a ocupar as melhores esquinas de todas as cidades dos Estados Unidos.

Abraham Lincoln sonhou com a liberdade para os escravos negros, e a união do norte e do sul dos Estados Unidos realizou seu sonho. Outros sonharão com a liberdade para os "escravos brancos" da América e viverão para ver seus sonhos se tornarem realidade.

Os irmãos Wright sonharam com uma máquina que conquistasse os ares. Hoje, a materialização de seu sonho enche o espaço aéreo de todo o mundo.

Guglielmo Marconi sonhou com um sistema que captasse as forças intangíveis do espaço. A prova de que seu sonho não foi em vão pode ser vista em todos os aparelhos de rádio do mundo.

"As maiores realizações foram, a princípio e por algum tempo, sonhos!"

"A árvore dorme no fruto; o pássaro espera no ovo; e na mais elevada visão da alma há um anjo vigilante. Os sonhos são a semente da realidade."

Acordem, apareçam, sonhadores! No passado, não havia para vocês a abundância de oportunidades de que dispomos hoje.

O desejo ardente de ser e fazer deve ser o ponto de partida do sonhador.

Os sonhos não são fruto da indiferença, da preguiça nem da falta de ambição!

A Depressão foi uma das maiores bênçãos que o mundo já recebeu. Ela preparou o caminho para os "sonhadores atuantes", oferecendo-lhes oportunidades que jamais encontrariam.

Não diga que faltam oportunidades.

O mundo não mais zomba do sonhador nem o considera pouco prático. Ao contrário, incentiva-o a expor ideias e planos, colocando diante dele, como prêmio, glória e fortuna.

Você se desapontou, sofreu uma derrota temporária, teve o coração partido? Busque coragem na certeza de que aquelas experiências reforçaram o metal espiritual da sua constituição. Eis aí um recurso de valor incomparável.

Lembre-se também de que, em sua maioria, os indivíduos bem-sucedidos na vida têm um começo difícil e superam muitos obstáculos. O "ponto da virada" geralmente acontece em momentos de crise, quando as pessoas passam a conhecer-se melhor.

Lincoln só se tornou um grande homem depois que o desapontamento causado pelo amor que sentia por Anne Rutledge penetrou em sua alma, iluminando-a.

Depois de preso e duramente punido por causa de suas crenças religiosas, John Bunyan escreveu *The Pilgrim's Progress* (publicado em português com o título de *O Peregrino*), que figura entre as melhores obras da literatura inglesa.

O. Henry, um dos maiores contistas do século 19, descobriu o gênio adormecido dentro dele enquanto cumpria pena em uma prisão de Columbus, Ohio. Forçado pela adversidade a encarar as facetas de sua personalidade, descobriu-se um grande autor, e não um proscrito, um criminoso miserável.

Thomas Edison era operador de telégrafo e falhou numerosas vezes, antes que uma derrota temporária o levasse à descoberta da própria genialidade.

Apesar da paralisia total, Milo C. Jones acumulou uma fortuna de mais de 1 milhão de dólares com a comercialização da "Little Pig Sausage" – uma famosa linguiça. Antes dessa situação de emergência, Jones tentou trabalhar exclusivamente com as mãos. A deficiência física o apresentou ao próprio cérebro e ao seu outro eu, que se abrigava lá.

> MUITOS INDIVÍDUOS BEM-SUCEDIDOS TÊM UM COMEÇO DIFÍCIL. APROVEITE OS MOMENTOS DE CRISE PARA CONHECER-SE MELHOR E ESTABELECER O SEU "PONTO DE VIRADA".

Charles Darwin era considerado um garoto boboca, mas a fome de saber despertou-lhe a imaginação, e... pronto! O mundo descobriu um gênio que fez a civilização avançar não menos que mil anos.

Demóstenes gaguejava, mas a vontade de ser um grande orador foi mais forte que a deficiência física. Ele inscreveu seu nome no rol dos grandes realizadores que fizeram da dificuldade um trampolim para o sucesso.

Em seu primeiro emprego, Charles Dickens colava etiquetas em potes de graxa para sapatos.

Helen Keller ficou surda, muda e cega logo após o nascimento. Apesar dessa infelicidade, deixou seu nome marcado para sempre nas páginas da história, e sua vida demonstrou que o ser humano só é derrotado quando aceita a derrota na própria mente!

O poeta escocês Robert Burns nasceu na pobreza e poderia ter se afundado na bebida. No entanto, o mundo ficou melhor, com seus belos pensamentos em forma de poesia.

Booker T. Washington nasceu escravo nos Estados Unidos. Ao tornar-se um porta-voz da raça negra, marcou positivamente todo o seu povo.

Napoleão Bonaparte começou como soldado raso no exército francês. A adversidade, as derrotas temporárias e os desapontamentos o levaram a pensar em suicídio, antes que sua estrela começasse a brilhar.

O grande compositor Beethoven ficou surdo, e o escritor inglês John Milton era cego.

Neysa McMien dormia em um sótão, em Nova York, até que seus desenhos, publicados em capas de revistas, começaram a valer 3 mil dólares cada um.

"A estrada do sucesso é tortuosa, cheia de obstáculos. Com frequência, os corações mais fracos ficam tentados a desistir. Mas a esperança e a sensação de poder interior inspiram o indivíduo determinado a persistir na luta, até que a coragem e a perseverança encontrem a justa recompensa e o sucesso chegue."

– Henry Irving

Chegamos ao fim da jornada. Antes que nossos caminhos se separem, e cada um de nós siga seu rumo na vida, quero deixar aqui alguns pensamentos cuja organização exigiu muito esforço, muita vivência e dedicação.

Nenhum bem material que você possua ou venha a possuir justifica medo e aflição.

Só se alcança a felicidade duradoura por meio da realização do tipo de serviço que leva felicidade aos outros. Os desejos não se satisfazem apenas com bens materiais.

A felicidade só é possível quando há liberdade de corpo e mente. Todo ser humano luta pela liberdade, quer reconheça isso ou não. Riqueza nem sempre traz felicidade; em geral, traz mais responsabilidade, medo e preocupação. Ninguém é livre quando carrega o medo na mente.

A humanidade atravessa tempos difíceis. Inquietação, dúvida e medo se espalham por toda parte. Cuidado. Não se deixe levar pelo caos. No entanto, se o caos entrar na sua vida, lembre-se de que somente uma pessoa pode vencer essa corrente superpoderosa de desespero: você. Cada um de nós é mestre do próprio destino, capitão da própria alma. Você é o que é por causa dos seus pensamentos habituais. Hábitos podem ser mudados, porém. Neste livro, você tomou conhecimento dos princípios que fazem isso. Aqui, o seu guia vai partir. Pelo restante da jornada, você estará só. A viagem pode ser bonita ou feia, agradável ou desagradável. Tudo depende do uso que você faz da sua força de pensamento.

Se eu tivesse que resumir em poucas palavras a essência deste livro, diria assim: você possui uma mente que pode controlar. Já que a Inteligência Infinita é capaz de penetrar na sua mente, você possui a resposta para todos os seus problemas e conhece o meio pelo qual pode conseguir todos os bens materiais de que precisa.

Antes de me despedir definitivamente, desejo a você muita coragem, paz e fé. Com esses três requisitos, tudo lhe chegará quando for necessário. Faço minhas estas palavras de Emerson:

"Todo provérbio, todo livro, toda máxima que serve para te ajudar ou confortar um dia chega a ti, por vias diretas ou sinuosas. O amigo de alma generosa e delicada que esperas vai te prender em seu abraço."

CAPÍTULO 40

PREENCHENDO OS REQUISITOS PARA CHEGAR AO SUCESSO

São raros os indivíduos totalmente equipados para o sucesso. Normalmente, as pessoas são fortes em alguns aspectos e fracas em outros. Falando de maneira geral, pode-se dizer que no sucesso há dois fatores determinantes: 1) capacidade de conseguir; e 2) capacidade de manter.

Basta olhar em volta para ver indivíduos brilhantes, peritos na arte de conseguir o que querem – dinheiro, posição, amigos, influência, clientes –, qualquer coisa. No entanto, eles não as mantêm.

Obviamente, em um livro do tamanho deste, dedicado em especial aos princípios básicos da arte de vender, em um sentido amplo do termo, seria impossível incluir todos os componentes necessários a uma mente voltada para o sucesso.

Outros livros foram preparados para fazer isso de modo prático, fascinante e seguro. Na esperança de que todos os leitores de Napoleon Hill adquiram em alto grau as capacidades de conseguir e manter, eu peço sua atenção para os próximos tópicos.

Algumas palavras dos editores

O Departamento de Negócios da Ralston Society quer ter uma conversinha com você, antes do fim do livro. Por mais de cinquenta anos, a Ralston vem suprindo leitores interessados com centenas de milhares – ou, provavelmente, milhões – de livros que enfocam saúde, riqueza, poder e felicidade.

Temos muitos livros originais, específicos e instigantes que cobrem todos os aspectos da capacidade do ser humano. Você vai ficar sabendo dos nossos lançamentos. Por enquanto, porém, vamos nos concentrar na mensagem inspiradora que Napoleon Hill, autor de *Quem vende enriquece*, tem para você.

John Wanamaker, o importante e bem-sucedido homem de negócios, figura de destaque no comércio de Nova York e da Filadélfia, comentou livros anteriores de Hill:

"Se eu tivesse um filho ainda jovem, insistiria com ele para que lesse os livros de Napoleon Hill e do doutor ... Esses dois homens são, talvez, os escritores mais inspiradores do mundo. Sei da confiabilidade dos 17 aspectos fundamentais do sucesso porque os aplico aos meus negócios há mais de trinta anos."

Napoleon Hill preparou um curso de pós-graduação para você

Como acredito piamente que todos os leitores deste livro devem fazer um curso de pós-graduação conhecido como Lei do Triunfo, tomo a liberdade de acrescentar algumas ideias sobre tão brilhante trabalho.

A Lei do Triunfo apresenta, pela primeira vez na história do mundo, a verdadeira filosofia que serve de base a todo sucesso duradouro. As ideias, quando transformadas em planos de ação inteligentes, são o começo de todas as realizações. Portanto, a Lei do Triunfo mostra, em lições fáceis, como criar ideias práticas para atender a todas as necessidades humanas.

Napoleon Hill dedicou a melhor parte de um período de 25 anos ao aperfeiçoamento dessa filosofia de sucesso. Durante os longos anos em que trabalhou nela, os escritos foram lidos e elogiados, no todo ou em parte, por muitos dos até então mais bem-sucedidos cidadãos dos Estados Unidos.

Entre eles, incluem-se quatro presidentes – Theodore Roosevelt, Woodrow Wilson, Warren G. Harding e William H. Taft – e dezenas de nomes gloriosos da política, das finanças, da educação e da invenção, tais como Thomas Edison, Luther Burbank, William J. Wrigley, Alexander Graham Bell, o juiz E. H. Gary, Cyrus H. K. Curtis, Edward Bok e E. M. Statler.

Andrew Carnegie deu início

Mais de vinte e cinco anos atrás, Napoleon Hill, então um jovem pesquisador ligado a uma revista de negócios conhecida em todo o território dos Estados Unidos, recebeu a incumbência de entrevistar Andrew Carnegie. Durante a entrevista, Carnegie mencionou brevemente um poder especial que utilizava: uma lei mágica da mente humana – um princípio psicológico pouco conhecido – de força impressionante.

Carnegie sugeriu que Hill criasse uma filosofia de sucesso pessoal, utilizando-a como base para aquisição de dinheiro, poder, posição, prestígio e influência.

Essa parte da entrevista nunca foi publicada na revista para a qual Hill trabalhava, mas lançou o jovem autor em uma pesquisa de mais de vinte anos. Agora, revelamos a você a descoberta e os métodos de utilização da força revolucionária que Carnegie discretamente mencionou. Os sensacionais métodos estão em oito textos conhecidos como a Lei do Triunfo.

No rastro das lições da Lei do Triunfo vieram realizações, e não mera diversão ou um meio de matar o tempo. Mais negócios foram fechados, contas bancárias aumentaram, envelopes de pagamento engordaram, pequenas empresas criaram vida nova e força para crescer, empregados antes mal pagos demonstraram capacidade e foram promovidos rapidamente.

É impossível, neste espaço reduzido, descrever com fidelidade as lições instigantes e reveladoras dos oito textos da Lei do Triunfo. Mas você vai perceber a maravilhosa oportunidade que está à sua espera quando ler o que disseram alguns líderes dos Estados Unidos, ao verem partes da filosofia em processo de criação.

"Quero dizer como me senti lisonjeado ao receber os originais da Lei do Triunfo. Vejo que a preparação lhe exigiu muito tempo e dedicação. A sua filosofia é sensata, e você merece elogios por haver persistido durante tantos anos. Os seus alunos serão amplamente recompensados."

– Thomas A. Edison (o maior inventor do mundo)

"O seu trabalho e o meu são estranhamente parecidos. Enquanto ajudo as leis da natureza a criar espécies de vegetação mais perfeitas, você emprega os mesmos princípios, por meio da Lei do Triunfo, para criar espécies mais perfeitas de pensadores."

– Luther Burbank (cientista mundialmente famoso)

"Com certeza, vou fornecer-lhe as informações que solicita, o que considero ao mesmo tempo uma obrigação e um prazer. Você trabalha em benefício de quem não tem inclinação nem tempo para pesquisar as causas do fracasso e do sucesso."

– Theodore Roosevelt (ex-presidente dos Estados Unidos)

"Toda a nossa política de negócios, na gestão dos nossos hotéis, baseia-se nos 17 aspectos fundamentais da Lei do Triunfo, a qual estudo."

– E. M. Statler (fundador de uma cadeia de hotéis)

"Sinto-me agradecido pelo privilégio de tomar conhecimento da sua filosofia da Lei do Triunfo. Se isso tivesse acontecido há 50 anos, acredito que chegaria aonde cheguei, mas na metade do tempo. Espero sinceramente que o mundo o descubra e o recompense."

– *Robert Dollar (magnata da navegação a vapor, The Dollar Lines)*

"Napoleon Hill produziu o que considero a primeira filosofia prática da realização. Sua principal característica é a simplicidade com que foi apresentada."

– *David Starr Jordan (Leland Stanford University)*

"O mais forte indício da aplicabilidade da Lei do Triunfo, com a qual estou familiarizado, é a notável realização do senhor Curtis, que empregou os princípios dessa filosofia e criou uma das maiores editoras do mundo."

– *Edward Bok (ex-editor do* Ladies Home Journal*)*

"Posso afirmar que o senhor Rockefeller concorda inteiramente com os 17 princípios fundamentais do sucesso, de Napoleon Hill, e os recomenda a quem estiver à procura do caminho da realização."

– *Secretária de John D. Rockefeller*

Depoimentos que o dinheiro não compra

Os depoimentos anteriores contêm elogios raramente encontrados. O dinheiro não poderia comprar tais palavras de homens que são, ou foram, líderes do nosso tempo.

Milhões de livros foram escritos para divertir, entreter, encher as suas horas vazias. Mas a Lei do Triunfo vem em oito seções vibrantes, poderosas, que moldam o seu destino, enriquecem o seu futuro e transformam os seus sonhos e suas esperanças na realidade de sólidos sucessos.

Não jogue fora preciosos anos de vida procurando às cegas a estrada oculta que leva às alturas. Aproveite as duramente vividas experiências dos mais destacados líderes americanos. Mais de 500 deles foram minuciosamente analisados – seus métodos, seus motivos, suas estratégias – para que fossem descobertos os segredos que os levaram ao topo.

Seja você uma pessoa rica ou pobre, saiba que possui um tesouro comparável ao do ser humano mais rico do mundo. Mas, a cada vez que o sol se põe, você envelhece um dia e tem menos um dia para alcançar o sucesso e a riqueza que deseja. Em todo o continente norte-americano, milhares de indivíduos audaciosos reconheceram essa verdade poderosa e procuraram a ajuda oferecida de maneira tão clara e inspiradora por Napoleon Hill, em *A Lei do Triunfo.*

Você não pode permitir que os dias passem, um a um, a caminho da eternidade, sem tomar posse do seu destino. Você vai obter muito proveito das lições encontradas em *Quem vende enriquece*, bem como em *A Lei do Triunfo*. O custo é insignificante, mas os benefícios são enormes.

Quer conhecer melhor a Lei do Triunfo? Se a resposta for sim, escreva para nós; diga que leu este livro e que gostaria de mais informações sobre *A Lei do Triunfo.*

— The Ralston Society
Dept. 2 Meriden, Conn.

NÃO É PRECISO TEMER O COLEGA DE TRABALHO QUE DIZ: "NÃO SOU PAGO PARA FAZER ISSO, E NÃO VOU FAZER." ESSE JAMAIS SERÁ UM CONCORRENTE PERIGOSO. CUIDADO, PORÉM, COM AQUELE QUE SÓ VAI EMBORA AO TERMINAR A TAREFA E PRODUZ MAIS DO QUE SE ESPERA; ELE PODE AMEAÇAR O SEU CARGO E DEIXAR VOCÊ PARA TRÁS, QUANDO HOUVER UMA PROMOÇÃO.